项目式教学之99问

董艳　孟南希————著

人民邮电出版社

北京

图书在版编目（CIP）数据

项目式教学之99问 / 董艳，孟南希著. -- 北京 ：
人民邮电出版社，2022.6（2024.7重印）
ISBN 978-7-115-58728-2

Ⅰ．①项… Ⅱ．①董… ②孟… Ⅲ．①教学法 Ⅳ.
①G424.1

中国版本图书馆CIP数据核字（2022）第035675号

内 容 提 要

本书立足于项目式教学在不同学龄段学生教育和不同教学机构的开展状况，收集并提炼出99项典型的项目式教学实践应用问题，这些问题分别涉及教学理论、教学设计、教学组织与开展、学生培养、评价与反馈、教师培养、教学文化等方面。本书结合国内外新的研究成果与教学实践，在理论与实践层面对这些问题予以回答，旨在解决项目式教学开展中的挑战、难点和痛点，为教师科学开展项目式教学提供理论依据、教学策略、教学方法和教学工具。

本书为广大有志于开展项目式教学的读者编写，可作为大学、中学、小学和学前教育的各学科任课教师的参考书，也可作为教育相关专业课程教学指导、教师专业发展的培训资料。

本书受北京师范大学教育学部惠妍国际学院国际联合研究项目"跨学科创新型人才培养体系的国际比较与合作研究"（ICER201902）的支持和资助。

◆ 著　　　　　董　艳　孟南希
　　责任编辑　牟桂玲
　　责任印制　王　郁　胡　南
◆ 人民邮电出版社出版发行　　北京市丰台区成寿寺路 11 号
　　邮编　100164　电子邮件　315@ptpress.com.cn
　　网址　https://www.ptpress.com.cn
　　北京七彩京通数码快印有限公司印刷
◆ 开本：720×960　1/16
　　印张：16.25　　　　　　2022 年 6 月第 1 版
　　字数：266 千字　　　　2024 年 7 月北京第 10 次印刷

定价：69.90 元

读者服务热线：(010)81055410　印装质量热线：(010)81055316
反盗版热线：(010)81055315
广告经营许可证：京东市监广登字 20170147 号

前　言

在阅读本书之前，请您先花点儿时间做一个小小的回顾。无论您是刚走出学校、走向教学工作岗位的新手教师，还是经验丰富的教师，请回想一下自己作为学生在校学习的经历。记忆最深刻的学习经历是什么？哪些学习经历让您觉得参与的程度最深？哪些学习经历带给您的学习效果最好？哪些在学习经历中获得的技能让您毕业多年后依然常常用到、记忆犹新？哪些学习经历让您感到您是学习的中心，为什么？这些学习经历是如何给您留下深刻印象的？当您作为教师，成为教学活动的设计者和执行者时，您将如何为学生打造能够影响他们一生的学习体验？

随着全球教育变革和我国教学改革的不断深入，PBL（Project-Based Learning，基于项目的学习）作为一种动态的学习方法，通过引导学生自主探索现实世界中的问题和应对真实挑战，让学生在解决问题的过程中更深刻地领会知识和技能，日益受到教育研究者和教学工作者的欢迎。在科学技术飞速进步和社会快速发展的大背景下，未来社会对具有问题解决能力、创新能力、批判性思维的人才需求促使教育发生变革。《中国教育现代化2035》中强调了加强创新人才特别是拔尖创新人才的培养，建设高素质专业化创新型教师队伍，以及利用现代技术加快推动人才培养模式改革。由此可见，教学改革已成为教育工作的重中之重。然而，在很多课堂中，我们依然看到：学习形态以教师主导，学生仅仅是服从而已；教师把21世纪的新型信息技术工具嫁接在传统教学法上，而非利用信息技术工具实现教学效果的飞跃性提升；一些学生学习只是比较被动，毕业后便不再学习。作为我国当前教育改革洪流中的一员，您是否愿意加入实践项目式教学的队伍，为学生提供以深度学习为主的、问题解决驱动的、创新的学习体验，培养学生具备 21 世纪核心素养，充分帮助学生为面对不确定的未来世界做好充分的准备？您是否愿意点燃学生创造更美好世界的热情，帮助他们成为主动学习者、终身学习者，以不断探索并成为更好的自己？

在国家和地方政策的不断推动和众多一线教师的积极参与下，越来越多的教师开始主动了解项目式教学，并希望将这种教学方式应用在他们的课堂中，可以说项目式教学已突破了理论层面的探索，开始在实践中产生影响力。能够开展高质量、接地气的学习项目已经被教师看作一件很棒的事，并得到了越来越多的学生和家长的支持。但是，项目式教学在我国部分地区的中小学课堂仍属于新鲜事物，教师缺乏教学实践经验，在教学的设计和开展方面仍有许多困惑。2020 年，新型冠状病毒肺炎疫情在全球的暴发再次促进"我们需要什么样的教育"的思考，借此机会我们也对自己多年项目式教学的研究与教学实践进行了整理和提炼，将其编写成书。

- ## 本书的对象

本书为广大有志于开展项目式教学的读者，包括大学、中学、小学和学前教育的各学科任课教师，以及教育相关专业的本科生、硕士研究生、职前教师等编写。本书适用于课程教学指导、教师专业发展培训或自学参考。

- ## 本书的结构

本书作者立足于项目式教学在各学龄段学生教育和不同教学机构的教学现状，通过与开展项目式教学的教师、学生、教学规划和管理人员及项目式教学的专业研究者进行长期、深入的互动，从中收集并提炼出 99 个具有代表性的问题，并整合国内外新的研究成果与教学实践，从理论与实践层面对这些问题予以回答。

本书分为七章，分别从 PBL 基本理论、PBL 教学设计、PBL 教学组织与开展、PBL 学生培养、PBL 评价与反馈、PBL 教师培养、PBL 教学文化等方面深入浅出地进行实践指导。

- ## 本书的特色

与其他 PBL 的教学指导类图书不同，本书并不重点对项目式教学进行理论化论述，而是运用 PBL 的形式介绍 PBL 实践，即以解决项目式教学开展中的挑战、难点、痛点为项目，为教师介绍 PBL 的开展思路、实践方法和应该注意的问题等。同时，本书还提供了大量的项目式教学案例，以及具有充分科学依据的教学策略、教学工具和评价工具等，方便教师使用。本书是教师开展项目式教学时随手可以翻阅的手册，为广大教育研究和实践工作者提供了明确而清晰的指导和支持。

• 本书的写作

本书由董艳构思框架，由董艳和孟南希共同执笔完成。此外，参与本书资料收集的还有来自北京师范大学、西北师范大学的硕士研究生：杜银诗、李兴隆、于智慧、曹玉杰、张梅、李谦益、苏思佳、丁国胜。部分图形由曲阜师范大学的本科生汪伊诺同学绘制完成。感谢北京师范大学珠海校区的杨洋博士提供审阅意见，感谢内蒙古阿拉善职业技术学院的叶亮老师提供后续问题的采集整理支持。

本书能够顺利出版，同样离不开国内外多位项目式教学的研究专家和一线教师的支持，在此不一一列举。他们以国际化的视野、对教学的严谨和执着的追求与作者一起投入本书涉及的研讨中。"他山之石，可以攻玉"，希望本书能给有志于探索项目式教学与学科教学融合的教师带来启发，体验到变革的乐趣。

董艳　孟南希

2022 年 6 月

目 录

第 3 章　PBL 教学组织与开展 // 82

第 4 章　PBL 学生培养 // 126

第 1 章

PBL概述

1 什么是 PBL？为什么要开展 PBL？

PBL 是 Project-Based Learning 的缩写，通常被翻译为基于项目的学习，简称为项目式学习。它起源于美国教育学家和心理学家杜威倡导的"做中学"（Learning by Doing）理念，后由其学生克伯屈的设计教学法发展而来，是一种区别于传统教学的新型教学策略。PBL 以建构主义理念为指导，强调以学生为中心，引导学生对知识的主动探索、主动发现和对所学知识意义的主动建构。学生通过小组或团队合作来主动探索和解决源于现实世界的、非常规且具有挑战性的复杂问题或任务。任务的完成需要学生进行深度思考，在学习过程中学生逐步习得包括知识、可迁移技能、思维方式及价值观等在内的 21 世纪人才的核心素养。PBL 一般提供一套学习任务，引导学生探究问题、解决问题。PBL 也被认为是一种促进学生自我导向学习的创新教学法[1]。

PBL 在全球各地如火如荼地开展，是因为它可以满足社会发展对人才的需求，代表了世界教育发展的趋势和潮流，与世界各国面向未来教育改革的要求相一致。面对未来社会对人才的要求，我国教育改革当前关注如何提升学生的学习力，注重课堂教学质量与效率，教育战略发展的需求使得 PBL 受到教育研究者与教育改革者的青睐，以及学校的欢迎。具体可概括为以下几个方面。

第一，PBL 的推进是我国教育改革、教育发展的需求。我国教育改革经历了从应试教育到素质教育的转变。我国政府近年来接连发布教育政策，以顺应发展趋势。2016 年，《中国学生发展核心素养》指出我们的教育要培养"全面发展的人"；2017 年，党的十九大报告中强调要发展素质教育；2018 年，国家主席习近平在出席全国教育大会时强调要在增强综合素质上下功夫，教育引导学生培养综合能力，培养创新思维。

第二，PBL 能适应我国教育正在发生的新变化。我国教育发展趋势之一是发展以学生为中心的教学。过去的教学主要是以教师为中心，学生被动接受学校

---

[1] 董艳，和静宇，王晶. 项目式学习：突破研学旅行困境之剑 [J]. 教育科学研究，2019(11): 58-63.

和教师的教学安排。随着社会发展和信息技术的进步，学生的学习模式也在快速发生改变，学生在学习过程中更加积极主动参与。从上海、浙江 2017 年普遍采用的"走班选课"等模式来看，过去的固定班次教学模式得到改变，学生学习自主权有所扩大；国内学界的教育研究也从过去着眼于教师"怎么教"，转变为探讨学生"怎么学"；教学目标从过去的知识导向变成素养导向；教学模式从单向授课变成双向或多向互动；学习场域从固定变成移动式、场所式、多样式；学习设备从单一、共有变成多元、自带；学生所学学科和技能呈现出跨学科态势。

第三，在智能时代背景下，PBL 能帮助学生更好地适应社会发展。当技术赋能逐渐成为当前时代的特征时，学科之间 的边界正不断模糊和淡化。而传统学科分科过细，培养的人才往往只具备单一学科的知识和思维，不能满足学生在信息如此丰富的社会中应对各类复杂任务的需求。2017 年 9 月，教育部印发了《中小学综合实践活动课程指导纲要》，其中指出，教师要打破学科界限，选择综合性活动内容，鼓励学生跨领域、跨学科学习，为学生自主活动留出余地。2019年 2 月，教育部办公厅在印发的《2019 年教育信息化和网络安全工作要点》中提出，从跨学科学习等 4 个方面遴选组建 15 个不同应用方向的实践共同体，探索推进信息化教学应用的长效机制。PBL 作为一种探索真实问题的教学方式，不仅能促进学生学科学习，也能促进其跨学科学习。智能时代为 PBL 插上了"翅膀"，让学生更愿意投入，也更有效地学习，这将有助于学生更好地适应社会的发展。

随着科技的高速发展，教育要从将学生培养成知识容器转变为培养成会解决问题、善于合作的学习型人才，真正实现教学"授人以渔"的目标。正是教育研究者、教师对当前教育的深入反思和对未来的敏锐观察，才形成了 PBL 这一套颠覆传统的教学方法，使其逐渐被融合到当前的学科教学变革过程之中，以期对传统培养人才模式进行深度变革。

2 传统教学与 PBL 有什么区别？

21 世纪伊始，为了适应信息时代对人才的新要求和挑战，世界各国纷纷开展教育的新变革，探索新出路。2000 年初，欧洲共同体开始关注"终身学习的核心能力"，提出了终身学习核心能力框架，包含学会学习的能力与数字化时代的学习能力等内容；2002 年，美国联邦教育部成立了"21 世纪技能合作组织（Partnership for 21st Century Skills）"，该组织整理分析了 21 世纪所需的基本技能，制定了《21 世纪技能框架》。这开启了世界多个国家和机构探索 21 世纪核心素养的运动。近年来，随着以 5G、人工智能为代表的新一代信息技术的飞速发展，21 世纪核心素养的内涵也不断得到丰富和发展。然而，传统课程及传统教学方式已经越来越不适应新时代对科技创新人才的培养需求，传统教学方式导致的育人效果不佳、各学科核心素养不突出等问题逐渐凸显出来。

PBL 具有问题的挑战性，探究的持续性、真实性，学生的主动性、反思性，注重评价与修正及成果的展示与讨论等特征[1]，与传统教学有很大区别，并在很多教育场景中展现出极大的优势。它的优势主要体现在学习主动性的培养，多学科场景，协作学习方式，多样学习成果，注重学习过程，教师角色的转变等多个方面。

首先，与传统教学相比，PBL 能培养学生的学习主动性。传统教学中的学习内容如果不加以有效组织和呈现就会是抽象、枯燥的理论知识，且通常以月、学期、学年为单位规划学科知识和学习进程，忽略了学生对学习过程的主动把握的灵活性与个性化特征。而 PBL 是以学生的现实生活为情境、以解决实际问题的需要为驱动，与学生生活中的真实经历和所思所想挂钩。教师要设计真实性任务，把知识与技能的学习融入复杂的、有意义的问题情境中，这样学生在学习的过程中紧紧围绕自己发现或提出的问题，有助于在问题探究、解决方案构建的实践中激发好奇心、探索欲，归纳和总结知识。学生可以自控学习的进度，同时又可参考教师的要求。

其次，PBL 打破了学科边界，将多个学科融入一个学习场景中。PBL 采用小组合作的学习方式，以多种形式呈现学习成果，与终身学习情境或职场中的工作场景相似度较高。传统教学以单一学科开展，不同学科间的交叉较少，同时要求学生学习课程标准所规定的知识内容，带有一定的强制性，学生通常按照一定程序（听讲、作业、复习、考试）学习即可。传统教学相对来说，流程封闭，学习行为较单调，学习的知识内容和评价方式也较单一和固定。而 PBL 不限于具体的课程内容和学习

---

[1] 美国巴克教育研究所. 项目学习教师指南 [M]. 任伟，译. 北京：教育科学出版社，2008.

形式，让学生通过自主探究和协作来解决问题，学习隐含在问题背后的科学知识，有利于培养学生跨学科思维和解决现实生活中的问题和挑战的能力。

再次，PBL 始于一个真实而有意义的驱动性问题，终于产品展示（方案说明）和学习反思，其注重学习过程，传达给学生"学习过程比结果重要"的理念。传统教学把考试分数作为衡量标准，以考试成绩为中心，忽视了学习过程中的表现和收获。在 PBL 中，学生通过在项目中积极解答问题、分享观点、表现自己，可以获得极大的成就感，展现出"未来人能力"，即创新能力、思辨和问题解决能力、沟通能力、团队协作能力等。

最后，PBL 对教师的角色要求与传统教学不同，其要求教师亲自参与指导，成为学生的学习教练或帮手。在传统教学中，教学内容由学校制定，教师的角色是知识传输者，学生学习受限于教师的知识库，教学形式为教师讲、学生听，教师演示问题解决过程，学生大多只是学习、记忆，这样的教育方式往往让学生养成等答案、背答案的习惯，往往只能通过课堂提问或作业问题得到教师有限的反馈。在 PBL 中，学生不仅可以在教师知识的支持下进行学习，还可以通过各种技术工具查找资料，拓宽知识面。教师可以在课前提出问题，学生在课前以及课中查找资料，思考分析问题，然后小组讨论，解决问题。同时，学生能够和教师密切沟通，遇到问题能获得及时的反馈和引导，最后教师、学生总结反思。也可由学生主动提出问题，确定学习内容，教师通过引导学生合作开展探究，找到解决方案。这样的学习经历更能给学生留下深刻印象，也更能促进深度学习的实现。

总之，PBL 是一种新型的教育教学方式，在美、英、法、日等发达国家和许多发展中国家都已普遍采用。有的国家已经在小学、中学、大学、职业学院的全教育周期内采用 PBL，形成了相互衔接的课程系列。近年来，我国教育工作者也在充分利用 PBL，在基础教育的学科教学中开展 PBL，以促进学生的发展。

③ PBL 就是"做项目"吗？

有人为了描述 PBL 在学校开展得普遍与否，曾提出 PBL 是"饭后甜点，还是主食"的问题。"甜点"指的是不同于正餐的、作为下午茶的小食。把 PBL 看作"甜点"的观点,是把学习项目当成简单附着在传统学习单元、传统教学方法上的点缀,当成学生在学完一个单元后的放松项目。这样的看法没有抓住 PBL 以"做中学"为核心的本质。而"主食"是餐桌上的主要食物,是人类日常所需各种营养物质的主要来源,每天都离不开。PBL 之所以是"主食"而非"甜点",是因为 PBL 的开展要通过完成不同的学习任务和学习子项目来进行,通过 PBL 经历来深化学生对知识的理解、对技能的掌握和对学习本身的体验。在 PBL 过程中,教学目标得以实现;PBL 结束之后,学生可以获得知识和技能。PBL 绝不是带领学生制作一张海报、举办一场联欢会,而是要通过学习解决实际问题,提升学生面向未来的综合能力。只有当学生了解了如何将在学校学到的知识和技能运用于现实世界,解决实际问题,在将来步入大学、职场后,才能发挥出个人最大潜力。"甜点"项目和"主食"项目的比喻见图 3-1。借这个比喻,本书想要向广大读者传达"勿把项目当消遣,踏实开展教与学"的项目式教学理念。

"甜点"项目
为了做项目而做项目

"主食"项目
为解决真实问题而学

图 3-1 "甜点" 项目和 "主食" 项目

除了把 PBL 理解为一种"甜点"外,另一个常见误区是教师将 PBL 理解为"做项目"。这里的"做项目"指的是在家或在课堂上完成一系列学习任务,可由家长指导,或由学生每日独立完成。而值得注意的是,PBL 虽然也通过项目的实施和完成来进行,但其重点是学习过程,以及在此过程中学生本人与学习同伴之间、学生与内容之间的交互,而非学习产出本身。表 3-1 对比了"做项目"和 PBL 在学习形式、项目选题、学习过程、学习评价、学习产出与展示等多方面的主要区别,以期帮助教师更准确地理解 PBL 的突出特征。

表 3-1 "做项目"和 PBL

项　目	"做项目"：为完成项目而学习	PBL：做中学
学习形式	用传统方法教学，在单元结尾处展示学生作品	将教学融入项目中，项目就是学习单元
	没有教师的引导和团队合作，学生在家也能完成	需要教师的引导和团队合作
	教师可以用一张纸列明项目所有的要求	对学生和教师来说都包含很多应知应会的知识和技能
	在历年教学中重复使用，每年变化不大或无变化	项目主题是与时俱进的、复杂的，包含时下热点话题，通常需要有经验的专业教师和课程设计团队来计划和实施
项目选题	没有基于已经解决的问题的项目背景信息和情境信息	不论是真实场景还是高度仿真的模拟场景，都是有趣的和即时的
学习过程	与学生生活联系不紧密	与学生的日常生活和未来生活息息相关
	学生没有很多机会在项目中做选择	学生在项目中根据原则、准则来做出选择，这些选择是与学习成果、研究路径相关的重大决定
	教师发号施令，学生照做	学生为探究而学、而做
学习评价	教师评分没有明确的依据，对学生"应该做成什么样"没有明确交代	学生、教师和专家根据明确的评分标准来打分，标准随项目的进展而做出修改
	不能用以解决现实世界中的问题	可为现实世界中的问题提供解决方案，这些方案是可开展、可执行的
	与现实世界中的项目完成方式的相似度低	与现实世界解决问题的方式高度相似
	项目重点仅在于要求学生使用一个工具（如制作一个 PPT）	有目的地运用现实世界中的技术、工具，学生根据用途选择工具
	强调学习产品的制作（制作海报、制作立体模型等）	根据驱动性问题学习知识，完成应知应会知识和技能的学习
	项目完成的标志是将作业交给教师	为教室内外的现实世界观众陈述方案和作品
	教师的工作主要是项目完成后进行评判	教师的工作主要集中在项目开展以前

要设计高质量的、真实的学习项目，教师需要积累一定的经验，对现实世界中的领域、职业等有较深入的理解，也需要在教学过程中融合多种资源。利用表 3-1，教师可从多方面、多角度理解 PBL 的特征。

4　对于开展 PBL 的五个常见误区，有什么应对策略？

虽然已有许多研究表明高质量的 PBL 可以提高学生的学业成绩、课堂参与度、程序性技能和高阶思维能力，但 PBL 在我国部分地区尚属新鲜事物，许多教师在选择使用它时难免受到传统教学的干扰。为了解决这一问题，笔者从大量国内外项目式教学案例与教育实践反思中收集并整理了开展 PBL 的五个常见误区及其应对策略，以帮助广大教师更清晰、更全面地了解 PBL 的特征，为其开展做好准备。

误区一：内容为王。 在传统课堂中，教师的职责是传授知识内容，而 PBL 强调知识、技能、态度和情感等多维度的培养，这可能会让刚接触 PBL 的教师感到不适应，他们可能会认为技能培养与考试考查的内容不符，培养学生技能会浪费其学习知识的宝贵时间。转变这一观念的关键是让教师亲身感受，即参与以 PBL 形式开展的教师培训，真正成为一名项目化学习者和实践者。通过这种方式，教师可以体验到内容与情境体验，即项目之间的交互联系，了解项目本身如何推动学生掌握知识内容，以及学生如何在项目中发现和探索学科的关键概念与知识逻辑。本书通过在 PBL 中使用探究、协作、分析、交流、信息呈现等技能与培训内容进行交互，帮助教师体验从陈述性知识到程序性知识再到策略性知识评估自己对课程内容掌握的水平，为开展项目式教学做好准备。

误区二：项目式教学应和传统教学一样追求高效、快捷。 教师都希望自己的学生取得良好的学习效果，因此很多教师喜欢帮助学生提炼知识点，并要求学生记忆。但这种所谓"高效"的教学法既无法让学生体验学习的快乐，也不利于提升学生的技能和思维水平。项目式教学强调教师设计严谨而富有挑战性的学习活动，这些活动有一定难度，通常由多个子活动构成，学生通过参与活动发现探索和探究的乐趣，形成概括和构建知识结构的能力。复杂的活动可以打破学生的认知平衡，让学生意识到自己知识的局限性。对刚开始参与 PBL 的学生来说，在任务中可能面临一系列选择，学习经验可能不足，对下一步如何推进尚不明确。教师在这一过程中要抑制告诉学生答案的冲动，转而通过精心的教学设计，积极鼓励学生进行深层次的思考，假设检验、大胆实践、反思提升、表达分享等，使学生不断对知识内容进行深入思考，提高知识的长期留存率和学习能力。

误区三：只在学生的认知舒适区开展学习活动。 部分教师因怕学生学习能力不足，或应对学生畏难情绪经验不足等，选择只在学生的认知舒适区开展教学，而不是采用有效的教学策略来不断提高学生的学习能力和学习韧性。学习是感性的，也是基于认知的。教师要敢于并善于扩大学生的舒适区，不断挑战和提高学生的学习和认知能力。在 PBL 教学过程中，教师应引入让学生感到困难的驱动性问题，那么学生可能会努力寻找问题的解决方案来回答驱动性问题，或面对错误的假设时可能会有一些负面情绪，如不知道下一步应该做什么的不确定感、对质疑的不适感，以及面对现实问题的迷茫感等。有的学生可能会暂时被挫败感打败，短时间内不再积极参与学习；有的学生则愿意继续积极参与并迎接挑战。教师要关注学生克服困难的过程，理解这一过程如何促进学生的认知和情感发展，帮助学生接受和克服困难，获得情感和认知的提升 [1]。教师可以通过积极的情绪引导、策略指导，提供学习脚手架和提示，重新组织等方式帮助学生不断向下一个学习目标推进，在困惑中学会坚持并逐渐提升自我效能感，通过反思学会学习、接受和克服困难，产生积极的情绪和认知优势。

误区四：每个问题都有解决方案。 在传统学校课程体系中，学科学习一般是彼此孤立的，缺乏与其他内容领域的联系，一个学科内的内容也按单元划分。这样孤立的教学方式会给学生带来一种错觉，即认为每个问题都有正确答案，都可以在某个学科内找到解决方案。这种错觉给学生创造出一种认识论上的舒适感和安全感，也使他们远离了现实生活中遇到的问题，对他们的认知造成长期伤害。

---

[1] KENDRICK T, BURNS T, FREELING P. Randomised controlled trial of teaching general practitioners to carry out structured assessments of their long term mentally ill patients[J]. BMJ (Clinical Research ed.), 1995, 311(6997): 93-98.

生活中的许多问题不能完全解决，或没有完美解决方案，或解决一部分问题可能会对另一部分造成不好的影响（顾此失彼），或尽最大努力去解决问题最终也可能会失败等。项目式教学可以帮助学生了解一个问题有多种解决方案，也可以帮助学生预设一个方案可能会产生的广泛影响，以权衡不同方案之间的利弊等。PBL 就是通过设计项目来展示解决方案的多维性，引导学生推测各种解决方案的价值与影响，在这一过程中带领学生体验真实的生活——不是每个问题都可以解决，但可以尽力解决一些问题。

误区五：教师应该比学生懂得多。尽管许多教育专家都认为教师不应该成为"舞台的中心"，但许多教师还是认为教师要全知全能，成为课堂权威。PBL 的好处和挑战都在于学习源于现实生活中的问题，而解决这些问题所需的知识和技能通常是学校课程未涵盖的。因此，学生在具体问题上需要指导时，教师无法解决或无法当堂给出答案，这让很多教师感到不舒服。这种不舒服感恰恰是 PBL 对教师的独特挑战：暴露出教师在某个问题上专业知识的不足，使教师意识到他们的工作不是要在内容上控制学生，而是要在方法上帮助学生，真正体现以学生为中心。因此在开展 PBL 的过程中，教师要客观地看待自己知识的局限性，保持对新知识、新技能的好奇心和探索欲，以身作则教育学生以开放的态度对待学习，通过言传身教带领学生成为终身学习者。此外，教师也可以通过设计跨学科项目的方法，与校内外教师和专业人员建立教学网络，为学生提供更多获取知识和信息的途径、方法。

综上所述，教师在项目式教学中要敢于转变观念、拥抱困难、迎难而上、学会坚持，不断在困难中锻炼自己解决问题的能力。这既是提升教学质量的要求，更是为学生树立榜样，形成师生共同进步、协同发展的良好氛围的基石。

5　项目式教学的基本流程是怎样的？

传统教学流程可以简要概括为"讲—练—考"（见图 5-1），教学流程较为单一，教师为学生提供的学习活动较少，学生可获得的认知方式有限。PBL 以现实世界的问题解决为出发点，其教学基本流程可以用五个步骤来描述，分别是项目启动、制订方案和计划、探究实践、成果展示与评价、反思与总结。项目式教学流程及具体教学活动如图 5-2 和图 5-3 所示。

课堂讲授 ➡ 练习活动 ➡ 测验小考 ➡ 课堂讲授 ➡ 练习活动 ➡ 测验小考 ➡ 复习 ➡ 大考

图 5-1 传统教学流程

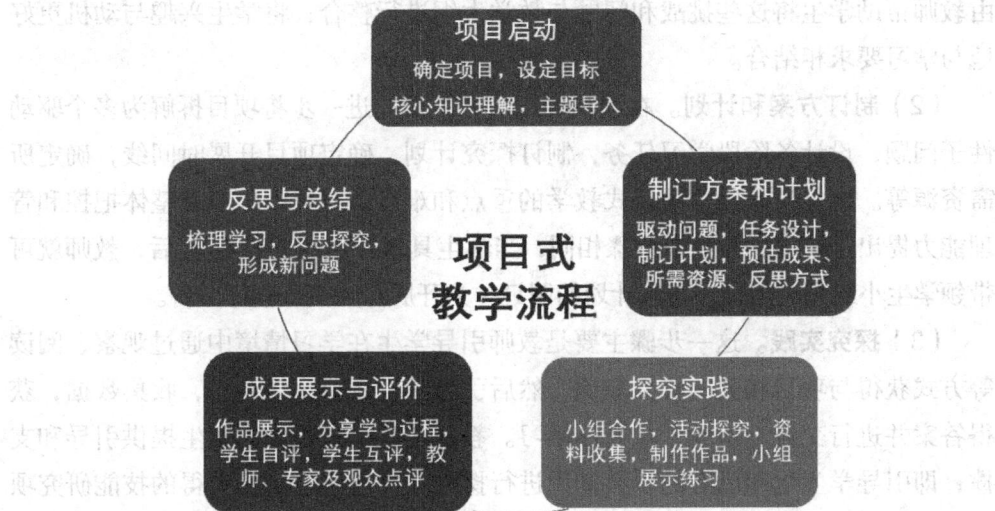

项目启动
确定项目，设定目标
核心知识理解，主题导入

反思与总结
梳理学习，反思探究，
形成新问题

**项目式
教学流程**

制订方案和计划
驱动问题，任务设计，
制订计划，预估成果、
所需资源、反思方式

成果展示与评价
作品展示，分享学习过程，
学生自评，学生互评，教
师、专家及观众点评

探究实践
小组合作，活动探究，资
料收集，制作作品，小组
展示练习

图 5-2 项目式教学流程

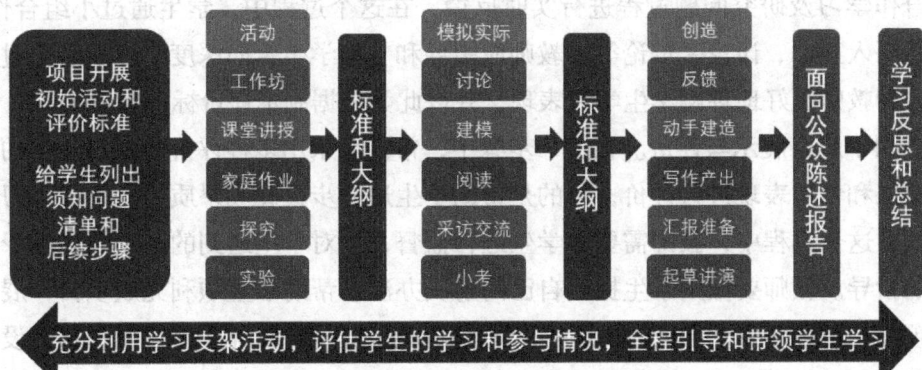

项目开展
初始活动和
评价标准

给学生列出
须知问题
清单和
后续步骤

活动
工作坊
课堂讲授
家庭作业
探究
实验

标准
和大纲

模拟实际
讨论
建模
阅读
采访交流
小考

标准
和大纲

创造
反馈
动手建造
写作产出
汇报准备
起草讲演

面向
公众
陈述
报告

学习
反思
和总
结

充分利用学习支架活动，评估学生的学习和参与情况，全程引导和带领学生学习

图 5-3 具体教学活动

（1）**项目启动**。项目启动即教师根据真实情境确定问题或挑战，设定教学目

11

标和评价标准，梳理学生已知和应知的核心知识清单，导入学习主题。对学生而言，学习动机与兴趣、学习积极性至关重要。作为项目化学习的设计者，教师结合学科性质、特点，确定合理的驱动性问题，为学生设计各种挑战，使他们积极参与项目活动。针对低年级或无 PBL 经验的学生，教师要规范和引导项目的过程，帮助学生形成高水平探究问题的能力。针对高年级的学生或有项目学习经验的学生，教师可以尝试向学生放权，即引导学生自己确定要探究或解决的问题，由教师帮助学生将这些挑战和问题与教学大纲进行整合，将学生兴趣与动机更好地与学习要求相结合。

（2）**制订方案和计划。**在项目确定后，就需要进一步将项目拆解为多个驱动性子问题，设计各阶段学习任务，制订探究计划，确定项目开展时间线，确定所需资源等。这一步是整个项目式教学的重点和难点，对教师的项目整体把控和管理能力提出了要求。与上一步骤相同，当学生具备一定的 PBL 经验后，教师就可带领学生小组完成项目方案和计划的制订，为开展探究实践做好准备。

（3）**探究实践。**这一步骤主要是教师引导学生在学习情境中通过观察、阅读等方式获得与项目相关的背景知识，然后引导学生进行小组合作，收集数据，获得答案并进行交流、检验、探究性学习。教师在这个过程中对学生提供引导和支撑，即引导学生运用已有的学科知识进行探究，支撑学生用已获得的技能研究项目中的各类问题，并观摩学生的这个过程，及时反馈。在合作学习中，教师引导和协助小组解决学习中遇到的疑难，积极为学生提供多种学习脚手架，并对学生的合作学习及研究问题过程进行实时反馈。在这个过程中，学生通过小组合作，进行深入互动、讨论、辩论等，教师应引导和支持学生走向深度学习。这个过程能帮助教师更好地理解学生学习表现，并以此为依据制定评价标准和框架。

（4）**成果展示与评价。**在这一步骤中，常常会采用多种评价方式对学生的学习成果和学习表现进行评价，目的是帮助学生进一步提高成果质量，总结学习方法。在这个过程中，教师需要对学生进行监督，针对学生遇到的棘手问题给予及时的指导。教师要激励学生提出自己的解决办法，帮助学生顺利完成项目，展示对项目问题和各驱动性问题的学习和研究的成果。同时教师应对成果进行建设性的反馈，引导学生对成果进行多次迭代，最终达到理想的目标。此外，教师在这个步骤中要密切关注学生的情绪表现，帮助学生接纳评价与反馈意见，批判性地吸收有效意见，积极提升自我。

　　对 PBL 成果和学习过程的评价强调主体多元、内容全面、标准合理、方法多样。教师可以针对班级中的学生进行横向和纵向分组，与学生一起制定评价标准，然后针对各个小组的学习成果和学习过程进行全面的评价。教师在此过程中主要扮演团队管理者、评价标准决策者和评价组织者的角色。

　　（5）**反思与总结**。PBL 不但强调教师进行教学反思，更强调带领学生开展学习反思。教师在反思中要梳理各个环节，思考如何增加探究和项目活动的有效性，调整帮助学生克服学习障碍的策略。在引导学生反思时，要不吝时间来庆祝学习中的小胜利，从小失败中总结学习经验，优化问题探究过程，形成新的问题，准备进行下一轮项目学习。这个步骤可以帮助学生提升项目学习效能感，使他们成为更有经验的项目学习者。教师在这个步骤中要做好记录，吸取本轮教学的经验教训，继续提升和优化教学。

　　从图 5-3 可知，项目式教学的每个环节包含多种学习活动，这些活动从"教师教的多"逐步过渡到"学生做的多"，有助于丰富学生的知识和技能学习体验，同时为开展 PBL 教学的老师提供设计参考和实践采纳，以更好地培养学生多方面的核心素养。贯穿始终的是教师为引导和带领学生学习而设计的学习脚手架。利用学习脚手架，教师可时时对学生的学习参与情况和学习表现进行评估。关于学习脚手架的详细内容，请参见本书第 17 问。

6　PBL 与问题导向学习、任务驱动学习和探究式学习的区别是什么？

　　为帮助教师更好地理解 PBL 与几个相似或相关教学法之间的联系与区别，笔者特将 PBL、问题导向学习、任务驱动学习和探究式学习这四种方法的特点和区别进行梳理，重点阐述 PBL 与其他三种学习模式之间的共性和差异。

　　（1）**PBL 与问题导向学习**。PBL（为了便于区分概念，此处简称"PjBL"）和基于问题的学习（Problem-Based Learning，以下简称"PrBL"）在使用中经常被混淆。首先，两者的英文缩写均是 PBL；其次，两者均是建构主义和情境学习等理论的实践模式，均强调以学生为中心，围绕真实性问题或项目，通过学生自主学习或小组合作等方式解决问题，建构知识体系，最终促进学生核心素养的发展。可以说，两种 PBL 都是以学生为中心的教学模式，学生都要对他们的学习过程承担相应的学习责任，而教师在必要时给予学生特定的支持[1]。

然而，两种 PBL 之间又存在着显著差异[2]。第一，缘起不同。PrBL 最早起源于医学教育领域，倡导运用真实但结构不良的问题案例来提升学生的诊断技能。该模式使学生直面现实的问题，在问题情境中思考如何解决这一问题；该模式关注学生在问题探究之后，如何形成对知识的系统性理解。而 PjBL 是让学生通过对复杂、现实问题的探究过程，以及通过精心设计项目作品、规划和实施项目任务，掌握所需知识和技能的一整套方法[3]。学习的项目必须是复杂且具有挑战性的任务。PjBL 旨在构建一座连接学科内容与现实世界问题的桥梁，侧重于学生对所学知识进行实际运用，强调学生自主进行项目设计、决策、调查和开发，学习过程具有模拟专家研究的性质、以最终的产品开发为目标等特征。

第二，学习流程不同。PjBL 学习流程包括建立小组、开始探究新问题、收集证据、解决问题、小组汇报和反思等。需要探索的问题及问题情境大多由教师提供，小组汇报主要以解决方案的阐述为主要形式。PrBL 更加注重问题的解决，如设立假设、验证假设等。PjBL 通常没有固定的实施流程，不同的学生或不同项目的操作步骤存在差异，但大体过程都是通过对项目的深入认识，在真实情境中开展实践探索，最终完成作品制作。与 PrBL 相比，PjBL 更强调尊重学生的自主性，而非由教师主导课堂。例如，在小组汇报时，学生可以选择报告形式（海报、研究报告、模型等）并自主决定报告的分工等。学习成果也大多以实物化的方式展示，以促进群体的共同学习。

第三，教学目的不同。PrBL 多用于理论知识学习阶段，通过创设问题情境帮助学生进行理论建构，使学生达到对知识的深度理解。PjBL 多用于实践阶段，通过制作真实的项目作品，提升学生的能力，强化其对知识的理解和应用。

第四，开展时长不同。由于 PrBL 的目的是促进学生掌握学科内容，因此解

[1] LARMER J. Project-based learning vs. problem-based learning vs. XBL. Buck Institute for Education [EB/OL]. (2015-07-13)[2018-11-01].

[2] 董艳，孙巍. 促进跨学科学习的产生式学习（DoPBL）模式研究：基于问题式 PBL 和项目式 PBL 的整合视角 [J]. 远程教育杂志，2019，37(2):81-89.

[3] 美国巴克教育研究所. 项目学习教师指南：21 世纪的中学教学法 [M]. 任伟，译. 2 版. 北京：教育科学出版社，2008.

决学习问题所花费的时间不会过长。PjBL 强调模拟现实问题的解决过程，时间与所需完成作品的难易程度相关。例如，有些项目可能实施一两周，而有些项目的开展时间长达一两个月或一学期，甚至一年到多年等。

第五，评价对象不同。PrBL 关注的是学习本身，更强调学生对知识的理解和深层建构，其评价大多基于学生的知识理解和掌握情况。PjBL 学习往往最终会形成一个小组作品，作品质量和完成情况是主要的被评价对象。PjBL 强调评价方式的多元性和评价内容的全面性，评价内容不仅包括对最终提交的作品的评价，还强调对学生学习过程特别是合作过程的评价，有时还对学生的态度进行评价，以促进学生在个人素养上的提升。

（2）PBL 与任务驱动学习。任务驱动学习是指在教学过程中以学生为中心、以任务为载体，把教学内容巧妙地隐含在具体任务之中，学生通过独立或协作完成任务，学习新知识和新技能。教师将教学内容设计成一个或多个教学任务，力求以任务驱动，以某个例子为先导，进而提出问题引导学生思考，让学生通过学和做来掌握教学内容，达到教学目标，培养学生分析问题和解决问题的能力。

从实施特点可看出，PBL 的周期较长（几天到几年不等），项目计划的确定、实施等均由学生讨论决定，项目开展的整体性较强，难度系数较高。而任务驱动学习的完成一般以课为单位，一节课可以由一个任务构成，也可以穿插多个任务，任务的选取、分割及细化一般均由教师完成，任务实施的难度不高[1]。

（3）PBL 与探究式学习。PBL 与探究式学习都是以学生为中心的教学法，通过开展探究来鼓励学生主动学习，发展批判性思维。这两种方法都引导学生用科学的方法思考问题。研究表明，两种方法都为学生提供了有效的学习模式。

要了解两种方法的不同，首先应深入了解探究式学习。根据探究的难度和深度，探究活动可以分为四种类型[2]。

① 确认式探究：学生在已经知道结果的情况下通过探究活动来对定理、原理等进行确认。

② 结构式探究：学生通过规定的程序来探究教师提出的问题。

③ 引导式探究：学生使用自己设计或选择的程序来探究教师提出的问题。

[1] 吴静.项目教学法与任务驱动教学法的异同比较 [J].北京工业职业技术学院学报，2011, 10(3):79-82.

[2] BANCHI H, BELL R. The many levels of inquiry [J]. Science and Children, 2008, 46(2), 26.

④开放式探究：学生使用自己设计或选择的程序来探究自己提出的问题。

可见，探究活动的难度和深度各异，学者大多将探究式教学法定义为以上四个探究层次中的一种，在教学中常依据学生当前的认知和技能水平灵活开展。例如，在一堂传统的物理实验课中，教师正在教授牛顿第二运动定律。在了解了该定律的基本内容后，学生使用实验中的各种器具来体验质量与冲击力之间的关系，通过证明牛顿第二运动定律的正确性来深化对知识的理解。在这个教学过程中，教师使用的是探究式教学法。

然而，在 PBL 中，学生面对的是来自现实世界的、尚未被解决的问题，例如如何减缓某一地区生物多样性消失现象、如何降低学生及家庭的碳排放量等。学生需要经过较长时间的学习，具备自己设计或选择探究程序的技能，然后通过探究得到对上述两个问题的解决方案。从这个意义上来说，PBL 是探究式学习的一种形式。

第

2

章

PBL教学设计

7 PBL 教学设计的核心要素是什么？

开展高质量 PBL 的核心是设计优质的学习项目。美国巴克教育研究所将项目设计的核心要素归纳为——具有挑战性的问题、持续性探究、真实性、学生的发言权和选择权、反思、评价与修改、成果公开展示，如图 7-1 所示[1]。下文对这七个核心要素进行介绍和说明。

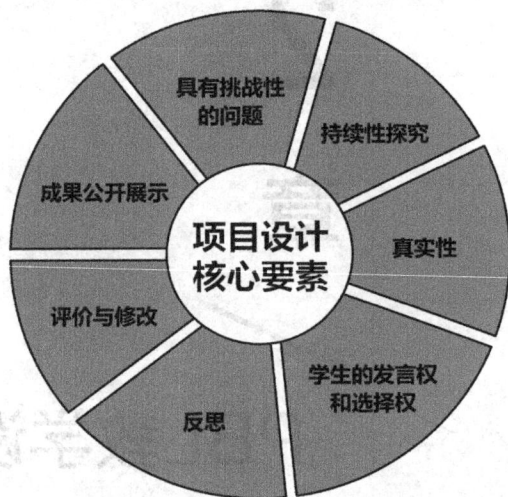

图 7-1　项目设计的核心要素

（1）具有挑战性的问题。项目的核心是一个待探究或待解决的问题。这个问题可以是具体的（如"学校应怎样提高废物回收利用率"），也可以是抽象的（如"什么样的战争具有正当性"），但一定要具有开放性。当学生参与问题的探究时，学习的目的就不再是单纯地记忆某个知识点。他们的学习会变得更有意义，因为需要运用这些知识来解决所关心的问题。适合学生学习的挑战性问题聚焦于核心

---

[1] 美国巴克教育研究所. 项目学习教师指南：21 世纪的中学教学法 [M]. 2 版. 任伟，译. 北京：教育科学出版社，2008.

问题或需求，挑战水平符合学生当前的学习程度，并与学习目标和教学大纲一致，学生能理解并能增强学习动机。为了回答问题，学生需要深入学习、探究，形成自己的想法，获得技能提升。

（2）**持续性探究**。持续性探究是指学生参与提出问题，并不断寻找资源和应用信息去解决问题的过程。相比仅从书本或者网络上获得知识或信息，探究是一个更主动、更深度收集和调查信息的过程。这个过程是由学生提出的问题推动的，需要花费一定的时间，因此学习项目一般要持续几天、几周甚至数年。优质的持续性探究要高标准地开展，学生应提出问题，收集信息，分析和解读数据，评价解决方案，利用证据回答问题，提出更多问题，直到得到满意的答案或解决方案为止。

（3）**真实性**。项目的真实性体现在学习项目使用现实世界中的情境、任务和工具、质量标准或影响，或者与学生生活中个人关切的问题、兴趣有关。项目的真实性通常体现在四个方面。第一，问题真实，能真实地反映学生生活中关心的问题，包括反映兴趣爱好、文化、身份认同等。第二，情境真实，即学生尝试解决的是实际生活中人们会遇到的现实问题，如企业家制订商业计划、工程师设计建筑、设计人员为学校设计校园农场等。第三，解决问题的流程、任务、工具以及质量评价标准真实，如学生以提高产品质量为目标开展实验性调查，或者使用视频制作软件制作视频。第四，项目成果对其他人产生真实影响，如学生在学校和社区内设计和建造一个花园为当地老人和儿童提供休闲场所，或计划并展开项目帮助当地空巢老人等。此外，高质量的项目还要求学习成果对现实世界有影响，并对学生本人的技能、思想、兴趣乃至社会身份有影响和改变。关于项目真实性的深入解读，可参考本书第14问。

（4）**学生的发言权和选择权**。项目中学生的发言权和选择权指的是学生依据自己的判断做出与解决问题相关的决定，包括如何开展工作、取得什么成果等。这具体表现在学生表达观点和做出重要选择（探究主题和问题、资源使用方式、组员构成、呈现学习产出的工具和平台、产出创新程度，如何组织和分配任务、如何安排时间等），以及对自己的学习选择和安排负责，能在老师的引导下独立开展项目探究。

（5）**反思**。反思指的是学生和教师反思学习、探究和项目活动的有效性，学生工作的质量、出现的障碍以及克服这些障碍的策略。杜威曾说："我们不是从经历中学习，而是从反思经历中学习。"学生和教师都应在项目进行中和结束后进行细致、深入、全面的反思。反思的内容包括学生学了什么、怎么学、项目如何设计与管理等。

（6）**评价与修改。**评价指的是学生和教师作为评价的提供者、接收者和运用者，对某要素或过程的完成进行评鉴。高质量的评价与反馈应该是定期的、结构化的，这些反馈来自教师、同学，甚至是课堂以外的专家。评价的维度包括作品的质量和工作进度等，学生应能妥善运用所接收的评价，并对自己的作品进行修改，提高评价素养。

（7）**成果公开展示。**成果公开展示是指学生通过与课堂以外的人分享和解释或展示项目工作来公开他们的项目成果。这里的成果不仅可以指有形产品，也可以是问题解决方案的展示或对一个问题的回答。高质量的成果展示应该是面向公众的，让课堂外、校外的更多观众看到他们的产出。同时，在展示过程中，学生应解释为什么这样选择、探究过程是怎样的、小组成员间如何配合、从中学到了什么，等等。

除上述七个要素之外，还有一个核心要素，即牢牢**把握学生学习目标**。在项目设计之初，教师就应保证项目聚焦于引导学生学习单学科、跨学科大纲或教学标准中具体而重要的知识和技能，并保证项目清晰地列出了目标技能和测评方式。

项目式教学强调"以终为始"，即在学习开始之初就已经明确怎么评价学生预期行为表现（即之前使用的学习目标的概念），以及通过什么方式或工具来实现。笔者秉承这一原则，为帮助教师设计高质量的教学项目，在本书的附录 1 中提供了一张设计好的项目评价标准自测表（参考美国巴克教育研究所的好项目设计标准整理）。好的项目设计离不开教师对 PBL 的熟悉和对学生学习状态的了解，也离不开对教学实践的不断改进。

8　教好项目式课程的七大要素是什么？

在从传统课堂向项目式课堂转变的过程中，许多教师面临的最大障碍是如何放弃对课堂的绝对控制，教师应相信学生的自主性、责任感，并相信其有能力完成复杂的学习任务。教师不再是教室中的唯一权威，而是学生的学习顾问、学习教练甚至是学习伙伴。这种转变并不意味传统教学不重要，而是传统课堂教学如何在项目背景下进行重构。根据美国巴克教育研究所的研究与实践，与项目设计的七个核心要素类似，教好项目式课程也有七大要素（见图 8-1），分别是策划与设计、符合标准、营造文化、过程管理、提供学习脚手架、持续性的评价、参与和指导。下面分别对这七个要素加以说明。

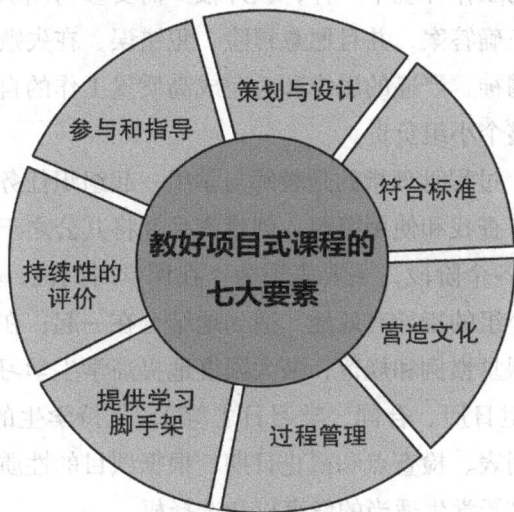

图 8-1　教好项目式课程的七大要素

（1）**策划与设计**。策划与设计指的是教师根据自身和学生情况创建或调整项目，在项目从计划、启动到实施的过程中给予学生一定的发言权和选择权。教师设计的项目应该包括项目式教学的七大要素，且各要素要详细设计，包括学习脚手架、评估学生学习情况及项目进程等，能灵活满足学生需求。教师还应尽可能充分地预估项目资源，并提前安排。

（2）**符合标准**。符合标准包含两个方面的含义：第一，教师使用各科目、各学段、各地区的教学大纲及其他教学标准性文件来规划项目，并确保项目中包括学科核心知识；第二，用以评价学生学习成果的标准明确，有明确的大纲标准出处，能为学生提供展示水平的机会。在学习过程中，教师要为学生提供学习脚手架，根据学生表现修订标准，要能支持学生达到特定的学习标准。

（3）**营造文化**。营造文化指的是教师要引导并建立良好的 PBL 文化，促进学生的独立和成长，进行开放式探究，树立团队精神和养成关注质量的良好习惯。建立 PBL 文化涉及多个方面。例如，在课堂内，教师要与学生共同制定指导课堂的规范，并由学生自我监督和执行；给予学生话语权和选择权，包括确定现实世界中的问题以及学生想在项目中解决的问题；学生通常只需要教师给予少量指导就知道需要做什么。在团队中，学生在健康、高效的团队组织中协作展开学习，就像在现实的工作环境中一样；教师很少需要参与团队管理；学生了解完成项目没有唯一的正确答案，并且愿意冒险、犯错误、在失败和错误中学习；学生具有坚持不懈的精神，严谨的思维和对完成高质量工作的自豪感；学生在小组内要对其他组员、整个小组负责。

（4）**过程管理**。过程管理指的是教师与学生一起组织任务和安排日程、设置检查点和截止日期、查找和使用资源、创建产品并将其公之于众。对学习过程的管理体现在 PBL 的各个阶段，主要表现为：在课堂时间内，要将个人和团队的工作时间、全班和小组的指导有效地、适当地结合在一起；在项目进行期间，应保证学生始终遵循课堂惯例和规范，最大限度地提高学生学习效率；运用恰当的项目管理工具（小组日历、合同、学习日志等），支持学生的自我管理和独立；制定切实可行的时间表、检查点和截止日期；根据项目的性质和学生的需求，组成适当的团队，并赋予学生适当的发言权和选择权。

（5）**提供学习脚手架**。学习脚手架又称学习支架，指的是教师采用各种课程工具和教学策略来支持所有学生达成学习目标。在为学生提供学习脚手架时，要保证每个学生都得到必要的、适时的指导，以及都可以获得学习内容、技能的机会和资源，当学生不再需要学习脚手架时要注意移除；要根据学生的问题和需求提供学习脚手架；使用多种工具和策略来教授关键的技能；向学生提供练习和应用学习脚手架的机会，并反思；鼓励学生探究，同时允许学生尽可能独立地行动和思考。

（6）**持续性的评价**。持续性的评价指的是教师使用的对知识、理解程度和成功的形成性和总结性的评估，包括对团队和个人工作的自我、同伴、教师和专家评价。这里的持续性主要体现在：对学生个人的学习进行充分的评估，而不仅仅评估团队成果；通过各种工具和过程进行经常性的、形成性的评估；定期在项目检查点使用结构化的修订守则；引导学生开展自我和同伴评价，接收反馈，指导教学决策和学生学习行为；学生和教师的评价均应使用符合标准的评价体系。

（7）**参与和指导**。参与和指导指的是教师参与 PBL 学习和创造，知道学生何时需要技能培养、指导、鼓励并提供及时的指导。教师的参与和指导主要体现在以下方面：教师利用对学生的个人优势、兴趣、背景和生活的了解，更好地让学生参与项目并指导教学决策；教师和学生共同完成项目，保持学生对项目的热情和主人翁感；教师和学生明确确立、共享和强化对学生表现的适当高期望；教师通过与学生建立密切的学习关系来了解学生学习的需求；教师定期和学生针对学习内容和方式进行反思，并注意庆祝学生的学习收获和成就。

成功的教学实践不仅取决于教师对教学过程的精心策划与安排，还取决于师生之间的默契配合。在本书的其他问题中，我们将对如何提升以上七个方面的教学实践效果给出方法、工具和建议等，帮助教师开展高质量的项目式教学。

9　学习项目的选题和教学设计如何做到以学生为中心？

以学生为中心是指教师在进行教学活动时，要以学生为本，尊重学生的个性化学习与发展需求，在进行学习支持性服务时要充分考虑学生的学习环境、学习方式等特点，以学生发展为根本宗旨。以学生为中心的教育理论最早体现在启蒙运动时期卢梭提出的自然主义教育，他认为教育应遵循儿童的天性，培养身心和谐发展的自然人[1]。1952 年，美国心理学家罗杰斯在哈佛教育学院学术研讨会上提出了"以学生为中心"的观点，自此"以学生为中心"逐步成为教育领域的重大变革方向[2]。在教学过程中，以学生为中心的教学模式更加注重学生自主学习、合作探究、小组讨论，而教师应成为学生学习的促进者、指导者、服务者。

与传统教学中以教师、教室和教材为中心不同，项目式教学是一种以学生为中心的教学模式。因此，在开展项目式教学初期，教师要积极地完成从"以教师为中心"向"以学生为中心"的转变，即在 PBL 的各个阶段贯彻和落实以学生

[1] 刘元兴，袁红. 建构主义学习理论及其对教学的启示 [J]. 成才之路，2007(33)：11-12.
[2] 李嘉曾. "以学生为中心"教育理念的理论意义与实践启示 [J]. 中国大学教学，2008(4)：54-56.

为中心的教学模式，做到理解学生、尊重学生、服务学生、启迪学生和激励学生。具体方法如下。

（1）在选取探究问题时，能理解学生。教师根据真实情境确定多个问题或挑战，让学生选择与教学目标相匹配的、最感兴趣的问题进行探索。在确定问题或挑战前，要了解学生的优势与弱点、情绪状态、学习能力、情感和追求等；然后充分考虑学生的学习兴趣，着眼于学生的最近发展区，以合理的驱动性问题激发学生的学习积极性，引导学生针对项目中的问题及困难展开持续性的探究。例如，由于浙江省的一些地区依山傍水，某小学教师结合学生的成长和生活环境，以"生态小水池，智慧大未来"为项目式教学选题，引导学生观察并发现校园水池中的污染现象，并要求学生提出方案解决污染问题。这一案例既结合学生的生活实际，又符合周边居民的实际生活需求，因此激发了学生强烈的学习动机，使学生出色地完成了学习任务。又如，结合学生在青春期遇到的人际交往困惑，某中学教师以"我们如何结交和失去朋友"为题，带领学生开展探究社会情绪的PBL。

（2）在探究问题时，能启迪学生。在运用探究方法研究问题时，教师要以学生为中心，启迪学生，不断为学生提供引导和支撑。教师应关注学生项目探究的整个过程，及时对学生遇到的难点或误区进行引导和反馈。学生在遇到解决问题的困难或者错误的时候，教师不宜采用代劳、指使或训斥的方式，而应该用学生感兴趣的方式对学生进行熏陶和启迪，如观看电影、小组头脑风暴、组织学生听取专家讲座等，帮助学生打开思路，使他们逐渐有所感悟。

（3）在合作学习中，能服务学生。小组合作学习是"以学生为中心"的一种现代教学组织形式。在此过程中，教师要树立服务意识，针对极个别不愿合作或不会合作的学生，尤其是身心发展还不成熟的低年龄段学生，进行耐心引导，使其在多次简单任务合作中领会合作规则，激发合作意识，为学生提供必要的合作学习脚手架，切忌忽视、冷落那些不积极参与的学生。

（4）在探究问题、完善成果时，能激励学生。在学生对探究问题进行完善的过程中，教师要时时激励学生。探究过程是一个学生小组共同面对不确定性、为现有问题找解决方案的试错和创新过程，这个过程难免带给学生挫折感等负面情绪。在完善成果阶段，一些学生难免出现不愿意持续完善、得过且过的心理。当学生出现这些情绪时，教师要在情绪上鼓励学生、在教学上引导学生，帮助他们充分发挥潜能，让他们在 PBL 中不轻易放弃，不断做出更高质量的项目。

（5）在总结成果、学习反思时，能尊重学生。PBL 成果和学习过程的评价强调主体多元、内容全面、标准合理、方法多样。无论是哪种评价方式，教师都要尊重学生。在做成果展示时，教师应尊重学生的个性化成果展示方式，对优秀成果给予肯定和鼓励，对不甚理想的成果不要当众批评，而应挖掘他们在学习过程中展现出来的优良品质、特长等，在下次的 PBL 中创造机会让学生发挥这些特长并能更多地通过成果展示出来，给予学生鼓励与关爱，引导他们不断提高和进步。

总之，"以学生为中心"不仅仅是一句口号，教师需要将这一理念落实在课程前、课程中、课程后等各个阶段，从各方面体现以学生为中心的教学特点，有效促进学生的发展和成长。

10　如何从零开始设计 PBL 项目？

PBL 在世界各地迅速推广开来，既依赖于其历史渊源（如杜威、克伯屈等提出的"做中学"），又离不开其在当代的重要社会意义和价值。因此，PBL 进入我国后迅速受到广泛接纳与追捧，这体现了我国教育专家和教育研究者对国际教育趋势的敏锐洞察。然而在推进过程中，很多一线教师难免会将实施项目式教学理解为"一定要颠覆传统""要进行重大教学创新"等，其实不然。在第一次进行项目式教学设计时，教师很容易陷入设计周期长、难度大的学习项目误区，因此，项目式教学新手教师需要思考如何从现有教学方式出发，不断地做小变革、小创新，不求面面俱到。许多成熟实践表明，教师和学生都需要学习并适应 PBL 模式，特别是要在开展初期进行师生和学生之间的磨合。新手教师要避免开展超过三周的学习项目，且要以帮助学生适应 PBL 文化和学习流程作为项目初期的主要学习目标之一。初次设计项目式教学的教师需要注意以下方面。

（1）善用已有的 PBL 教学资源。当前，PBL 已在我国一些地区试点开展。这些先锋带头区域的骨干教师已逐步梳理和设计了 PBL 案例、教学资源平台、项目库等。新手教师要利用好已有的优秀 PBL 案例，先从研读已有项目案例开始，逐步过渡到设计新项目开展教学，避免从零开始设计新项目。

（2）**学会在项目库中广撒网。**在寻找项目式教学创意或灵感时，教师可参考不同学科、不同年级的学习项目，避免受到学科或主题词的限制。教师可在已有项目资源中精选学习活动或流程，并根据学生年龄段和学习重点重新编排或整合。

（3）**在已有项目中进行小改和微创新。**当教师找到合适的项目时，要结合学生的学习风格、认知水平、学习动机等特点，对已有优秀项目进行改进，而非大修大改，做出适合自己班级和学生特点的创新项目即可。

（4）**对开展教学做好充分准备。**项目周期越长，学生要学的内容就越多。一个四周或时间更长的项目中包含丰富的教学内容，教师需要对学生学习的各个方面制定评估标准。教师要提前制定项目框架、教学计划、评估标准等，并收集和准备 PBL 中所需的资源。新手教师要做好充分准备，对可能涉及的知识、技能，学生可能遇到的问题等设计好应对措施，在项目的各个阶段安排 15～20 分钟的机动时间，以应对因学生合作不畅或其他原因无法按时完成进度的情况。

（5）**制定开展项目的时间框架。**第一次开展 PBL 的教师，可以聚焦 2～3 个教学目标。教学目标应先集中在一个学科上，从开展单学科项目式教学入手，将项目时间控制在 2～3 周，或者保证 10～15 小时的 PBL 时间，其中包含 8～10 小时的学生协作学习时间。

（6）**给学生提供选择空间。**在项目选题、教学活动的开展、成果展示的方式，以及评价方式的选择上，教师可以考虑倾听学生的声音，给学生一定的选择权，这样既避免出现传统教学中的教师"一言堂"，又能起到培养学生学习自主性与责任感的效果。在学生实施具体的项目时，教师可以在不同教学阶段给学生提供一些学习效果相似但学习过程略有不同的选项，邀请学生在 2～3 个探究问题中选择 1 个、在 3～5 个学习活动中选择完成 2～3 个等，让学生参与选择做项目的方法及途径，培养学生对学习负责、对项目负责的态度。

（7）**勤发问，广连接。**当教师在完成了部分或者全部的项目设计时，可以咨询当地高校的教学研究专家和区域内的骨干教师，以获得项目设计的改进意见或建议。教师也可以将项目设计的想法发布在 PBL 教师交流社区、微信朋友圈、微博、知乎等社交平台上，邀请同行评价、点评等，通过参考多方观点，完善教学设计。在教学结束后，教师也可以将由项目进展获得的经验进行分享，促进个人反思。

（8）**明确 PBL 核心，不做"甜点"项目**。很多教师容易把短期项目做成"甜点"项目，即用传统方法教学，在结尾加一个项目来体现项目式教学特征。PBL 是"主食"（详见本书第 3 问），通过开展项目让学生学习知识点、技能和方法。项目式教学是为了完成内容、技能和学习能力的教学，而不是为了完成项目而教学。

（9）**注意反思**。在项目式教学中，教师要时时反思。反思是一个不断迭代当前项目设计，为以后的项目设计、教师发展等多方面不断蓄力的过程。反思有助于将当前的教学成果运用于下一轮教学中，不断提高教学对每一个学生个体的有效性。

"冰冻三尺，非一日之寒。"开展高质量的 PBL 需要师生之间的磨合和教学经验的积累。新手教师要多借鉴已有的项目式教学经验，多反思自己的项目设计及实施过程中存在的问题等。教师通过对项目式教学的经验积累，不断提高教学设计水平，从项目借鉴到项目原创，将更多实际问题纳入 PBL 的范围，增强学生参与的积极性。

11　如何抓住"三个基本点"来设计 PBL 目标？

PBL 目标一般由"三个基本点"——知识和技能目标、核心素养与学科核心素养目标、情感态度和价值观目标构成。PBL 教学设计要在"三个基本点"的基础上对学生提出学习要求，并在教学开展中做出相应规划。

知识和技能目标是教师根据课程标准设计的，包含学生学习单学科或跨学科教学大纲或教学标准中具体而重要的核心知识、学科基本知识和相应的能力要求。核心素养与学科核心素养是当前国际社会普遍关注的学生面对未来社会所需的素养，前者与具体学科无关，后者与特定学科相关。核心素养紧紧围绕"立德树人"的要求，我国提出的学生发展核心素养以培养"全面发展的人"为核心，涉及文化基础、自主发展和社会参与三个领域，包括六大核心素养和 18 个基本要点。中国学生发展核心素养的结构要素如表 11-1 所示。

表 11-1 中国学生发展核心素养的结构要素

方 面	成 分 素 养	主 要 表 现
文化基础	人文底蕴	人文积淀、人文情怀、审美情趣
	科学精神	理性思维、批判质疑、勇于探究
自主发展	学会学习	乐学善学、勤于反思、信息意识
	健康生活	珍爱生命、健全人格、自我管理
社会参与	责任担当	社会责任、国家认同、国际理解
	实践创新	劳动意识、问题解决、技术应用

情感态度和价值观目标主要包括：①学习情感：学生在学习中获得的积极的、愉悦的情感体验，愿意继续学习并成长为乐于学习的人；②对学科的态度：学生对所学学科形成积极的态度，对学科保持好奇心，愿意讨论相关话题或持续探究相关问题；③对自我的态度：学生在学习中体验成功，逐渐形成积极的自我概念、自尊和自我效能感，发展自信心和意志力；④对他人的态度：学生能与他人友好相处，理解、尊重和包容他人，具有良好的沟通合作能力；⑤价值观：学生要逐渐发展一些全社会共同认可的重要价值观，如爱国、诚信、正直、友善、公平等[1]。

与 PBL 相比，传统教学目标主要集中于知识和技能目标，核心素养与学科核心素养目标有所涉及，但对情感和价值观目标涉及较少。教师在设定 PBL 目标时，不但要设定清晰的知识和技能目标，还要为学生设定其他两类目标，通过 PBL 的多个过程不断提高学生的知识水平、能力和素养。"三个基本点"就类似于三脚架，缺一不可。知识和技能是基础，素养是核心，情感态度和价值观既是润滑剂，又是发展驱动力。当学生们能够有目标、有方向，又有动力的时候，学习就会更有支撑，也将更有收获。

学习目标既是学习的终点，更是学习的起点。好的 PBL 目标不但能帮助教师在知识和技能、核心素养与学科核心素养以及情感态度和价值观三方面注重学生的学习和发展，更能让学生在学习过程中有据可循，以学习经历促进学习方法的构建和发展。

---

[1] 赵德成. 情感、态度、价值观培养的操作性如何实现 [J]. 人民教育，2017(2): 76-79.

12　以终为始：为什么要在项目开始前和学生分享学习标准？

"以终为始"主要是强调教师在开展 PBL 之初，就将项目最终的目标、评价标准和要求先告知学习者，以让他们知道达到什么标准，以及以什么方式达到。在实际开展时，它也是一种反向的思维方式，在教学中体现为教师从课程最终要达到的教学目标和结果出发，反向分析在课堂中应选择的教学策略和方式，寻找促进学生学习的对策。和学生分享学习目标，让学生知道要学习什么内容，将学生被动接受目标和任务转变为邀请学生与教师一起来制定目标、监督和管理学习进程，主动地达成教学目标，促进学生的全面发展。以终为始也是项目式教学重要的底层设计原则之一。

传统的学习过程中，学习目标和学习成功的最终评判标准通常只存在于教师的认知中，而教师极少与学生分享，由此导致学生不知道为什么学习、学习能收获什么、所学习的内容在未来有何用处，产生厌学情绪。正是由于越来越多的教师和教育研究者发现了教学培养具有滞后性，因此提出了"以终为始"的观念。在 PBL 中，教师要首先明确希望通过教学帮助学生达成的最终目标、评价方法和标准，并将这些信息告知学生，邀请学生互相监督、互相帮助，达成这些目标。

要做出"以终为始"的教学设计，教师可以参考反向教学设计法的设计思路，如图 12-1 所示。

在反向教学设计法中，教学设计和教学开展是两个相反的过程。教学设计要从目标制定出发，确定评价手段和标准，并具体落实到每节课的教学进度和教学活动的安排上，是一套从宏观到微观的设计思路。与学生分享这一套设计思路的主要目的是帮助学生构建从目前水平到期待达到的水平之间的清晰路径。在项目实施前，教师要和学生讲清楚学习目标，放手让学生自主设计项目方案并制订计划。在学生动手实施项目之前，教师要将明确的、易于理解的评价标准与学生分享，帮助学生不断用评价标准矫正学习路径。在具体的讲授式教学、引导式教学中，教师要引导学生带着目的学习，在学习过程中不断向学习目标靠近。

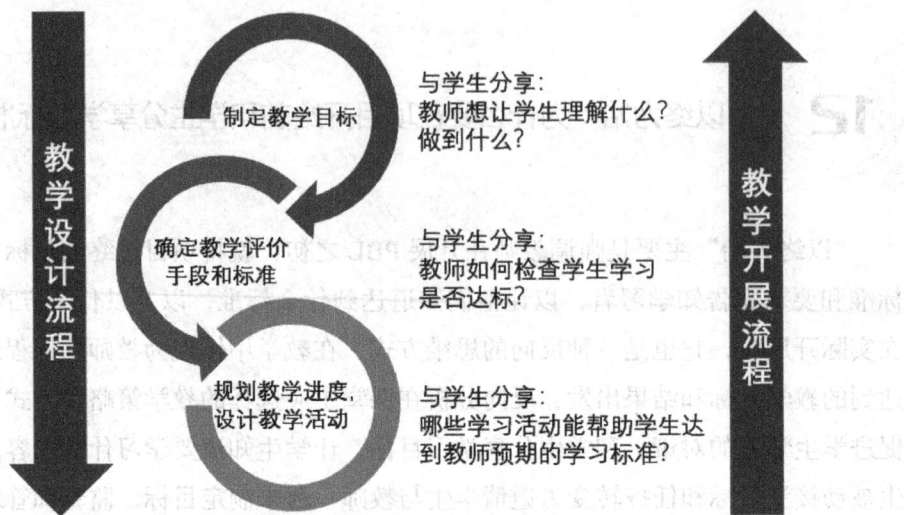

图 12-1 反向教学设计法

向学生分享教学目标和评价方法的过程也是一种主动地将学习主动权交予学生的过程。教师要保持开放的心态，让学生在学习过程中主动积极地进行自我调节和修正。教师要认真审核学生自主制订的项目计划，评估计划的可行性和实践过程，听取学生对计划制订的原因陈述，并在过程中严格把控项目进度，通过观察和交流的方式掌握学生情况并适时提供指导和帮助，确保学生可以在计划周期内完成项目，达到预期的学习目标。

13　PBL 设计应以核心素养为主，还是以知识和技能为主？

在本书第 11 问中，介绍了项目式教学设计要抓住"三个基本点"，即知识和技能目标、核心素养与学科核心素养目标及情感态度和价值观目标。核心素养目标是传统课堂教学中的弱项，也是项目式教学中教师应该强调的重点。如何培养面向未来的公民，以使其能够更好地适应未来的工作与生活一直是近十几年来各国教育研究者和教育工作者共同关心的问题；如何培养具备适应未来社会的核心素养人才引起全球的关注，甚至成为许多国家或地区制定教育政策、开展教育改革的基础。本问中所指的核心素养目标，泛指以下三个类别。

- 学习与创新技能：批判性思考和解决问题能力、沟通与协作能力、创造与革新能力。
- 数字素养技能：信息素养、媒体素养、信息与通信技术素养。
- 职业和生活技能：灵活性与适应能力、主动性与自我导向、社交与跨文化交流能力、高效的生产力、责任感、领导力等。

PBL 如能顺利开展，将有效提升学生的多项核心素养，因为项目中需要解决的问题要求学生评估自己的元认知策略或思维方式，对学习方式进行更深入的了解和反思。在 PBL 过程中，学生通过团队合作提高学习动力和自尊心，同时养成追求高效率的工作习惯，特别是在团队合作中高效开展工作的技能。

那么，在设计 PBL 项目时，教师是考虑以知识和技能为主要目标，还是考虑以培养学生的核心素养为主要目标呢？这个问题的答案可以总结为：**知识和技能优先，兼顾核心素养发展**。

从幼儿园、小学、初中到高中、大学教育乃至研究生教育，不同学段、不同学科的核心知识点和学科技能有很多，而核心素养是一个内涵明确的确定框架。因此，在设计 PBL 项目时，先以知识点和学科技能的教学为出发点，再将相关核心素养与知识和技能点相匹配，在学习不同知识点时提升同一个核心素养，帮助学生完成素养提升。例如，在学习小学 5～6 年级科学课知识点"描述和比较植物后代与亲代的异同，如花的颜色、叶的颜色、大小与形状等"和"掌握正午时物体影子在不同季节有规律的变化"时，都可以加入"根据图片或模型完成口头陈述"这一要求，在反复练习中提升学生口头表达的流畅性和完整性。再如，学习小学工程与技术单元时，不论是学习住宅结构中的复杂性，还是使用杠杆、滑轮、轮轴、斜面等简单机械解决生活中的实际问题，都需要用到"从经济效益、社会效益、环境效益等方面评价某个工程设计"这个技能。而学习这些问题有助于提升学生的劳动意识、问题解决能力和技术应用能力等实践创新素养。可见，先确定知识和技能，再匹配核心素养内容是较容易操作的设计方法。

虽然 21 世纪核心素养与技能是有限的，但每一个技能内部都有不同难度的层次和表现指标。教师在教学设计中要考虑如何体现技能培养的梯度和层次。以合作能力为例，表 13-1 总结了不同年龄段学生合作能力的要求差异（参考 PBLWorks 网站梳理）。

表 13-1　合作能力在各年龄段的不同要求

幼儿园至小学二年级学生
• 能按时完成小组分配的任务 • 能尊重小组成员 • 能帮助小组成员 • 能听取小组成员的意见和想法 • 能与小组成员分享自己的观点和看法

小学三到六年级学生	
学习自主性和责任感	• 做了充分的小组合作准备，阅读了相关资料，能更好地在小组讨论时探讨不同观点 • 不需要别人提醒就能完成小组任务 • 总是能按时完成小组任务 • 能根据别人的反馈提升自己的表现
组内互助	• 能帮助小组解决问题和管理冲突 • 能帮助小组有效地开展讨论，遵守讨论的规定，问出好问题并提出解决方案，以及能清晰地表达自己的观点 • 能给别人提供有用的反馈，如果有需要，能向他人提供帮助，完成任务
尊重组员	• 对小组成员礼貌而友善 • 总是能听取别人的观点并友善地提出意见

初中和高中学生	
学习自主性和责任感	• 随时准备好学习和项目工作，对项目主题有深刻、全面的了解，能引用证据来和团队一起探讨和思考 • 经常使用恰当的、组员一致同意使用的技术工具来共同管理项目任务 • 不需要他人提醒就能完成小组任务 • 按时完成任务 • 运用他人提供的反馈来提升表现
组内互助	• 帮助小组解决问题和管理冲突 • 能清晰地表达观点、提出探究性问题，对新信息和新观点进行思考并回应，提高讨论的效率 • 为他人提供可以改进的反馈，反馈要具体，且具有可操作和支持性 • 在需要时为他人提供帮助
尊重组员	• 礼貌、友善地对待小组成员 • 感谢组员的付出，尊重彼此观点，有技巧地提出不同意见

续表

初中和高中学生	
达成一致， 遵守约定	• 关于组内如何开展项目工作、制定详细方案等问题取得组内成员的一致同意，其中包括技术工具的使用 • 遵守小组讨论结果、共同决定和冲突解决的方案 • 诚实、准确地讨论遵守组内协议的情况，在未遵循规范时采取适当的措施 • 尝试解决问题而不求助老师
组内工作 组织	• 创建详细的任务清单，合理地将项目工作分配给团队成员 • 制定时间表，跟踪工作进度，在规定时间内实现目标 • 根据团队成员的优势和需要分配角色和工作 • 有效利用时间召开会议；将材料、草稿、笔记保持得井井有条
组内协同	• 认识并利用每个团队成员的特长和才能 • 在所有团队成员的参与下创造产品；个人单独完成的任务要带到组内进行修订和汇总

可见，21世纪核心素养与技能内部包含多个维度，同一项技能对不同年龄段学生所表现出的能力要求也有很大差异。教师在进行技能目标设计时，首先要将技能拆解、细化，在每个学习活动中只针对一个维度甚至一个指标进行设计，引导学生在多个学习项目中纵向比较自身的进步情况，避免在一个项目中要求学生掌握全部的技能，增加学生学习难度和评价难度。

14　做好"减法"——如何能让学习项目更真实？

项目式教学如此看重真实性，一方面是因为科技发展日新月异，未来社会要求人才具备多种能力，能自如应对现实世界中的问题，并能在未来的工作中把知识作为工具，结合其他技能来解决生活中的复杂问题等；另一方面是因为传统学校教育未改变以标准化考试为指挥棒的教学模式，学生所学知识与现实世界活动和情境相分离。因而，在面对因为情境和表面特征变化而出现的新问题时，不能照搬先前的知识和问题解决经验。PBL的真实性原则为解决上述难题提供了途径。

　　PBL 设计和实施是否有效，真实性是重要的评判要素之一。根据美国巴克教育研究所对项目要素的研究，笔者为读者总结了真实的学习项目应该包含的真实性特点，并辅以举例说明，帮助读者更好地进行理解，如表 14-1 所示。

表 14-1　学习项目的真实性特点和说明

真实性特点	说　明	举　例
项目挑战真实	项目探究与学生生活相关的问题，或同龄人实际面临的普遍问题	• 学生与同伴探讨"如何结交和失去朋友" • 学生通过研究"我如何才能不从滑板上摔下来"来学习物理 • 学生研究气候变化可能对社区造成的影响，提出行动建议
项目情境真实	项目设置真实或高度贴近真实的模拟场景	• 考虑土地的可用性、成本、安全性、舒适性等因素，请学生设计一个能容纳最多人数的剧院 • 为新的电视真人秀提出想法，帮助观众通过该节目了解进化生物学、地球地质历史等科学知识
项目流程真实	项目要求使用专业人员在实际中使用的工具、流程来完成任务	• 探究"我们如何结交和失去朋友"的问题的学生进行调查，分析数据，录制采访视频并使用在线编辑工具来整理观点 • 研究滑板物理原理的学生使用科学家使用的科学方法和工具测试滑板在各种地面的速度
项目需求和用户真实	项目可以满足教室之外的实际需求，或者所创造的产品有真实的用户	• 学生为附近公园的新游乐区提出设计方案 • 学生计划和开展社区中的环境清理工作 • 学生为年轻人创建社区读书网站 • 学生为游客编写旅游导览，为访问该地历史遗迹的游客制作播客 • 学生担任当地企业顾问，提供向年轻人销售产品的建议

　　此外，根据我国知名学者何克抗教授 [1] 的研究，在项目挑战真实方面，PBL项目应该向学生提出由真实的问题驱动的、较特殊的问题，使学生能提出疑问、开展实验、进行预测、生成结论并分析最终结果，并保证与教学目标相对应。这些问题都是在社会中生活的自然人、从事某一领域和职业的专家在日常工作和生活中可能会面临的，是与社会生活高度接轨的。在学习过程中，学生既可以通过自己的反思，也可以根据他人给出的反馈意见来修改、深化自己对学科知识体系

[1]　何克抗. 对美国《教育传播与技术研究手册》(第三版)的学习与思考之三——关于"情境理论"与"九种情境化教学策略"[J]. 电化教育研究，2013, 34(9): 24-29, 41.

的理解。因此学生需要获得多种形式的反馈，如自我反馈、同伴反馈、教师反馈等。这些形式和渠道与现实职场中的专业人士从同事、上级、客户、行业专家等处获取反馈有高度的相似之处。在学习成果上，PBL 的成果具有不确定性，它建立在学生自主建构的学科知识与现实世界之间联系的过程中，并且 PBL 项目是以研发出具体的、外显的人工制品作为完成标志的。这种特性与在现实世界中根据具体问题、限制条件等有针对性地开发多种方案，最后根据客户需求创造产品、解决方案的工作流程一致。最后，学生学习成效的大小，在很大程度上取决于合作，合作可以是学生之间的合作、师生之间和课堂之外成员的合作。因此，教师要在 PBL 设计时为学生的合作学习创造机会，以便学生在未来职场中和具备不同学科背景、职业技能的人员开展有效合作。

在 PBL 设计中，要想保证 PBL 项目的真实性，教师应在项目选择和教学设计时使用减法策略，即先了解真实的专业领域专家如何发现问题、解决问题，再针对学生当前的认知和技能水平，对项目真实流程进行简化。这是由于现实世界中的问题和挑战一般具有较高的专业性和复杂性，学生受知识水平、技能水平的限制，很难具备完成整个真实任务的能力。因此在设计 PBL 任务时，教师要先从真实问题或项目中了解专业背景知识和所需技能，再根据学生的年龄段、知识水平、技能水平等，有选择性地去除项目中超出学生认知和技能水平的元素，只保留学生当前认知水平可探究的东西，最大限度地保证项目的真实性。

以要求初中生为学校设计一个图书阅览室项目为例。教师要首先了解建筑师或者工程师在设计图书阅览室时要考虑哪些问题，如阅览室位置、空间结构、外观设计、朝向、温度和湿度、可容纳学生的数量、可摆放书籍的数量、载荷、安全配套设施、学生对室内设施使用的偏好、造价以及建造周期等；然后，综合考虑初中生所具备的知识和能力，去除对学生来说太复杂的建筑结构设计、载荷等内容，只保留容量、学生对室内设施使用偏好、造价等以学生目前认知水平可以探究的元素，要求学生提出能够满足本校师生使用需求的、符合校领导预算标准的图书阅览室设计方案。反之，若教师在项目开展前对图书阅览室的设计和建造没有了解，则很容易造成项目要求空洞，学生难以开展的问题。试设想，如果项目要求为"设计一间能看书、能自习、能充电、方便同学使用的阅览室"，那么这样的要求不仅违背了 PBL 项目的真实性，增加了评价学生学习产出的难度，更让学生难以开展学习和设计。

只有在真实问题上减要求，而非在不真实的挑战中加内容，项目才能保持真实性。教师在进行 PBL 设计的时候，要查阅文献或咨询专业人士，了解专业人士如何开展特定任务，再综合考虑学生的已有认知，减掉超出学生认知范围的专业性元素、问题等，确保项目对于学生来说既真实又可操作。

15 如何根据课程标准设计合适的学习项目？

课程标准是课程的基本纲领性文件，是国家对基础教育课程的基本规范和质量要求。它是课程计划的具体化，规定了学科教学目的与任务，知识范围、深度和结构，教学进度及有关教学法的基本要求。课程标准体现了国家对每一门学科的统一要求，是编写教科书和教师开展教学的直接依据，也是衡量各科教学质量的重要标准。很多教师担心以项目式教学的方式无法完成既定课程标准所规定的教学任务，这种担忧有一定的道理。项目式教学本质上是对学生的学习方式的一种革新，教学过程更加关注学生对知识的综合应用、跨学科的整合能力。但课程标准中也包含一些不适宜利用项目式教学来教授的内容，特别是那些需要学生长期坚持练习才能掌握的知识和技能。例如：

- 需要日常练习来提高的技能，如语文或外语学科的朗读能力；
- 大量重复的、可衡量的技能，如数学口算能力、短跑能力、地图识读能力等；
- 需要大量教学引导或实践指导的内容，如掌握化学、物理实验室的操作规范；
- 需要学生个人尽大量努力的技能，如完成高质量创意写作、高水平演奏乐器等。

因此，进行项目设计时，教师要厘清课程标准内适合开展 PBL 的内容，严格遵循课程标准的规定。对此，本书为教师提供两种方法。

第一，内容整合法。 在考虑使用 PBL 之前，教师应先研读各科目课程标准或教材，梳理出完整周期内的目标学习内容（如整单元、整学期、整学年等），并将这些内容用话题、现象、情境或真实问题重新归类，用一个项目串起多个知识点。表 15-1 中是北京中学美术教师吕源在六至九年级美术教材中按话题组织的学习项目。重要知识点和技能可以在多个项目中多次体现和操练，促进学生进行有意义而非机械式的学习。这种重新归类和整合是将教材知识还原到真实情境中的一种知识重现，可以帮助学生了解各个知识点之间的关联，更好地理解知识产生的情境和过程。

表 15-1　根据美术教材内容划分的项目主题

分　类	项 目 主 题	分　类	项 目 主 题
电脑美术	个人简介设计（选修） 数码照片处理（选修） 电脑魔术师（选修） 定格动画（选修） 爱动画、做动画（选修）	造型艺术	观察与创造——动物的联想 罗丹的雕塑 动物立体造型 绘画的空间表现 绘画的构图 明暗与立体 形体的世界 印象派绘画 表现主义绘画 色彩的调和 色彩的对比 发现与创造——肌理之美 线条的表现力 画校园 形式与美 幻想中的未来（选修） 扮靓生活的大自然 为同学画张像 源于自然的美丽纹样 生动的人物动态 黑白装饰画 学做浮雕 陶艺创作
国画	李可染的山水画 学画山水画 齐白石的花鸟画 学画写意花鸟画 蒋兆和的人物画 吴昌硕的书画和篆刻		
建筑与老北京文化	北京中轴线建筑 京剧元素的再创造 走进北京传统工艺美术 用相机记录北京风情 贝聿铭的建筑设计 线材造型		
		区域美术	欧洲美术之旅 亚洲美术之旅 大洋洲美术之旅 非洲美术之旅 美洲美术之旅
设计	把大自然穿在身上 书籍封面设计 藏书票设计 校园主题活动美术设计 校园主题活动美术策划 设计改变生活 汉字的装饰设计 校园活动招贴和请柬设计 收藏与创造——旅游纪念品设计 "节约水资源"宣传展板设计 风格多样的台灯设计 钟表的畅想	博物馆	走进身边的美术世界 中国博物馆集萃（选修） 不列颠博物馆（选修） 世界博物馆撷英（选修） 卢浮宫博物馆（选修） 故宫博物院（选修） 中国美术馆（选修）

当教师根据项目整合大纲教学内容后，就可以设计包含"三个基本点"的 PBL 目标，确定 PBL 的核心内容。PBL 核心内容不但应与课程标准所要求的核心知识相契合，还应在此基础上深化和扩展。所以在项目的设计上，教师要在课程标准列出的核心知识中找出适合引导学生开展探究的知识点，将知识点带入情境，转化为 PBL 中合适的案例。

第二，知识类型对应法。 教师可先区分知识类型，再有针对性地选择教学方法。按照心理学家皮连生整合归纳相关理论所提出的知识分类法来看，教学大纲中所涵盖的学习知识可分为三大类——陈述性知识、程序性知识、策略性知识。陈述性知识指个人具有的有关世界是什么的知识。检查陈述性知识的行为标准是看学生是否能回答"是什么"的问题，如我国的首都是哪个城市，在电影院看电影的步骤一般有哪些等。程序性知识是个人具有的有关"怎么办"的知识，如将多种水果分类、知道如何煮面条等。策略性知识是指学习者在学习情境中对任务的认识、对学习方法的选择和对学习过程的调控，它是由学习方法、学习调控和元认知等要素构成的监控系统。例如，如何速记无关联单词，如何找到规律进行速算等。课程标准所要求的核心知识一般对上述三个类型都有涉及，因此在 PBL 中，三类知识在教学设计上应有所区别。

对于陈述性知识，教师可多采用较为传统的讲授式教学，并辅以高频率和多种课堂练习、课堂活动等形成性评估手段，帮助学生记忆和理解。在讲授时要注意控制时长，教师的讲解尽量控制在 10 分钟以内，讲练结合，及时给学生提供学习反馈。对于步骤性较强的陈述性知识，教师可以通过让学生多次重复练习来掌握和强化知识。例如，在培养学生探究的思维方式时，可以在多次探究中不断重复探究式学习的五个步骤（提出问题、提出假设、制定探究程序、分析及解释、提出结论），帮助学生形成思考和行动框架。

对于程序性知识，教师应考虑采用探究式学习的方法和步骤，引导学生通过实验和探究来习得知识点。在此过程中要注意引导学生收集和整理实验过程中所涉及的相关知识点。这样，学生经过探索与实践习得相关知识，对知识的印象会更加深刻，掌握也会更加牢固。此外，程序性知识关于"怎么操作"的知识，用于描述事件发生的过程或顺序，如阅读、写作、计算、使用信息技术相关的技能，教师可以使用多个项目来促进学生进行相关技能的练习和提升。

　　教师教授策略性知识时，应注重培养学生的思考能力，特别是推理能力。由于个人知识背景不同，学生之间的策略性知识水平差异较大，难以程序化、标准化地教学。教师可以在项目式教学中留出机动时间，将这种知识设计为给学有余力的学生提供的拓展机会，鼓励他们达到更高的学习要求。

16　如何根据不同的学习目标安排 PBL 学科核心知识教学?

　　学科核心知识是指在多个学科内有着广泛重要性的基本概念、基本结构和学科思想方法等。各个学科具有大量的知识，但学生的学习能力和学习时间有限。借鉴整合理念总结出学科领域中的核心知识，为解决有限的学习时间、学习能力与无限的科学知识间的矛盾提供了可能。通过对核心知识的学习，学生可以逐渐掌握学科领域中重要的知识和技能。学科知识可以分为普通教学内容、教学重点和教学难点，教学重点是构成课程的知识和能力体系中本质的学习内容。教师在项目式教学过程中要对教学重点给予重视，让学生学习各个学科中的核心知识，完成教学大纲所规定的教学目标，促进学生的发展。

　　在设计教学项目时，要考虑学科核心知识教学目标的具体要求。同样为教学大纲规定的教学内容，其对学生掌握的要求并不相同，因而教师教授不同知识的侧重点也应有所不同。近年来，我国教育工作者参照布鲁姆教育目标分类理论及其他国际研究成果，结合我国国情提出了我国的教育目标分类体系，将认知类教学目标体系分为五级——记忆、理解、简单应用、综合应用、创见，并在全国推广使用。根据不同的教学内容，把项目学习进程和教学目标难度进行对应可以得到图 16-1 所示的二维模型。

　　对于简单的事实知识，学生进行记忆、理解即可；而对于问题类知识，学生需要从记忆、理解到应用，最终达到创见的水平。这些不同知识的掌握要求应在PBL 的不同阶段做合理安排。

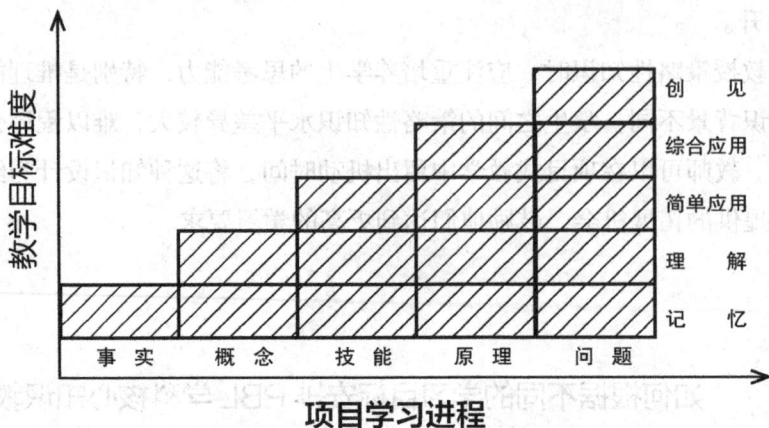

图 16-1　教学目标难度与项目学习进程的二维模型

（注：本图来自于李龙[1]）

　　为完成不同类型的学习目标，教师可以设计一系列的驱动性问题，帮助学生完成教学目标。以学习滑轮的设计和使用为例，驱动性问题从浅入深可涵盖以下内容：

- 了解哪些工具属于简单机械，以及简单机械的特征；
- 为什么工程师需要发明和利用这些简单机械；
- 滑轮在日常生活中有哪些应用场景；
- 滑轮使用时的优势和劣势；
- 滑轮作为简单机械的构造及工作原理；
- 根据所学知识和所提供的材料，如何自制滑轮装置将书包从一楼提升至二楼。

　　在上述驱动性问题设计过程中，教学内容从事实出发并不断向问题推进，教学目标从记忆、理解逐步向综合应用提升。在项目早期，教师应多安排陈述性知识学习，如帮助学生了解简单机械的具体应用及特征等。在项目中期，教师则可安排帮助学生从理解进阶到简单应用的学习活动，如将学习视角扩大到日常生活中的应用场景，观察并总结滑轮的优、劣势，为了解其工作原理和后期创造性地

---

[1] 李龙.教学设计[M].北京：高等教育出版社，2010.

应用打好基础。在项目后期，学生需要综合性地利用所学知识和所提供的材料来解决问题，因此学生需要进行知识、技能的主动输出，以最终学习成果的形式进行呈现。

此外，正如课程标准和核心知识要求学生更深入地理解和应用知识一样，在项目式教学中也有相同的要求，即对内容进行深度探究。当教师设计学习项目时，要专注于在项目设计的深度上进行挖掘，而非盲目追求覆盖内容和学科的广泛性。以小学四年级科学课程大纲中的"陆地表面大部分覆盖着土壤，生存着生物"和"地球表面覆盖着岩石"为例，这两个标准要求学生能观察并描述不同土质，并分析适合生长的植物种类，认识岩石的表面特征并知道矿产是工农业生产的重要资源。在项目式教学中，教师的教学目的不应仅仅停留在对土壤和岩石类别的辨识，而应当引导学生进行批判性思考，如岩石如何随时间变化而风化形成不同土壤，形成不同的地貌景观，并在不同地区形成不同土质。这种对于变化的解释就强调了学生掌握变化规律、挖掘知识的过程，而不是死记硬背，而 PBL 就为学生提供了串联知识点、深度学习的可能性。

在项目式教学设计过程中，学习过程是循序渐进的，教学设计应遵循最近发展区理论，根据教学内容的要求和难度，合理地将其分布在 PBL 的各个阶段。在图 16-1 中，越靠右上方的内容，对学生能力层级要求越高，那么就越应该放在学习过程中相对靠后的位置。在学生学习完低层级的知识后，对学生进行形成性评价，测试学生的理解程度，再进行高层级思维技能的培养。高层级知识的复杂性、综合性会促进低层级知识的理解，高层级知识的学习过程也可以被看作一种形成性评价过程，用以了解学生是否已经掌握了项目前期和中期所涉及的学习内容。

17　学习脚手架在 PBL 中的作用是什么？

"脚手架"本是建筑行业用语，指建筑楼房时施予的、楼房建好后就撤掉的暂时支持。在教育领域，学习脚手架用于描述经验丰富的成人辅导者能够给年轻学习者的学习过程提供支持和有效帮助。学习脚手架如图 17-1 所示。教师把学生所要学习的知识拆分为小块且较易学的板块，将大的教学目标拆解成可完成的小目标，或者在学习者状态与要达目标之间的差距提供诊断和支持。教师在学习过程中要弄清三个要点：

- 学生不能做、不会做的是什么；
- 学生能在帮助下完成的是什么；
- 学生不需要帮助就能完成的是什么。

图 17-1　学习脚手架

向学生提供学习脚手架的意义在于帮助学生从"在没有帮助的情况下可以完成的学习任务"提高到该学生可以在"有帮助的情况下完成的学习任务"，并最终过渡到可以独立完成学习任务，即从现有认知水平发展到潜在发展区的水平。学生要想达到这一目标，就需要借助更有经验的成人（如教师）或者同伴提供的在理论和实践方面的指导。建构主义学习理论认为，学习不是将信息从专家传递到新手的被动过程，它更应该是学习者主动建构的过程，采用"做中学"的学习方式，学习者对要学习的内容进行认知加工，创建新旧知识之间的联系，进行知识之间的重组，通过真实的活动，形成自己对所学领域知识的理解[1]。学习脚手架在学习和认知过程中的作用如图 17-2 所示。

---

[1] 索耶. 剑桥学习科学手册 [M]. 徐晓东，译. 北京：教育科学出版社，2010：44-46.

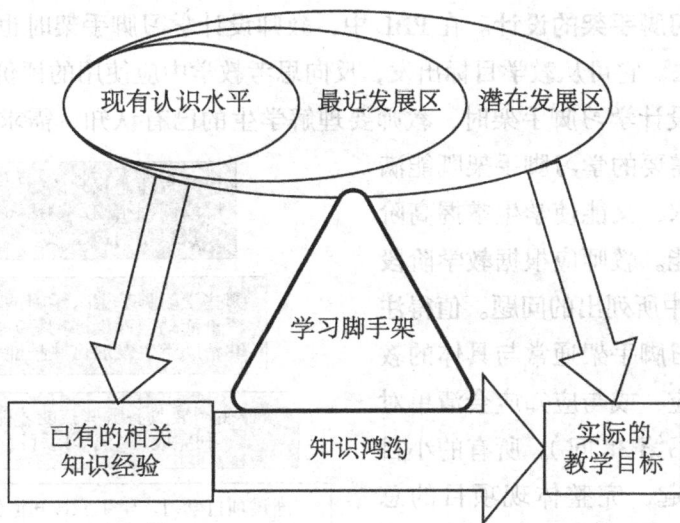

图 17-2　学习脚手架的功能 [1]

与传统教学中分解学习任务时，先分解任务再将分解任务组合成更复杂的大任务不同，学习脚手架本身就是情境化教学的要素，它将新技能的学习融入复杂任务中。在项目式教学中，学生学习和运用知识与技能的方式与当初建构这些知识与技能时的方式相同，因此学生能完成现实世界中的复杂任务。学习脚手架的综合性、情境化特征促进学习者达到知识迁移。

此外，在教学中提供学习脚手架的最大优点是能为学生提供一个支持性的学习环境。在脚手架式学习环境中，学生可以自由提问、提供反馈，促进同学之间互相帮助。当教师为学生提供学习脚手架时，教师成为学生的学习导师，而不是内容专家，这种教学风格能激励学生在学习中积极发挥自主性和能动性。学生通过学习脚手架分担教与学中的责任，不断超越当前的技能和知识水平，并在教学互动中承担更多的学习责任。在学习脚手架的使用过程中，教师要注意监控学生的认知发展和能力提升，做到仅为学生提供他们需要的学习脚手架，避免提供冗余学习脚手架，确保学生尽量多地承担学习责任。当学生的认知水平达到独立达成教学目标时，教师就要及时撤出学习脚手架。下面从学习脚手架的设计、搭建、监控和撤出等方面来逐一阐述学习脚手架。

[1]　张瑾. STEM+ 教育中学习支架设计研究 [J]. 现代教育技术，2017，27(10): 100-105.

（1）**学习脚手架的设计**。在 PBL 中，教师设计学习脚手架时也可以参考反向教学设计法。它可从教学目标出发，反向思考教学中应使用的评价方法和教学活动等。在设计学习脚手架时，教师要理解学生的已有认知、需求以及教学目标，确保所需要的学习脚手架既能满足学生的需求，又能使学生掌握高阶的知识和技能。教师应根据教学阶段考虑图 17-3 中所列出的问题。值得注意的是，学习脚手架通常与具体的教学小目标对应，或与应知应会清单对应（详见本书第 38 问）。所有的小目标汇总在一起，完整体现项目的总目标。

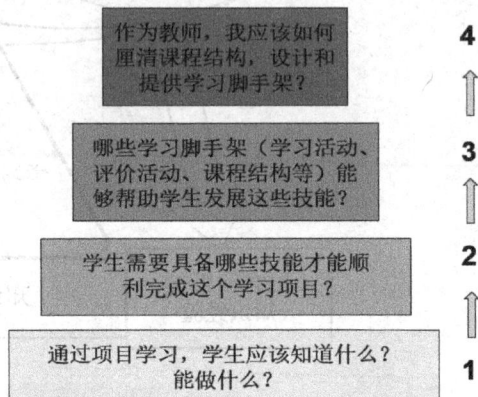

在了解了设计学习脚手架应考虑的问题后，就可以根据学习脚手架的

作为教师，我应该如何厘清课程结构，设计和提供学习脚手架？ 4

哪些学习脚手架（学习活动、评价活动、课程结构等）能够帮助学生发展这些技能？ 3

学生需要具备哪些技能才能顺利完成这个学习项目？ 2

通过项目学习，学生应该知道什么？能做什么？ 1

图 17-3　设计学习脚手架时应考虑的问题

类别和功能，结合项目特点和教学需要搭建学习脚手架了。

（2）**学习脚手架的搭建**。要搭建合适的学习脚手架，首先要了解学习脚手架的类型及功能，并了解课堂中常用、易用的学习脚手架种类。从学习脚手架对学生认知的作用来看，可将脚手架分为四大类型 [1]，如表 17-1 所示。

表 17-1　学习脚手架的类型、作用和举例

学习脚手架类型	作　用	举　例
概念型脚手架	帮助学生掌握基本概念和内容	• 通过举例方式，为学生提供样品、标本、插图、模型、实物等 • 通过解释方式，为学生提供更详细的信息，推动学生完成一项任务或启发学生思考概念，如提供任务说明书、口头解释步骤等 • 通过讲述方式：提供与学习内容相关的信息，注意留出空白，帮助学生根据课程内容填写和记笔记

[1]　JUMAAT N F, TASIR Z. Instructional scaffolding in online learning environment: A meta-analysis. In 2014 international conference on teaching and learning in computing and engineering (pp. 74-77). IEEE.

续表

学习脚手架类型	作　用	举　例
程序型脚手架	帮助学生学会使用身边可用的工具	• 教学生使用图形组织器，如用于比较和对比信息的维恩图，说明过程的流程图，用于说明层次结构的组织结构图，统领内容的大纲，帮助回忆的助记符，提供学习标准、量表等 • 提供概念地图和思维导图，帮助学生理解概念和梳理脉络 • 以步骤分步陈述，帮助学生分步骤理解或完成任务
战略型脚手架	为学生在学习中遇到的问题提供替代方案	• 提供不同的小组合作策略，帮助学生高效开展合作 • 提供不同的口头陈述准备活动，提升学生自信心
元认知型脚手架	在思考过程中引导学生，帮助他们在学习过程中进行自我评估	• 问题卡（准备好的卡片），其中包含针对特定内容和任务的问题，提供给个人或学生群体，让他们相互询问有关特定主题或内容领域的相关问题 • 提供问题题干。请学生完成不完整句子，通过使用更高级别的假设问题来鼓励学生深入思考

另外，从项目式教学流程来看，学习脚手架在不同的学习阶段中有多种形式。表 17-2 中介绍了不同阶段学习脚手架的类型、作用与形式，方便教师在搭建学习脚手架时参考，顺利完成教学任务。

表 17-2　PBL 中的学习脚手架分类

学习脚手架类型	项目流程和阶段	作　用	形　式
情境型脚手架	项目启动	为学生进行有意义学习创设情境，增强学习内容的吸引力，帮助学生获得真实感受，强化情境理解，并促进新旧知识的联系	• 项目导入阅读材料（绘本、书籍） • 多媒体素材（音频、视频等） • 案例、问题、建议等
策略型脚手架	制订方案和计划	为了完成某一学习任务或解决某一问题，提供实验、程序、训练、范例等多样化的方法和策略指导	• 将一个学习主题分为几个部分 • 教学前提出问题 • 用故事、案例为学生提供讨论机会

续表

学习脚手架类型	项目流程和阶段	作 用	形 式
资源型脚手架	探究实践	为支持学生完成学习任务、实现目标而提供系列资源，具有传递知识的功能	• 关于操作技巧和过程的资源，多媒体课件 • 收集资料的网站、图书资料库、数据库 • 为学生提供与行业从业者、专家谈话的机会
交流型脚手架		促进师生、学生之间的信息交流和共享	• 提供多种异步或同步交流工具的使用方法与指导 • 用思维导图等可视化方式对所学知识内容进行建模，表达所学知识
合作型脚手架	成果展示与评价	帮助学生更好地认识和了解彼此，为高效合作打下基础	• 组织学生开展破冰和提高团队凝聚力的游戏 • 建立小组合作准则、组内发言秩序等
评价型脚手架		检验学生学习的成效，促进学生进行学习反思和改进，具有反馈功能	• 结合 PBL 评价标准，利用评价工具，开展师评、互评、自评等 • 建立小组合作评价表、批判性思维评价表等量表

根据教学活动的参与人数，学习脚手架可以班级或小组为单位，以及一对一进行搭建，具体如表 17-3 所示。

表 17-3　教学活动参与人数与学习脚手架形式

人 数	形 式
一对一	为学困生提供直接的支持与反馈
小 组	• 参与组内的探究活动 • 针对各小组内存在的探究困难、合作困难等进行直接指导
班 级	• 针对项目主题进行热身活动，如班级讨论等，回顾或检查项目的推进情况 • 直接针对学生需要了解的问题举办讲座 • 采用特定技能的结构化练习（练习题） • 基于 PBL 的单元学习测试

　　在学习脚手架的具体使用过程中，教师应遵从**"我做 - 我们做 - 你做"**原则。具体来说，就是对要使用的工具或活动，教师先做示范，再带领班级学生一起试做、小组同学合作，最后实现个别学生独立完成目标。以教学生使用图形组织器为例，教师首先要以**"我做"**来做示范，将要介绍的图形组织器展示在教室屏幕上，并向学生演示如何利用图形组织器说明信息之间的关系。在教师演示的过程中，可以要求学生使用出声思维法（详见本书第 52 问），积极思考同一主题下的其他信息关系。接下来，教师要和学生共同完成图形组织器的填写，即**"我们做"**。学生可以建议或添加信息到图形组织器中。教师在展示屏幕上写下填写建议，由学生自行补充相应的图形。然后，学生一起完成图形组织器的内容整合或剩余内容的填写。要想学生掌握更复杂的内容或填写方式，可能需要在不同时间提供多个学习脚手架。最后的**"你做"**阶段是独立练习阶段，学生经过前面的两个步骤已经掌握了图形组织器的使用方法，可以独立地运用并展示信息间的适当关系。这时教师就可以考虑在下一个学习任务中将"我做"和"我们做"步骤撤出，直接要求学生利用图形组织器整理信息之间的关系。图 17-4 所示为不同类型的图形组织器。

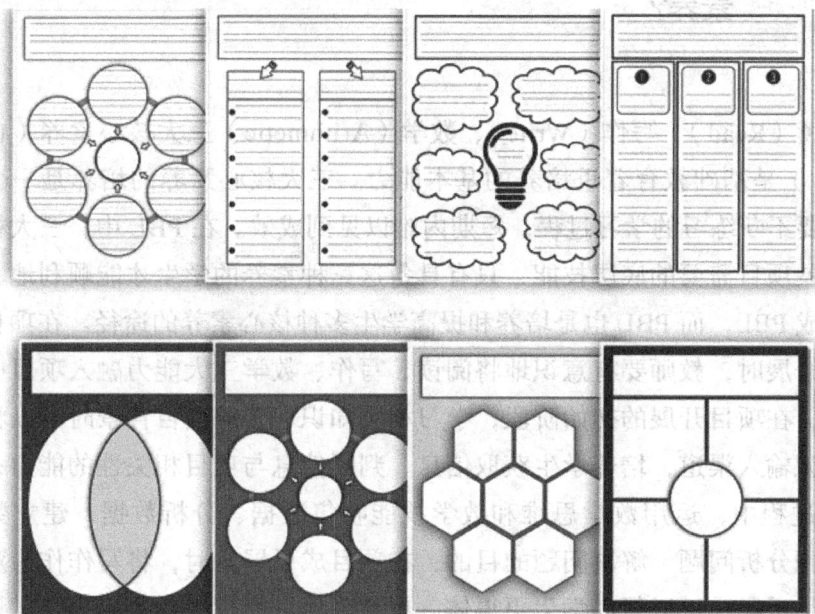

图 17-4　不同类型的图形组织器

（3）**学习脚手架的监控和撤出**。在针对学生需要设计和搭建学习脚手架的过程中，教师可以通过上述活动来帮助学生调整学习行为。随着时间的推移，学生学会调整学习行为，教师可以慢慢减少指导，当学生不再需要外在指导时，教师就可以慢慢撤出学习脚手架。就学习脚手架的类型而言，程序型脚手架和战略型脚手架的撤出相对容易，因为学生对 PBL 的步骤和流程更加了解，适应程度、学习能力、合作能力等会随着项目的开展而不断提升。而由于学习项目中涉及的学科内容、思维方式各不相同，教师在撤出概念型脚手架和元认知型脚手架时要持谨慎态度，如有需要应贯穿 PBL 始终。

学习脚手架保证了既定学习目标能完整落实在每一个教学步骤中，为学生达成学习目标提供了可跨越的途径。教师在创建学习脚手架的过程中要关注学习内容，更要关注学生的认知特点和学习难点。只有这样才能真正发挥好学习脚手架的作用，帮助学生顺利完成 PBL 任务。

18 如何运用 PBL 持续培养学生阅读、写作、数学三大核心素养？

阅读（Read）、写作（Write）、数学（Arithmetic）三大核心素养（也称为 3R 能力）是基础教育着重培养的基本能力。三大核心素养的培养是一个长期的、需要不断练习的学习过程，短期内难以见到成效。在 PBL 中，三大核心素养是开展项目需要的底层技能，只有具备这三种素养的学生才能顺利地、高质量地完成 PBL，而 PBL 也是培养和提高学生多种核心素养的途径。在项目设计和项目开展时，教师要有意识地将阅读、写作、数学三大能力融入项目中。一般来说，在项目开展的初始阶段，学习相关知识、了解项目背景时可以将阅读作为知识输入渠道，培养学生获取信息、判断信息与项目相关性的能力；在项目进行过程中，运用数学思维和数学技能收集数据、分析数据、建立数学模型，达到分析问题、解决问题的目的；在项目成果展示时，将写作作为观点输出的一种手段，可以帮助学生更得体、更准确地进行口头和书面表达。培养阅读、写作、数学三大核心素养的项目式教学设计要点如下。

　　首先，明确三大核心素养的关键特征。阅读素养主要体现在认读能力、理解能力、评价欣赏能力和迁移应用能力上。认读能力是对书面语言的感知能力；理解能力是阅读素养结构中最核心的因素；评价欣赏能力是对书面语言的鉴赏能力；迁移应用能力是最高层次的阅读能力。写作素养体现在写作手法、表达方式、修辞手法、表现手法等方面。写作手法是文学创作中塑造形象、反映生活所运用的各种具体方法和技巧，是写作素养中的核心因素；表达方式是书写文本的表达形式；修辞手法是为了提升表达效果，用于各种文章的表达方法的集合；表现手法是作者可以更好地表达情感的方式。数学素养具有高度抽象、逻辑严密及广泛应用等特点，其包括数学意识、数学思维、数学习惯等。数学意识是指用数学的思维方式去考虑问题和处理问题的自觉意识或思维习惯，是数学思想、方法和意识在人脑中的综合；数学思维是指在思考和解决问题过程中对数学思想、方法的合理运用能力；数学习惯是指在学习乃至生活的各个场景中用数学的知识与思维去解决问题。明确关键特征后，教师就可以有针对性地设计 PBL 了。

　　其次，基于现实世界的问题进行阅读、写作、数学能力培养，调动学生提高阅读、写作、数学技能的积极性。现实世界的问题更能激发学生参与学习的动力。那么，如何判断项目中的阅读、写作、数学学习任务是否具有真实性呢？教师可以用以下问题进行自查。

- 项目中的阅读材料是否能引导学生发现问题，促使他们探究、回答驱动性问题？
- 项目中学习的数学知识、建立的数学模型是否能支持学生回答驱动性问题？
- 项目中收集的数据是否需要学生调用情境知识来进行综合分析与判断？
- 项目中的写作任务形式是否是校外专业人士也会采用的形式？
- 项目中的写作产出是否能满足真实情境需求？

　　若教师对以上问题的回答均为"是"，则项目为学生提供的阅读、写作、数学技能培养活动具有高度真实性，并且可以迁移到现实世界中。

　　再次，积极思考在项目各阶段中如何加入三大核心素养。以写作为例。通常教师会将写作作为 PBL 成果产出的方式，写作还可以作为反思工具运用于项目各阶段，为学生搭建有效的学习脚手架。项目各阶段中可开展的写作活动如表 18-1 所示。

表 18-1　项目各阶段中可开展的写作活动

项目阶段	写作活动具体开展形式
项目准备	根据驱动性问题和应知应会清单，利用写作反思学生已有的知识
项目探究和提炼	• 写问题陈述，说明目标问题的背景、研究目的等 • 根据阅读材料写总结或阅读笔记
项目沟通	• 在和专家对话之前拟写提问要点 • 在听专家讲座或与专家交流时记笔记，整理笔记要点
阶段性反思	以"下课小票"形式请学生写出当前课上所学到的知识和学习过程
文件起草	为学习成果展示时需要制作的网站、海报、演讲稿、商务信件和其他类型的稿件等写草稿
反馈和评价	• 为同学的写作草稿提供书面反馈 • 在教师和专家反馈时记笔记
修订	为最终产品或制品修改说明文件
公开展示	写作并发放帮助公众了解产品的写作材料（手册等）
项目反思	单元结束时以写作方式反思项目开展的过程、内容和建议

　　最后，要长期地、持续地运用 PBL 培养学生三大核心素养。 从项目式教学的第一天起，教师就可通过 PBL 活动和成果产出方式培养学生的三大核心素养，注意使用学习脚手架活动来把三大核心素养拆解为小的项目任务，充分利用每一个学习环节，帮助学生学习。例如，在开展项目式教学的第一天，很多教师都会要求学生给父母带回《告家长书》，请家长阅读悉知后签字。由于《告家长书》通常涉及项目的学习内容、环节、流程、项目时间线、需要家长陪同或参加的活动等内容模块，教师可以将上述内容模块与标题相分离，请学生先阅读内容与标题完成匹配练习后，再带回家告知家长并签字。这个过程不但锻炼了学生的阅读能力，也确保了学生对《告家长书》内容的正确理解，为与家长有效沟通打好基础。

　　又如，在为学生提供写作范本并要求学生仿写时，要对内容、篇幅提出要求，而不要对段落、字数进行要求。如教师可以提出，写作内容必须包括研究背景、作者主张、观点证据等内容，而不要求学生"写五段"或"写五百字"等。这样做的目的是鼓励学生通过阅读了解范本中的篇章组织方式和结构，并在自己的作品中加以模仿，使写作表达更有效、更真实。

随着学生年级的提高和 PBL 经验的不断丰富，教师对于学生三大核心素养的要求也要不断提高，可考虑在三大核心素养活动中加入信息技术元素，如利用文档编辑工具、在线合作工具、专业数据分析工具等进行数字化升级，进一步提升和发展学生的核心素养。

19 如何在语文、数学、英语等主科课程中开展 PBL？

在进行 PBL 设计时，教师要先了解各学科的特色，准确抓住各学科在学校教育和学生培养中所发挥的作用，再将学科特色与项目式教学特色相融合，有的放矢地展开教学设计。下面分别对语文、数学、英语科目所培养的核心素养做简要说明，并根据这些学科特征，介绍在设计各科 PBL 课程时应该注意的问题。

（1）语文。语文是参与社会交际的基础学科，只有学好语文才能满足人们日常生活中的言语交际的需求、获得基本的工作能力，而良好的语文素养能帮助学生提高学习效率。学习语文不是机械记忆、背诵，而是通过语文学习具有理想语言文字的内在结构，以及其所反映的生活现象与问题，要在生活中感知、发现、解决真实的问题。在近年来的教育改革中，"大语文教育"观受到了越来越多的专家和学者的认同。"大语文教育"观即把语文教学与现实生活、周围环境相结合，培养全面发展的人才[1]。然而，受到传统教学观念的影响，我国语文教育呈现出"重知识，轻应用"的特点，在讲、练、考的固有模式下，学生的语文应用能力和实践能力难以得到提高[2]。随着新课程标准教学改革工作逐步深入，PBL 运用于语文学科正是要突出语文教学知识的实践性，以及对语文知识的应用能力。

从项目式教学角度来看，语文学科所培养的阅读和写作能力是项目的"地基"：良好的阅读能力能帮助学生获取知识、理解知识，学生只有掌握阅读的方

---

[1]　沈超亚. 张孝纯"大语文教育"观研究 [D]. 武汉：华中师范大学，2017.

[2]　朱琼英. 初中语文新闻单元项目式学习设计与实施 [J]. 语文教学与研究，2020(18):20-21.

法和技能，才能为撰写文章打好基础；优秀的写作能力能促进学生对所学知识的理解与运用。只有读写技能过关，才能为在 PBL 中培养学生的自主性打下基础，学生才有能力收集材料、阅读材料、产出研究成果，清晰准确地表达和展示自己的观点等。

基于语文学科特征和项目式教学特点，笔者认为设计语文学习项目需要把握的关键点有三个：第一，注重整合多种学习资源，确保项目真实性，特别是挑战真实、内容真实、体验真实、反馈真实等；第二，正视学生可能存在的程序性知识与策略性知识不足，为学生学习提供必要且充分的学习脚手架；第三，善于利用信息技术资源，提升学生的数字化读写素养。这里以北京市景山学校教师周群开展的语文项目式教学开展为例[1]，对以上三点进行简要分析。周老师发现了新闻对人们日常生活的重大影响和初高中语文教学中长期存在的忽略新闻教学的事实，开展了以"走近普通人"为项目主题的新闻读写 PBL。项目式教学设计分四步进行，第一步确定项目主题，即教师从现实生活中阅读和写作新闻的需求出发，以学生日常生活中可接触到的普通人为新闻对象，深挖他们背后的故事。这样与学生生活联系密切的选题能激发学生学习兴趣和自主性，为深度参与做好准备。第二步是教阅读，即掌握新闻的阅读方法和技巧。教师通过整合阅读资源，为学生提供高质量、不同文体的阅读材料，帮助学生充分掌握新闻文体的特征。这个步骤为学生提供了丰富和必要的学习脚手架，通过阅读为学生指明了写作目标，帮助学生弄清楚新闻要写什么和要怎么写。在这个过程中，师生共同学习新闻程序性和策略性知识，提高了学生的阅读能力。第三步是教如何做采访，即教师帮助学生确定采访对象、设计采访问题、拟定采访提纲等，并带学生走出校园，在日常生活中完成采访，体会采访的艰辛、材料整理工作的不易。学生在采访中体验了新闻工作者的真实工作状态，完成一次从课堂到职场的实践体验。第四步是完成新闻写作和编辑出版，即教师邀请专业记者、摄影师、编辑等到校与学生交流工作中的技巧、心得、体会等，帮助学生获得来自专业从业者的见解，体验新闻真实发生的过程性和感悟性带来的深度学习。

与其他学科不同，语文关系着我们日常生活的点点滴滴，因此设计语文教学

---

[1] 周群. 初中语文新闻单元项目式学习设计与实施 [J]. 中小学信息技术教育，2017(4): 19-21.

项目既易又难。说其易，是因为教师可以将具有实用性功能的阅读、写作教学都设计为学习项目，帮助学生深化所学知识，提升实用性。说其难，则是因为语文项目设计和教学仍需遵从必要的设计原则。面对语文这一传统而基础的学科，教师要敢于并乐于做出改变，做到敢教、愿教、会教。

（2）数学。数学是一种精确的科学语言和有力的科学研究工具。作为人类文明的重要支柱，数学一直发挥着举足轻重的作用。尤其在当代，数学作为经济建设的重要手段，作为各门科学的重要基础，在很多领域中起着重要的作用，数学技术已成为高科技的突出标志和不可或缺的组成部分。数学的影响和作用无处不在。

我国数学教育经过多年的发展形成了自己的鲜明特色：从重视数学的抽象严谨，发展到也关注数学的应用价值和文化价值；从关注教师的"教"转向也关注学生的"学"；从强调听讲、练习的接受学习转向也提倡实验、探索的发现学习。我国数学教育具有课程教材体系结构严谨、逻辑性强、语言叙述条理清晰等特点，利于教师组织教学，也具有在教学中注重打好基础、培养能力、注重变式训练等优点。然而在教学中也出现忽略数学核心概念和思想、教学中重结果轻过程、呈现结论多而关注知识背景和应用少的情况，导致学生缺乏问题意识，创新意识和实践能力不强、数学思维层次不高，机械模仿多而独立思考少等突出问题 [1]。数学项目式教学或可给上述问题提供解决方案。

在进行数学项目式教学设计时，教师可参考以下三个策略。

第一，先做数学任务，再做数学项目。对于直观、简单的数学概念或知识来说，学习过程主要涉及记忆、理解和分析数学知识，对这种类型的知识，教师可以安排学生以做任务的方式完成，即将知识点和技能点逐一练习，并提供反馈。当学生具备一定数学水平、基础知识和技能后，教师可将多个学习任务整合，结合生活中的真实情境开展数学项目。例如，在学生已经掌握分数和小数的概念、四则运算的方法、绘制简单统计折线图的基础上，教师可以设计"地区全年气温变化探究"学习项目，带领学生记录所在地区每日气温的变化情况，计算平均气温，形成对数学中知识的综合运用。

---

[1] 李海东. 建国以来我国数学课程与教学的历史发展及启示 [J]. 课程·教材·教法, 2008, 28(10): 89-92.

第二，巧妙选择适合开展 PBL 的内容。教师可以从以下四个途径中寻找合适的学习项目。

- 浏览教科书中所提供的情境信息，想一想是否能以这些信息为基础开展深度探究，激发学生兴趣。
- 观察周围所在的社区是否有需要解决的数学问题。例如，学校各项（与学生相关的区域）管理和教学指标数据是否以直观、易懂的方式呈现给教学管理者和学生家长。
- 和日常工作使用数学技能的专业从业人员谈一谈，他们的工作经历是否能在课堂上介绍。
- 与其他学科教师探讨他们所教授的内容中是否和数学紧密联系，可以开展跨学科探究。

第三，在追求熟练度与发展数学思维两者之间找到平衡。与传统的大量讲练不同，在考虑开展数学 PBL 时，教师可以精选 4～5 个情境信息丰富的数学问题请学生解答（建议选择需要借助情境信息判断答案正误的问题），并解释解题步骤。解释解题步骤能有效帮助学生梳理解题思路，同时帮助教师了解学生碰到的挑战或存在的误解。在学生给出错误答案时，一个简单的"答错"反馈可能让数学基础较薄弱、信心不足的学生丧失学习动力。这时教师可以说"你和我得到的答案不一致，能说说你是怎么解题的吗"，以鼓励学生梳理思路，逐渐形成清晰的数学思维。

（3）外语。在全球化不断推进的背景下，未来社会所需要的人才可能会面临更多的对外交流，需要跨文化交际能力、全球意识、国际理解、信息技术素养等与外语有密切联系的素养，而这类素养的培养与英语息息相关[1]。下面以英语为代表来探讨项目式教学的开展，因为在我国，英语是中小学生学习的主要外语语种之一。

从英语学习的情境和方式来看，英语是很容易开展项目式教学的科目，因为语言学习的最好方法就是真实地与英语使用者交流。英语教育中的一种重要教学法是任务型教学法，即在教学活动中，教师应当围绕特定的交际和语言项目，设计出具体的、可操作的任务，学生通过表达、沟通、交涉、解释、询问等各种语

[1]　程晓堂，赵思奇. 英语学科核心素养的实质内涵 [J]. 课程·教材·教法，2016, 36(5): 79-86.

言活动形式来完成任务，以达到学习和掌握语言的目的[1]。但是，项目式教学与任务型教学法的不同在于：项目挑战和驱动性问题的设计，以及任务的真实性。在项目式教学中，学生不是只完成教师设计或布置的任务，而是要真实地用他们所学、所掌握的语言技能服务他人，学有所用。在英语项目式教学设计中，教师要注意思考以下三个问题。

- 在现实世界中，学生所学的词汇、语法主要为谁所用？
- 在现实世界中，我们如何满足这些使用者的需求？
- 什么样的产品能够以有意义的方式满足这些需求？

　　例如，在一个英语课堂上，在学习"学校"相关词汇和语法结构时，教师要求学生将所学内容和技能用于为本校制作一个简单的英文校园导览，帮助学校的教师、学生、工作人员甚至家长等学习不同建筑和场地的英文表达。在这个项目中，教师没有采取安排学生与英语为母语者互动的方式，而是从观众需求和社区价值出发，帮助更多人了解学校各设施的表达，既为挑战提供了解决方案，又保证了极高的真实性，带动和帮助更多人学习英语。

20　如何运用 PBL 进行科学、社会科学和德育教学设计？

　　各学科在社会生活和自然科学中都扮演着不同的角色，都有其个性化的特点。教师在设计学科教学学习项目时要牢牢抓住学科间的共性和特性。本问以"科学"指代我国教育体系中的物理、化学、生物、地理等学科，也泛指近年来越来越受到重视的工程、编程、人工智能等学科；以"社会科学"指代我国教育体系中的历史、政治等学科，也泛指经济学、心理学等学科；以"德育"指代思想政治及道德教育。下面分别介绍三类学科需要关注的特点，以及在项目设计时需要注意的问题。

　　（1）科学。科学学科都有较强的探究属性。PBL 的特点是学生根据现实世

---

[1]　方文礼. 外语任务型教学法纵横谈 [J]. 外语与外语教学，2003(9): 17-20.

界中的问题和挑战来探究概念、观点、原理、定律等。因此，在科学学科中开展项目式教学可以为学生提供在真实情境中还原知识产生的过程，帮助学生更好地理解和应用，达到深度学习的效果。如能在多个科学学科间开展跨学科的学习项目，则能使学生跳出学科框架，将所学知识与课堂以外的情境建立清晰的联系。在探究过程中，学生要花时间在问题之间、学习材料之间建立联系，思考已有知识，并为他们需要知道的新内容制订探究计划。

在设计科学跨学科学习项目时，教师要注意以下问题。

① 选择一个能够吸引学生兴趣的挑战，确定项目包含的科学概念。

② 在一个项目中尽可能多地融入各学科涉及的科学概念、定理、定律等，引导学生从同一个问题的不同学科角度深化概念理解。

③ 选择开放性较强的项目，尽量用一个项目引导学生得出许多结论。学生对于项目提出的解决方案应该是多种多样的，有限的方案会给学生一种只存在某种正确方案的错觉。

④ 为学生框定研究范围。由于学生学习经验不足，教师需要为学生选择的研究问题提供背景信息，并划定边界。研究问题涉及的要素不宜过多，避免学生不知如何下手，但也不应该过窄，致使所有学生得到同样的结论。

⑤ 为学生提供确定的步骤或流程。在项目进程中，学生和教师需要管理的项目要素很多，学生需要发挥极强的学习自主性，因此教师要用确定的步骤或流程规范学生探究的行为和深度。

⑥ 强调反思的价值，积极引导学生分享和记录想法。在科学学习过程中请学生展示解决方案并分享和记录各自的想法，能有效促进科学思维的形成。特别是当学生有能力阐明自己和小组在科学探究中如何突破障碍、找到新方法并得到结论时，学生的思维能力也得到了提升。

（2）社会科学。社会科学学科具有较强的综合性，非常适合设计和开展PBL。在项目设计时，教师要注意以下方面。

① 将学生带入问题涉及的角色中探究。例如，在历史学习项目中，教师提出学习项目"如果你今年17岁，是一名五四运动时期的革命者，你有能力改变国家未来，那么你想改变什么？为什么？"这个项目将学生带入了历史情境中，要求学生做出选择并阐述选择原因。这种将学生带入情境中进行角色扮演的设计增强了学生的认同感，促使他们独立思考和从自己的立场出发，寻找可行的方案。

② 为学生探究留足充分时间，并定期检查成果。与科学项目不同，有深度的社会科学项目需要学生大量阅读。因此，当学生针对问题情境阅读学习时，教师可通过阅读反馈、读后讨论、内容构建写作等方式来获得反馈。同时，教师也可为学生开展专题讲座或提供视频等学习脚手架，帮助学生理解。

③ 帮助学生以视觉化的方式呈现探究材料和观点。与科学项目清晰的步骤和流程不同，社会科学项目学习材料丰富、信息量大，需要教师引导学生使用思维导图等方式组织观点，提升思维的系统性和交流效率。

④ 鼓励学生从自己的观点和视角阐述探究结论。社会科学项目有很强的情境信息支持，教师要鼓励学生从自己的探究结果出发，敢于选择恰当工具来表达自己的观点和看法，并对反馈意见持开放态度，不断丰富自己的思维体系，发展更完善的系统性思维。

（3）德育。德育在中小学阶段没有统一名称，小学和初中称为"道德与法治"，高中称为"思想政治"。本书统称为"思想政治课"，简称"思政课"。思政课以理论形态为特征，又具有明显的实践要求。理论学习评价只是评价学生学习效果的一个方面，思政课评价更侧重评价学生运用马列主义立场、观点、方法来认识与改造客观世界及主观世界的程度和水平。传统的思政课教学以讲授的方式为主，形式单一。基于思政课的理论及实践要求，设计和开展 PBL 是一个可以尝试突破的教学路径。通过 PBL，学生能够通过问题导入进行探究和应用，以内化理论知识，又能通过探究与实践形成对思政内容的深层次理解，也有助于实现"大思政"的课程意义。进行思政课项目设计时，教师要注意以下几个方面。

① 将学生日常生活带入思政课题中进行探究。教师可以围绕课程目标，基于社会热点问题寻找理论与现实的结合点。在设计 PBL 时，强调从真实的政治生活出发组织学习和教学，但不能完全打破政治学原理学科知识的系统性，避免知识获取的随机性和零散性。PBL 与政治学科的结合立足世情、国情，把回答和解决实践中提出的重大课题作为教学的重要任务，树立正确的价值观，培养学生政治认同、法治意识和公共参与，让学生了解世界的发展动态，知晓国家的发展状况，把握自己的发展环境和存在价值[1]。例如，教师

[1]　杜志章. 论 PBL 教学法在思想政治理论课教学中的应用：以"中国近现代史纲要"课程为例 [J].
　　　学校党建与思想教育，2013(3): 44-46.

可以以"如何在生活中践行并传播红船精神"为项目主题，将红船精神分解成三个驱动性问题，即首创精神、奋斗精神和奉献精神应如何践行，以多种教学活动（详见本书第 41 问）、学习脚手架活动（详见本书第 17 问）、形成性评价活动（详见本书第 68 问）等，帮助学生深入理解红船精神的理论内涵，反思日常生活中的"已做到"和"需做到"。此后在班级内以传播红船精神为 PBL 成果，引导学生以多种形式（详见本书第 42 问）向同学、家庭成员、社区以及社会公众宣传。

②避免受到传统思政课理论形态特征的影响，照本宣科。随着教学法、教育技术的快速发展，教师要充分发挥与时俱进精神，以丰富多样的形式教授思政课。思政课项目式教学不是从概念到概念，强调"是什么"或必须"是什么"，而是向学生提供思考问题和解决问题的思路，更重要的是让学生形成自我的理解，以内化对思政内容的学习。在项目实践中，教师要向学生介绍收集资料和分析资料的方式、方法，然后学生利用现代信息技术，广泛收集与讨论主题相关的资料，对资料进行整理和分析并按要求完成发言提纲[1]。这样教师既给予学生自由学习空间，又结合小组讨论保证每个人的想法都充分表达，与他人分享合作，相互交流，提高合作沟通能力。

③注重在学生分享汇报阶段进行升华。与其他学科的不同之处在于，教师不仅要及时在学生学习探究阶段给予帮助，而且要在学生小组分享汇报阶段引导学生或者帮助学生对主题进行升华。因思政课项目式教学主题与现实生活的思想政治问题高度相关，教师要引导学生对讨论主题做出正确的判断，熟练运用马克思主义的思维方法，对社会的热点和难点问题进行深入剖析，做到理论联系实际，关注现实，关注生活。在最后的小组汇报、主题升华后，学生能树立正确的价值观，将思政课中学到的内容运用于日常生活。

④促进多种有效互动和反馈的发生。已有较多研究指出，目前我国思政课教学出现的问题之一在于缺乏有效的互动和反馈[2]。在思政课中开展师生、生生互动和反馈是促进思政教学项目开展的一种有效手段。学生在这个过程中的表达和

---

[1] 王小丽. 思想政治理论教学法新探: PBL 在思想政治理论课教学中的应用 [J]. 湖北社会科学, 2011(3): 180-182.

[2] 贾丽民，徐盈盈. 高校思想政治理论课互动式课堂教学模式探究 [J]. 思想政治教育研究, 2016, 32(5): 56-60.

分享极其重要，这就需要小组内学生之间、组间学生之间、师生之间进行大量的、有效的互动和反馈。反馈的方式取决于教师的引导与支持，反馈要具体明确，甚至体现关爱。

　　教师在思政课项目式教学中需要注重以上四点，自觉将思政课程的政治功能定位与学生成长发展的理性需求深度融合，实现课程的意识形态目标和育人目标的有机统一，提升学生获得感。

21　体育、音乐、美术学科如何开展项目式教学？

　　大量关于开展项目式教学的讨论都集中于主科，忽略了体育、艺术等学科，即使许多体育、音乐、美术教师对开展项目式教学充满热情，也很难找到相关的教学素材。因此，笔者对在体育、艺术等非主科课堂内如何开展项目式教学提出建议，以期为教师抛砖引玉，实现项目式教学的目标。

　　（1）体育。体育课和主课一样，具有在实践中学习、培养成长型思维、强调合作等特点。体育课开展项目式教学通常有两种思路：以体育相关话题为主题开展内容探究的学习项目，以体育活动为项目主题来开展 PBL。前者与其他学科学习形式相似，主要是针对问题或挑战提出解决方案，相对较容易展开，且具有多学科融合的特征。例如，有教师曾以"如何提升自己和家人的身体素质和健康水平"为学习项目，在项目中安排了大量的阅读，写作，制订个人健康、饮食和生活计划等活动，帮助学生认识体育活动对健康的重要性，通过项目的开展督促学生执行个人计划，影响和带动家庭成员和社区成员，培养学生对保持身体健康、锻炼健美体魄的自主性和责任感。在这个学习项目中，学生参与了大量与体育课话题相关的学习活动，并以学习成果指导个人运动。体育课主要特点还包括在对技能的反复练习中锻炼学生的身体，达到增强体质的目的。但体育锻炼并没有落实到体育课中。因此，如何在体育课上安排体育活动、完成体育教学大纲规定的教学内容，仍是教师需要考虑的问题。

　　以体育活动为项目主题来开展 PBL 相对来说较难设计，因为要找到让学生一边完成项目任务一边进行体育活动的学习项目并不容易。在开展此类 PBL 时，教师要思考如何能在保证学生开展体育活动的情况下组织学生开展解决问题、进行探究、创建产品及其他项目式教学活动。例如，在美国一所高中的体育课上，教师要求高中生根据在体育课上学到的运动规则和运动方法，为该校的初中生设计一堂有趣、有吸引力的体育课。这个项目的亮点在于高中生体验了体育老师的角色，这种身临其境的角色体验对促进学生反思体育课的意义和自身对体育课的参与感都起到了重要而积极的作用。再如，一位教师以"作为运动康复师，如何为初高中生和年轻运动员制作宣传视频，帮助他们避免运动不当造成的身体伤害"为项目主题，组织学生扮演运动康复师的角色，学习运动科学相关知识，开展生物学、物理学等学科的深入探究，参与各项运动，通过对同学运动状态的密切观察和正确归纳，并运用所得到的结果制作视频或海报，向同学和社区成员展示科学运动要领。在我国成都某学校就开展了风筝式项目体育教学，取得了很好效果。

　　虽然项目式教学常以创造、展示学习产品或提供解决方案的方式展示成果，但体育项目仍需要以体育教育目标为中心来完成项目。体育教师在项目之初就应该清楚地了解他们希望学生通过项目学习什么，在保证体育锻炼的基础上鼓励学生达到体育课程标准，培养学生对体育活动的兴奋感和参与感。

　　（2）音乐。音乐是一门古老的艺术，是世界通行的语言，它与人们内心的情感有着密切的联系，在日常生活中具有很强的实用性。利用项目式教学可以帮助学生充分探究音乐对人情绪的影响，给予学生学习音乐的自主权，鼓励学生和他人共同创作音乐作品，深入研究更深层次的艺术，开展更深层次的学习，并将音乐带给更多听众，展现音乐的使命和价值，用音乐为纽带联系彼此。音乐 PBL 既能帮助非音乐专业的中小学生理解和感受音乐，又可以帮助教师培养学生的乐器演奏、声音技能，提升学生声乐素养。一些易于开展的音乐项目包括：

- 请学生为喜欢的乐曲（纯音乐）配上人声；
- 为 2～3 分钟的电影片段或其他视频配乐；
- 以新的方式翻唱歌曲；
- 创作乐曲或歌曲，并为同学们现场演奏或演唱；
- 制作音乐视频，帮助低年级学生和社区成员了解音乐专业知识。

教师在设计音乐学习项目时，要注意三个要点。第一，花时间引导学生思考他们为什么喜欢音乐、他们喜欢音乐的哪些方面、他们对音乐行业最感兴趣的方面有哪些。只有充分理解学生对音乐的理解程度和理解方式，才能设计出学生认同的、有能力和有意愿参与的项目。第二，注重学习成果的产出，而非单纯感受音乐。在进行项目设计时要标记出要求学生提交作品的时间节点，并汇报项目进展。第三，为学生组织公开的成果展示。音乐的魅力在于感染和连接更多的听众，这样的真实汇报能够提高学生的参与度和作品质量。

（3）美术。美术学科的课程目标是培养学生的审美能力、实践能力和创新能力，倡导面向全体学生、激发学生学习兴趣、关注文化与生活、注重创新精神的课程理念。然而中小学美术教学的主流模式一般为：课程导入，欣赏与分析作品，讲解创作方法，布置练习要求，学生开始创作，最后教师简单点评作品。在这套以教师为主导的教学模式中，学生仅跟随教师学习，没有主动和独立思考的机会，缺少为完成实际目标、解决实际挑战而学习美术知识及技能的动机，从而导致学生学习积极性不高，难以体现美术作为培养学生审美能力学科的突出作用。

美术课是开展项目式教学的理想课堂，因为创作美术作品常被选作学生项目成果的展示方式，以及美术在成果设计中起到了关键作用。同时，在项目式教学中，由于美术学习项目的真实性，学生能了解与美术相关的职业，了解与艺术相关工作的真正含义，在学习中体验从业者的工作状态，拓宽职业选择。在美术PBL 中有两个较难的部分。第一，提出好的项目主题或驱动性问题。好的项目主题应该较"大"，即为学生提供多个学习和探究的方向，但同时又要能保证学生有能力在几周的学习时间内了解主题、回答驱动性问题，通过知识和技能的学习完成项目任务。第二，教师开展教学前要进行全方位的规划。教师既要保证项目的真实性，又要充分尊重学生的选择权和发言权，协调多种资源，从深度和广度上予以学生支持。

以北京中学吕源教师开展的"博物馆学习项目"为例。授课教师首先通读了人民美术出版社七至九年级六册教材，将有关中外博物馆相关的六个单元教学内容提取出来，将博物馆课程中的九个教学意图整理好，引导学生通过日常生活观察"博物馆作为'社会大课堂'免费开放却遭遇参观人数不多"这一问题，引导学生观察和思考参观博物馆时发现的问题，并让学生通过设计能指导参观者欣赏的博物馆手册，以及与博物馆相关的文创产品来解决这一问题。在文创产品的制作中，教师充分尊重学生的自主选择权，允许学生选择灵感来源、产品类型、产品材质等，并由教师协助联系博物馆、厂商等，开发实践性较强的产品。

在上述教学设计中，教师充分整合了零散的教材内容，在项目设计中体现了美术核心素养，完成了教学大纲的要求。同时，动手设计手册和文创产品的过程也是一个充分锻炼学生阅读、写作、数学及劳动技能等素养的过程，体现了美术学科作为学科黏合剂的功能。

22 如何在 PBL 中处理好单学科教学和多学科融合教学的关系？

单学科的教学手段，即学科教学，是传统教学中常见的。根据不同角度对知识进行分类，如语文、数学、英语、物理、化学、生物等学科，但分科教学割裂了知识间的内在联系，因此在解决现实生活中的现实问题时学生往往无从下手。近年来各国教育研究者都提出了开展多学科融合教学的理念。

PBL 的开展为多学科融合教学提供了机会。然而，如何处理好传统的单学科教学和多学科融合教学之间的关系呢？本书倡导以单学科教学为基础、以多学科融合教学进行实践的思路，即教师在班级内，通过开展单一学科项目式教学掌握这种教学法的基本流程、原则和核心，在帮助学生熟悉 PBL 后，再开展多学科融合的 PBL。在进行多学科融合的 PBL 时，教师可以参考以下四条教学建议。

（1）跨学科学习项目可以加入数学、阅读和写作训练。目前，中小学的学科教学均可以加入这几个基础内容的训练。数学、阅读和写作技能都是学生需掌握的核心素养，在条件允许的地区也可以融入信息技术相关的训练。在解决多学科融合问题时，数学常扮演着黑匣子的角色，为数据收集、分析提供支持；阅读可以帮助学生快速查找和筛选信息，为项目提供信息支持；写作作为交流和观点输出的重要形式，在项目开展的中后期，尤其是成果展示阶段，起到了至关重要的作用。无论是哪个学科的教师主导开展跨学科 PBL，都可以咨询数学、语文、英语老师，加入相关技能训练，在项目实践中不断提升这些基本技能。更多相关信息可参见本书第 18 问。

（2）**尝试加入艺术元素，提升学生的审美素养**。审美教育作为一种强化人格、提高受教育者综合素质的重要方式，能使学生在学习中逐渐成熟和进步，对德育、智育和体育等起着有益的补充作用。在多学科融合的项目中，教师可以多思考学科概念与艺术之间的联系。例如，在物理课上学到"力"这个概念时，教师不妨想一想，在艺术和文学领域有哪些方式是人们常用来阐述"力"或"力量"概念的，或在不同文化中"力"的概念是如何表达的。邀请学生来设计不同领域对于"力"的阐释，从科学、人文、艺术等多角度理解同一概念，充分感受世界的多样性和丰富性。这种跨学科的学习能完善学生的审美体验，提升学生的审美能力，培养和强化学生的感知力、想象力，丰富学生的情感，拓展学生的精神世界，培养学生的创造力。

（3）**横向比较学科课程标准，发现学科间的共性**。在开展多学科项目设计之前，不妨与同年级其他学科教师共同研读不同学科的课程标准与教学大纲，发现各个学科之间存在的共同知识点、共同技能点等，确保在项目推进过程中所有学科的教学目标保持一致。这样也能帮助学生在学习相关知识点时提高学习效率和课堂时间利用率。

（4）**考虑突破班级限制开展跨学科项目**。跨学科项目通常涉及学科较多、项目较大，教师可以将一个大的跨学科项目拆解成独立且互不相同的子项目，请不同班级学生共同参与。每个子项目还可以继续分解为独立的驱动性问题，请班级内的不同小组学生合作完成。这个过程可以帮助全年级甚至全校学生参与通过集体努力朝着一个目标前进的合作过程。在这个过程中，教师要考虑利用信息技术手段帮助学生做好内部沟通和协调，如建立班级 / 年级微信交流群、共享文档等，帮助学生形成共创的最终产品。

单一学科的 PBL 是项目式教学与学科融合的一种常见形式。但如果要解决好生活中的问题往往需要多学科的内容。开展多学科 PBL 有助于让学生了解更真实的问题情境，从而想出解决办法，将科学与人文艺术充分融合，拓展学生对未来世界的想象空间。

23　PBL 的驱动性问题具有什么特征？怎样的问题才是好的驱动性问题？

PBL 是在真实的、有意义的问题情境中进行的教与学的活动，因此驱动性问题的设计是课堂教学的第一步。好的驱动性问题能为学生提供良好的学习脚手架，帮助学生在学习中实现技能的提升，完成知识和能力的升级。好的驱动性问题应具备以下特点：

- 源自真实生活，与学生可感知的生活紧密结合；
- 具有开放性、可探究性，没有标准答案，不能简单用"是"或者"不是"来回答；
- 具有一定的挑战性，学生无法只通过已有知识和技能回答，需要应用新知识后才能解答；
- 难度适中，学生不会因为难度太大产生畏难情绪而放弃学习。

驱动性问题是激发学生学习兴趣的关键。教师可以参考以下三种方法来提出高质量的驱动性问题。

方法一：将挑战变成问题陈述。 例如，在策划以生态系统和气候变化为主题的跨学科学习项目时，PBL 的目标是让学生通过理解生态系统受到温度影响这一现象，结合当地情况研究学生居住地的生态环境。学习目标包括：

- 认识到生物多样性是一个地区不同生物体的总和；
- 知道如何分析生态系统中发生的变化；
- 理解人口数量如何波动；
- 了解水、碳、氮循环；
- 熟悉生产者和分解者的作用；
- 理解食物链中的能量金字塔。

项目的挑战在于让学生认识到人类是生态系统的一个组成部分，知道科学家无法准确计算出气候变化产生的影响。因此，教师可以提出驱动性问题：如何利用生态知识来预测气候变化对我们当地生态系统的生物多样性产生的影响。

　　方法二：重新组织概念和基本问题。概念本身就能引出基本问题，但基本问题一般很宽泛，通常需要重新组织后变成更具体的驱动问题。例如，在地理课上，如果教师提问："地理学研究的五大主题是什么？"学生很可能只列举，而非具体展开陈述五大主题的相关信息。这个问题可以重新组织成与学生生活高度相关的问题：如何利用地理学的五大主题来判断你的家乡是否具有地理特色。再如，在生物课上，教师可以将问题"学习生态循环如何帮助我们理解自然"具体化，变成引导学生展开直接评估的驱动性问题——了解光合作用如何帮助我们分析大气中的二氧化碳的含量。

　　方法三：增加问题的真实性和深刻性。通过对问题进行提炼和深化，还可以将问题从认知性问题变成感悟性问题，提高与学生的相关度，激发学生的兴趣和参与程度。表 23-1 中列举了驱动性问题的提问方法和问题示例。

表 23-1　驱动性问题的提问方法和问题示例

提 问 方 法	问 题 示 例
避免简单的是非问题	原问题：未来人工智能会消灭人类吗？ 修改后：《你好，安怡》这部电视剧如何影响你对人工智能的理解？
将"什么"变成"怎样"	原问题：图书馆提供什么服务？ 修改后：如何制作图书馆网页，帮助九年级的学生有效利用图书馆？
深入挖掘现实问题	原问题：世界范围内的人口规模正在发生哪些变化？ 修改后：人口老龄化对我国未来三十年的发展有哪些影响？
与世界重大主题相结合	原问题：海洋污染会对我们的生活产生哪些影响？ 修改后：向太平洋排泄核污染废水将会对其周边国家产生哪些影响？
从认知向实践转变	原问题：火爆的短视频都具有什么特征？ 修改后：如何在了解火爆短视频特征后拍出热门短视频？
联系当地实际情况	原问题：河流对人口的迁移和人类文化产生怎样的影响？ 修改后：三峡大坝的建成对当地居民的生产生活造成了哪些影响？
对当地问题进行具体分析	原问题：我们的社区组成有哪些？ 修改后：家庭、学校和社会在儿童社会化的过程中各自扮演什么样的角色？

　　经过修改的驱动性问题更具体、更有针对性，也更贴近学生生活，能够最大限度地激发学生的学习兴趣与学习意愿，有助于引导学生增强学习责任感和自主性，为项目的顺利推进打好基础。

24　怎样引导学生（特别是低龄学生）提出好的驱动性问题？

在项目式教学中，好的驱动性问题对教师来说是非常重要的教学工具。值得教师注意的是，驱动性问题和项目问题不一定相同，驱动问题本身并不直接解决项目需要解决的最终问题，而是从项目问题出发来设计驱动问题，吸引师生开启项目。驱动性问题的核心是要用简洁的问题传达项目的核心。教师和学生应该在阅读驱动性问题时，清楚地了解项目的进程。正因为驱动问题的指导性，项目相关教学活动要围绕帮助学生理解驱动性问题展开。这样一来，驱动性问题就不再无聊、不相关，而是教学活动的中心。

驱动性问题最终服务于学生，帮助学生产生学习兴趣和挑战感，让不愿意参与的学生也认为能回答这些问题是一件很棒的事。因此，将学生纳入驱动性问题的设计过程，以及引导学生独立提出好的驱动性问题，是培养学习者自主性和责任感的关键一步。那么，如何在课堂中培养学生提出好的驱动性问题的能力呢？教师可参考以下策略和工具。

（1）**多提问题、提好问题，营造问题驱动的课堂氛围。**教师要鼓励学生多提问，让学生及时思考，并营造及时提问的课堂氛围。例如，要求学生带着问题阅读学习材料、带着问题观看视频短片、带着问题参与讨论等，让学生熟悉"问题无处不在"的氛围。同时，在每一个教学活动、教学阶段结束后，教师可以邀请学生反思，如在教学过程中教师提出了哪些问题，为什么要提这些问题等，帮助学生建立问题形成的机制。

（2）**善用 KWL 表格。**在新项目启动之初，或在项目进行过程中、新项目阶段开始前，利用 KWL（Know，Want to Know，Learned；我已经知道什么，我想知道什么，我学到什么）表格来帮助学生将他们已有知识、经验、想法或疑问转变成想要探究的驱动性问题，如图 24-1 所示。例如，学生已有"柳树有修长的枝条、樱花一般是白色或者粉红色的"等知识，那么教师就可以帮助学生将他们的已有知识和疑问转换为想要探究的驱动性问题"校园中有哪些种类的植物"。

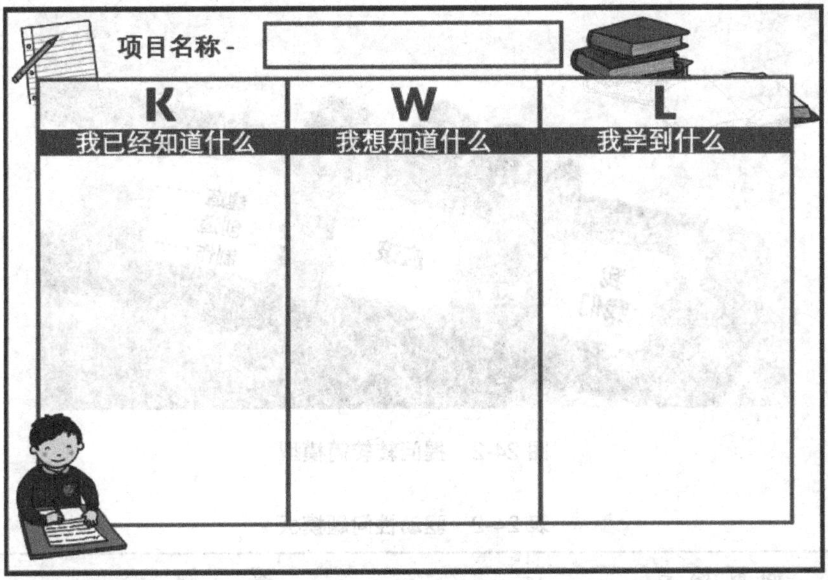

图 24-1　KWL 表格

（3）巧用提问模板和工具来帮助提问经验较少、年龄较小的学生提问题。本书为大家介绍三个实用工具：三步提问法（见表 24-1）、提问转转筒（见图 24-2）和具有发散思维特点的驱动性问题模板（见表 24-2）。

表 24-1　提问思路模板

提 问 开 头	挑　　　战	观　　　众
我（或我们）要怎样	计划一个生日庆祝会	帮朋友庆祝生日
我（或我们）要怎样	设计一个玩具商店	吸引顾客来这里购买玩具
我（或我们）要怎样	搭建一个夏日饮品小摊	吸引邻居来这里买饮料

三步提问法包含三个步骤：①总是使用同一个开头方式来降低提问难度；②提出的问题中总是包含受众或观众，观众可以是学生自己、父母、朋友、同学、老师等；③在提问中加入一个有意义的挑战。表 24-1 所示为提问思路模板。

提问转转筒是一种自制的有趣工具，它通过为学生提供不同挑战、观众的组合来帮助学生提出驱动性问题。提问转转筒模型如图 24-2 所示。为方便读者使用，本书将提问转转筒纸质模型附在本书的附录 2 中。

图 24-2　提问转转筒模型

表 24-2　驱动性问题模板

问　题　格　式	举　　　例
A 如何能提高 / 促进 B	洁净的水质（A）如何促进健康（B） 国旗 – 世界文化；机器人 – 护士工作
如何把 A 运用到 B 中	几何知识 – 绘图；经济学 – 日常生活；道德水平 – 环境问题
A 如何改变 B	个人 – 社区；时尚 – 文化；人们的行为 – 环境
你会如何设计一个新的 X	学校、污水处理系统、酸奶口味
A 如何影响 B	农村人口 – 城市生活；饮食习惯 – 健康状况
好的 / 有效的 / 满足需求的 X 是什么样	创新的学校；数字化的校园；能满足陪伴老人需求的机器人
X 如何影响我们的社区	蔬菜的供给；地理环境特点；举办奥运会
A 和 B 的关系是什么	几何 – 建筑；经济 – 历史；交通 – 贸易
如果没有 B，A 会是什么样	教室 – 学校；大气层 - 地球；艺术 – 世界
如果你是 X 的负责人，你会做哪些改变	学校；国家 5A 级风景区；微信运营
如何用 A 来激励 B	写诗 – 语文学习；讲故事 – 爱护环境；科学 – 饮食健康
如果……，会怎么样	穿越；没有手机；音乐节没有音响
如果……，会发生什么改变	连续下雪；每天存 10 元；没有阳光

（4）**善于观察学生及相关的生活**。在平时的教学中，教师也要注意观察学生，将学生平时看到、听到的一些看似不相关的要素提炼到一起。如个人与社区、农村人口和城市生活等，引导学生思考两个或多个要素之间是否可能建立新的联系。表 24-2 所示的驱动性问题模板展现了多个看似不相关的要素可以通过提问模板进行整合，帮助学生思考事物间的新联系。

提问能力可以通过练习逐步培养，提出一个好的问题比解决一个问题更重要，也更困难。驱动性问题是一个项目的心脏，它赋予项目实际的意义，引导教师完成项目式教学，也指引学生完成项目和解决问题。具有提出好驱动性问题的能力不单是对教师的要求，也是对具有自主学习能力和学习责任感的学生的要求。

25　PBL 三级学习产出是什么？设计时需要注意哪些问题？

本书第 5 问详细介绍了 PBL 流程，其中第四个重要步骤为成果展示与评价。PBL 中的三级学习产出，即学生个人学习产出、以小组或班级为单位的集体产出和面向公众的项目产出，如图 25-1 所示。为什么要分为三级，这是结合项目产出达到的具体效果来划分的。学生个人的产出是对个人在经过 PBL 后要达到的一种要求，如个人完成知识型和技能型目标；而以小组或班级为单位的产出，则是要求团队产出，需要学生能够协同开展学习，得到锻炼；而面向公众的产出更多是希望学生能够将产出输出，一方面对产出方式要求更高，另一方面要求产出的方式也有所不同，促进学生对产出的理解。下面是对三级学习产出的拆解和详述。

个人产出
学生必须参与和有能力完成的个人任务

小组或班级产出
经过小组成员沟通与协作形成的完整、结构清晰、风格统一的项目成果

面向公众产出
面向真实社区成员、对项目感兴趣的观众和行业从业者、专家等进行展示和汇报

图 25-1　个人、集体、公众三级学习产出

个人产出包括学生为有效参与集体产出和公众产出所应掌握的必要性或基础性知识与技能，具体表现为学生有能力完成的个人学习任务。例如，若学习项目以"制作一本 40 页的《疫情防控手册》"为集体产出，则个人产出为完成《疫情防控手册》其中一页。为完成产出任务，学生个人在此项目中的学习目标应为：

①学习撰写《疫情防控手册》所需要掌握的疫情防控知识；

②具备阅读《疫情防控手册》范例文本所需要的阅读能力；

③具备写作《疫情防控手册》所需的应用文写作相关知识和技能；

④具备运用电子文档进行写作和简单排版的基本知识和能力等。

集体产出包括小组层面、班级层面的任务合作和产出。需要注意的是，集体产出并不是简单地将小组内个人成果组合在一起，而是需要经过各个成员的沟通与协作，形成完整、结构清晰、风格统一的项目成果。集体产出还包括在个人反思、同学反馈、老师反馈后，根据所有意见修改项目成果而形成的改善结果。再以《疫情防控手册》制作为例，不同小组需要完成手册封面设计、目录编辑、正文写作、排版等工作，因而每个小组的具体任务略有不同，小组间需要大量的沟通与协作，保证《疫情防控手册》是完整的、风格统一的。

面向公众产出是指学习成果要能面向真实社区成员、对问题感兴趣的观众和行业从业者、专家等进行展示和汇报。面向公众产出是 PBL 区别于传统教学或其他教学方式的重要方面。PBL 的理想结果是使项目产品对社区生活的某一方面有所改善、对社会生活有实用或借鉴价值，能推广到社会中。因此，面向公众产出的内容要能让受众有所得，要经得起行业专家的审阅。如此高标准可以激发学生完成更高质量的工作，因为"不想在公共场合出丑"是一种普遍心理。当学生将作品向家长、社区和社会成员展示，引起大家的关注和讨论时，他们对知识的理解会更深刻。仍以《疫情防控手册》制作为例，面向公众产出即为《疫情防控手册》电子版寻找合适的推送渠道，或将纸质版打印成册、找到合适的分发渠道等。在分发过程中要注意设置可用来接收读者反馈的渠道（网络平台留言、实体意见反馈表等），帮助学生改进手册的版式、内容及宣传方式。

26　如何用 PBL 培养学生的科学探究能力?

科学探究是一种理性活动,是基于证据的理性探索。科学探究能力主要包括提出问题、猜想与假设,设计实验与制订计划,进行实验与收集证据,分析与论证、评估,交流与合作等过程性能力。科学探究是学生应掌握的基本科学技能之一。在项目式教学设计的核心要素中,"持续性探究"也是重点和难点。

然而,一些教师在实际教学中容易出现用简单的阅读研究活动代替探究过程的情况。在实际的教学中,探究具有以下特征:①探究的频率较高,时间较长;②在项目中,探究多由学生提出的问题而推动;③以高学术标准开展,学生提出问题,收集信息,分析和解读数据,评价解决方案,利用证据回答问题。

要开展有效的科学探究,教师可以从下列六个方面入手,提高学生科学探究能力。

① 设计项目引入活动,激发学生提出问题,并将一个问题分解为多个驱动性问题。

② 设计激发学生提出问题的学习过程,如带着问题阅读材料、开展小组头脑风暴等。

③ 引导学生找到并评估信息资源对回答所提问题的价值,引导学生有针对性地使用某些信息和资源。

④ 提供学习脚手架,如为学生提供讲座、记笔记的方法指导、视觉化呈现观点的方法等。

⑤ 提供额外的学习资源和指导来帮助学生提出有深度的问题。

⑥ 帮助学生反思他们给出的答案和解决方案,引导他们思考如何将新学的知识运用于学习产出中。

基于上文中所提到的探究的特征,笔者制作了科学探究方法模型,如图 26-1 所示。

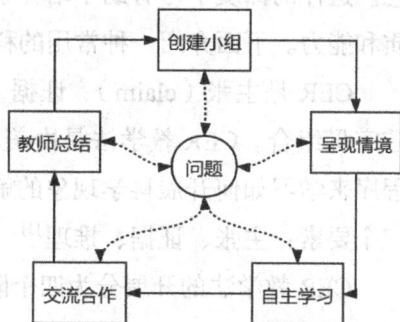

图 26-1　科学探究方法模型

学生在每个流程中可以灵活地提出问题，在需要回顾先前完成的工作时可以随时返回。这一模型在各流程和问题之间突出了相互之间的联系，有效地提高了学生的科学探究能力。

此外，根据学校的学生群体、教师的教学特色不同，教师可以针对科学探究本身的过程和学生的学习情况开展行动研究，将教学实践本身也作为科学探究的一种形式，从计划、行动、观察和反思中调整引导学生进行科学探究的过程。教师还可以让学生观察经过调整的教学方法和流程与之前有何不同，引导学生不仅在科学内容上探究，也在学习的科学方式上探究，帮助学生全方位、多角度地了解和体验探究过程。

27 如何在 PBL 中引导学生进行科学论证？

科学论证是一种重要的科学思维方式，如何将科学论证有机融入概念教学是教学实践中迫切需要解决的问题。科学论证结构包括观点、推理、事实证据、理论依据和反驳。教学实践中，教师应首先理清学科概念或学科规律的学习进阶路径，然后梳理出要研究的核心问题，再围绕核心问题提出论证观点，最后引导学生依据科学论证框架进行科学论证。论证中的反驳要素不仅能培养学生的科学思维品质，还能培养学生的质疑精神，帮助学生深入理解核心问题，构建核心概念。这样的深度学习有助于培养学生的科学论证能力、质疑精神、创新能力等品质和能力。下面介绍一种常用的科学论证方法——CER 教学法。

CER 是主张（claim）、证据（evidence）和推理（reasoning）三个词英文的首字母组合。CER 教学法是由美国学者提出，支持学生的科学理解，通过一种程序来学习如何开展科学现象的解释或论证。作为一种科学解释框架，主要包括三个要素：主张、证据、推理[1]。

CER 教学法的开展分为四个阶段。

---

[1] 潘洪建，盛群力. CER 教学：引导学生建构科学解释 [J]. 开放教育研究，2019, 25(5): 64-72.

阶段一：创造问题情境，提出科学主张。科学主张是对科学问题的回答。如何引导学生提出科学主张是极为重要的问题，通常做法是：教师创设问题情境，为学生提供观察现实现象的机会，要求学生思考问题，提出假设，从而解释现实现象。

阶段二：多种方式并举，收集相关证据。科学主张提出后需收集支持主张的证据。证据即支持某种主张的科学数据、材料或信息。证据可通过对自然环境的观察和测量获得，也可以通过实验和收集相关信息而获得。证据包括定量证据与定性证据两种。定量证据主要指通过观察、测量获得的数据，定性证据主要指收集的描述性材料。两类证据都可以为学生的科学主张提供支持。那教师应该如何引导学生收集证据？教师可向学生提出这样的问题：试图回答的问题是什么、与问题关联的大概念是什么、与问题和大概念相关联的证据是什么、这些证据相互联系吗、怎样确信这些证据等。这些问题可以为学生收集证据提供方向与路径。

阶段三：证据与观点链接，开展科学推理。科学推理需要数据、信息。当学生把数据、信息与主张关联起来时，数据开始转换为证据。因为获得数据后的工作是依据证据进行推理。推理即将证据与主张联系起来，论证主张的合理性，而推理恰恰是整个过程中难度最大的一项。在培养学生科学推理能力时，教师可以提出以下问题，帮助学生更好地将证据与主张结合起来：与证据相关联的科学概念、原理是什么；这些证据属于科学概念的范围吗；证据如何与问题或大概念关联；如何建立大概念与数据之间的联系；基于科学原理、概念与收集到的数据，能验证科学主张吗；这些证据能回答先前所提出的假设吗？

阶段四：小组展示交流，优化科学解释。CER 教学一般以学生小组的形式进行，因为科学学习具有一定的复杂性，特别是科学观察、实验与操作等环节需收集、记录并整理多方面的数据资料，要求学生之间分工、合作、交流与讨论，从而进行知识的社会构建，促进科学知识的深度理解。所以，教师要有效引导小组学生开展在 CER 框架下的学习与交流。

教师可以选择使用 CER 教学法来帮助学生提升科学论证能力：当科学问题提出后，学生要根据自己观察到的结果来回答问题。也就是说，学生需要先给出一个答案，即主张。然后给出答案依据，即证据，如利用在实验过程中观察记录到的数据、通过阅读得到的信息等来支持自己的主张。最后说明为什么这些数据或信息能证明这个结论，讲清逻辑关系，即推理。

28 如何在 PBL 设计与开展中体现对当地文化的理解与传承?

教师要帮助学生理解、认同和传承中华优秀传统文化,尊重并吸收外来文化的积极因素,对中华优秀传统文化进行创造性转化,促进其创新性发展。

文化理解与传承素养可具体化为文化理解、文化认同、文化践行三个要素。一个具有文化理解与传承素养的学生不但能对中华优秀传统文化进行深刻认知,还能对家乡某个特定的文化现象开展专题研究,了解其渊源及其对人们生活方式的影响,以及对我国某个特定的文化现象开展专题研究,了解其发展脉络及其背后突显的人文精神等[1]。可见,要提升文化理解与传承素养,学生就要在当地文化中汲取精华与养料,在日常的学习与实践中提高文化水平。

PBL 在真实情境中解决现实问题的属性使其成为向学生传播文化,特别是传播对当地文化的认知、理解和体验的理想工具和载体。那么,如何在设计 PBL课程和开展学习的过程中利用当地教学资源,传播当地文化特色,培养学生对当地文化的理解与传承能力呢?教师可以考虑使用"社区教学资源地图标记"(见图 28-1)来梳理当地教学资源,考虑其对学生的吸引力和适用性,然后整合到PBL 的设计和开展中。

社区教学资源地图标记是在一个地区内发现和标记该区域内可以用来开展探究式学习的过程。标记过程和结果反映出如何将该地区最基本的自然、人力、社会和建筑资本,用于理解环境,发现需求和推进解决方案的理念。在PBL 的情境中,社区教学资源地图标记让学生和教师有机会与他们所在的社区在物理空间和社会性上紧密连接,在这个过程中找到相关资源,为具体存在的问题设计解决方法。地图标记可以通过实际走访当地社区、收集资料后在地图上做相关标记来完成,也可阅读电子地图和相关资料完成标记。

---

[1] 刘妍,马晓英,刘坚,等. 文化理解与传承素养: 21 世纪核心素养 5C 模型之一 [J]. 华东师范大学学报(教育科学版),2020(2): 29-44.

图 28-1　社区教学资源地图标记

开展社区教学资源地图标记活动一般可以分为三个步骤。第一步，在学校附近及周边区域标记在物理空间、文化氛围上可以整合到教学中的资源，然后梳理这些标记点中所包含的可教学要素。这些要素可能包括该地区的历史沿革、对当地文化产生历史影响的人物、对当地风俗传承起到重要作用的事件和人物等。当地的地名、街道名称也常常包含有关历史、文化和生态变化的信息。在资料收集的过程中，教师可以引导学生到当地图书馆和历史博物馆查找当地的历史照片和图像等。第二步，在研读当地文化资料的过程中，教师可以引导学生为重大历史事件和当地居民的生活沿革与发展制作时间线，理清这一地区的文化发展脉络。在这个过程中，引导学生思考：在制作时间线过程中运用了哪些信息；这些信息是如何保存下来的；可能遗漏了哪些信息；作为当地居民，学生本人是如何迁入，或与这一地区发生联系的，等等。这些问题能帮助学生重新审视他们与当地文化的联系，有意识地反思和强化或重建他们与当地文化的联系。第三步，引导学生思考并总结当地文化中的人文精神，反思这些人文精神在当代生活中发挥的指导作用，并引导学生思考如何把这些人文精神传递下去。

社区教学资源地图标记活动的核心是带学生走出教室、走向社区，在研读社区历史、了解社区文化、与社区居民交谈的过程中深化对当地文化的理解，树立传承当地文化的意识和信念，并以当地文化知识和学习方法为基础，进一步感知和理解中华优秀传统文化，并以践行和弘扬中华文化为己任。

29 如何结合社会热点问题设计学习项目？

随着科技的进步和社会的发展，人类社会面临越来越多的复杂、棘手的社会问题。而传统的学校教育以分科教学和注重理论学习为主要特点，未能在学校教育和现实社会之间建立有机联系。在当前世界范围内跨学科教育兴起的大背景下，中小学生学习与社会生活紧密相关的社会热点问题、社会科学性问题的迫切性不断上升，学校教育要为学生构建一个融合科学、技术和社会的现实教学情境，注重围绕这些议题开展有效建模、推理与论证等科学实践活动，让学生在讨论议题解决方案的过程中提升科学认知水平，促进学生科学素养与人文素养的整合性发展[1]。因此，越来越多的国家和地区将社会问题、社会科学议题整合，纳入中小学学习课程，促进学生综合素养的整体性提升。

PBL 着眼于学生生活中的现实问题，并为学生提供问题探究和解决方案开发等学习机会，是一个涉及社会问题和社会科学性议题学习的理想平台。PBL 要求教师综合考虑学生提出的问题、学习兴趣和所关心的问题，并为学生提供开展持续性探究的机会。因此，在设计项目引导学生学习和思考社会热点问题或社会科学性议题时，教学重点要锁定在对一个问题进行多维度的扩展，帮助学生充分了解一个问题的多个方面，在深度和广度上拓展对社会问题的理解。在这个过程中，教师可以考虑使用两个有助于学生思考的认知工具：星形图和因果图[2]。

---

[1] 朱玉成. 科学教育的新视野：社会性科学议题教学 [D]. 四平：吉林师范大学，2013.

[2] KE L, SADLER T D, ZANGORI L, et al. Students' perceptions of socio-scientific issue-based learning and their appropriation of epistemic tools for systems thinking[J]. International journal of science education. 2020, 42(8): 1339-1361.

星形图是一种帮助学生打开思路，遍历多方立场的工具，如图 29-1 所示。学生在调查问题时参照星形图，并填写星形图的角对应的内容，以便形成对问题多个方面的理解。根据问题背景，不同的角可对应不同的目标与内容，如科学、经济、政治、道德、文化等，其角度和数量也可以有所变化。例如，随着生活水平和生活便利性的提高，我国大城市中越来越多人喜欢点外卖。外卖包装对人体健康的影响和对环境的危害是我们不得不面对的问题。针对这一问题，

图 29-1　星形图

教师可以组织学生收集与五个维度相关的信息：科学（外卖包装的种类、构成材料）、经济（外卖不同包装的使用量和用户偏好）、健康与卫生（外卖包装的洁净程度，对人体可能产生的有害影响等）、法律（是否有相关法律法规出台）、道德（人们对外卖包装回收利用的意识如何、对环境的破坏如何）。再如，在与疫情防控相关的议题中，学生可以收集以下五个维度相关的信息：科学（传染病对人体的危害）、经济（不同防控举措对经济的影响）、政治（防控效果对国内外的政治影响）、道德（响应防疫要求，履行对集体生活的责任，不同对象之间的互助）、文化（不同区域的差异）。

因果图则有助于学生梳理错综复杂的事物关系，使之较为清晰。当面对现实问题时，应鼓励学生采用网络式思维而非线性思维。因果图能通过揭示社会科学性议题所包含的系统元素之间的因果联系，帮助学生理解问题系统的复杂性，并引导学生思考他们的立场、解决方案将如何影响整个系统。这一认知工具的作用在于，让学生对当前学习的社会问题或者可能的解决方案形成自己的立场，并帮助其思考自己的立场或解决方案会带来怎样的影响。因果图如图 29-2 所示。

在开展 PBL 的初始阶段，社会问题往往比科学问题更能引起学生的关注，也更能帮助学生打开思路，激发参与学习的热情。教师要有意识地引导学生对 PBL 中的社会问题不断探究与思考，以最终形成解决方案，并通过有效手段对目标观众进行分享和宣传。

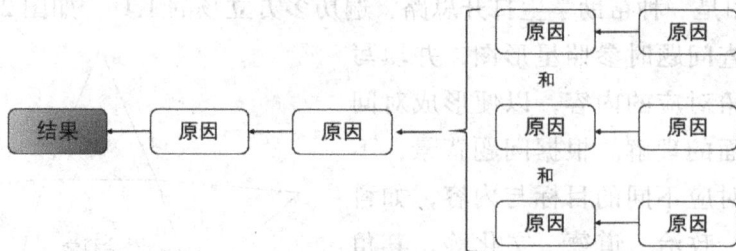

图 29-2　因果图

30　如何结合节日和节庆活动设计 PBL？

要利用节日和节庆活动来设计好的学习项目，教师首先要理解节日和节庆活动存在的意义。世界各国、各民族都有自己的节日，且具有特定的文化含义。庆祝节日是各民族回顾自身光荣历史、文化和传统的一种方式，也是将传统文化和知识传递给下一代的理想时机。此外，节日在人们的社交生活中扮演着极其重要的角色，它能促使人们庆祝生活中的特殊时刻，给予人们灵感和热情来更好地面对生活中的重要事件和时刻。也就是说，节日这一社交生活中的重大事件，将社会中的人、事、物等都连接了起来。基于节日的文化含义和其在社会生活中扮演的重要角色，教师可以从两个方面来巧妙利用节日和节庆活动：学习节日含义，创造新的节日和节庆活动；利用节庆活动，在学校师生和学生家长的更大社会层面上分享、展示学生在前一阶段中取得的学习成果。

（1）创造新的节日和节庆活动。教师可以以提升学生创造力为目标，引导学生开展"创造新节日"项目。纵观各国节日和节庆活动，不难发现其中的共性，即都有历史渊源或特殊意义、都有特定的风俗和食品等。根据这些共性，教师可引导学生创造一个新的节日。具体来说，项目可具体化为以下驱动性问题。

驱动性问题一：我国的节日（如春节、端午节、中秋节等）都有哪些共同特征？

驱动性问题二：世界其他国家的节日都具有哪些共同特征？与我国节日的特征是否有相似之处？

驱动性问题三：当前的社会生活中，哪些人物或事件是值得庆祝、被世人铭记的？

驱动性问题四：如何将驱动性问题三中的人物或事件转化成节日？

驱动性问题五：如何在全社会范围内推广和庆祝这个节日？

在这个学习项目中，学生需要从传统节日中提取共同特征（如节日的意义、习俗、庆祝时间、特殊活动、用具、特定食物等），找到当前社会生活中值得铭记和庆祝的人物或事件，并将传统节日的特征迁移并应用到新节日的创设中。PBL 节日的创造流程见图 30-1。这个学习项目不仅引导学生在以后的节庆活动中关注节日的意义和文化内涵，深化学生对传统文化的理解，提高学生的人文素养，还锻炼了学生的系统性思维能力和多种核心素养。

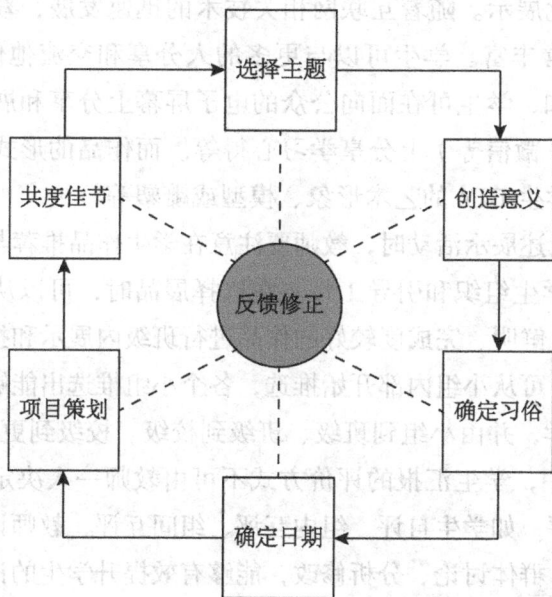

图 30-1 PBL 节日的创造流程

（2）利用节庆活动进行学习分享与展示。节庆活动的 PBL 设计与普通的 PBL 设计不同，教师可以重点关注"庆"，即契合节日的庆祝气氛，集中展示学生前一阶段的学习成果。这种类型的项目式教学需要教师在前期做足准备工作，策划和协调多个班级、年级，甚至组织全校的师生及家长、社区居民共同参与。这样的学习氛围可以有效提升学生学习的外部动机，帮助学生感受到他们的学习产出与现实的社会的联系，提升项目式教学的效果，以及学生的学习成就感和自我效能感。因此，教师和学生应该通力合作，将项目尽可能扩散到更多的群体中，吸引更多观众参与。那么，可以开展哪些形式的展示活动呢？

第一，展览会。教师可以引导学生和家长举办校园展览会，学生在现场展示他们的作品，而其他同学和同行家长可以分享自己的看法。同时，学校工作人员、其他年级教师等也可以针对某一特定主题进行介绍或讨论。浙江省的某实验小学每一年都会在学校的所在小区举办一次学习展览。在展览期间，学生会带来自己的作品，如梯子、玩具、生活中某一小问题的解决方案，并和其他同学、教师等人员进行讨论，这样同时也能够提高学生的口语表达能力，给予学生更多展示自己的机会。

第二，数字化展示。随着互联网相关技术的迅速发展，教师和学生可选的数字分享工具非常丰富。学生可以与更多的人分享和交流他们所创造的产品、学习经历等。例如，学生可在面向公众的电子屏幕上分享和展示作品，或在社交平台（如微博、微信等）上分享学习心得等。而作品的形式没有限制，如班级的规章制度、学生 DIY 的艺术形象、模型或雕塑等。

在组织开展上述展示活动时，教师要注意在学生作品推荐与选拔机制、展示过程等方面做好学生组织和引导工作。在选择展品时，可以从班级内部开始选拔，逐级选择特色鲜明、完成度较好的作品进行班级内展示和投票。在成果汇报人的推选方式上，可从小组内部开始推选，各个小组推选出能够将研究成果进行汇报和展示的同学，并由小组到班级、班级到校级、校级到更高级别进行推选。在成果推选过程中，学生汇报的评价方式不可由教师一人决定，而是应该多层次、多维度地考评，如学生自评、组内互评、组间互评、教师评价等。在这个过程中，发现问题、群体讨论、分析修改，能够有效提升学生的论述能力和逻辑思维能力。学生将小组的设计思路和项目成果的完善过程展示出来，学校或教师邀请相关领域的专家评委和大众评委对学生的完成情况、表达能力等多方面进行打分并提建议，学生根据这些反馈进一步修改作品。

教师也应思考如何提高学生 PBL 成果展示的效率。每次在开始项目式教学的新单元之前，教师应该合理地规划整个教学过程中的重要学习节点，并为这些节点制定时间线，保证项目的有序开展。在学生正式进行分享活动前，教师要在课程中预留时间来为学生提供练习和反馈的机会。在进行面向公众的正式分享汇报前，教师要组织学生进行彩排，帮助学生发现问题、获得反馈、解决问题。对于初次接受 PBL 教学和低年级学段的学生，可以从较小范围开始，如先向学生家长进行展示。在分享活动结束后，教师要注意引导学生反思。

第

3

章

PBL教学组织与开展

<table>
<tr><td></td><td></td></tr>
</table>

31　开展 PBL 有人数限制吗？分组时要注意哪些问题？

　　PBL 的开展并没有人数限制，教师可根据项目需要灵活调整，并根据学生小组需要完成的任务和每个小组中所需要的有效成员角色来确定分组人数。在学习项目确定后，教师应确定学生小组人数、分组原则和项目时长等，其原则如表 31-1 中所示。

表 31-1　确定 PBL 学生小组人数、分组原则和项目时长的原则

小 组 人 数	分 组 原 则	项 目 时 长
• 每组至少两人 • 建议每组不超过六人 • 每组人数尽量均衡	• 根据项目主题、使用的协作方式等分组。可以根据学业成绩、任务要求、个人能力和学习风格等特质组织组员，也可以根据人类学因素组织组员 • 尽量避免学生熟人组队，促使学生发展合作技能 • 推荐采用随机分组，让班上每位同学都有合作的机会 • 在同一项目内只使用一个分组方案，避免影响学生正在进行的组内合作项目	• 长项目（如 4～6 周）中的小组要注意组员搭配。长项目更能促进学生小组形成牢固的组内关系，发展更复杂的协作技能，处理更复杂的任务 • 短项目（如一节课或一周课）要注意搭配与完成任务的适配度

　　在分好小组后，教师要分析每个学生的角色和任务，以便有组织、有计划地开展小组任务。在一个小组中，教师可以考虑安排的角色和相应的任务如表 31-2 所示。

表 31-2　小组的角色及相应的任务

角　　色	任　　务
项目推动者	保证小组成员都在完成任务，核实每个人所做的贡献
记录者	将小组成员表达的重点记录下来，在项目介绍时总结
报告者	在全班分享小组成果、经验和总结，让组员之间增加了解，相互学习
材料组织者	选取、分发、收集、整理、分析以及存放资料
时间管理者	记录时间并及时提醒小组剩余时间，帮助小组在规定时间内完成任务
检查者	判断学生讨论过程中的思维是否准确和清晰、检查书面工作以及给出评分

PBL 是培养学生合作学习能力的重要教学方式。因此,在安排学生分组学习时,要保证在不同项目中每个学生都有机会尝试不同的组内角色。在分配任务时要注意学生的兴趣和能力,尽可能向他们提供拓展知识和能力的机会。最后,要灵活分配任务,小组成员的角色分工可以按工作需要和自身发展方向进行调整。在这个过程中,教师要做好调整,从全局出发,整体规划,尽量保证每一位学生都能承担一项有挑战性的任务。

32 PBL 的周期是多长? 开展 PBL 的最佳频率是怎样的?

PBL 的学习周期一直是教师重点关注的问题。PBL 占用了原教学计划中的课时,在一定程度上打乱了教师原有的教学计划。因此,对于刚接触 PBL 的教师而言,最好采取渐进式的项目要素引入法,即在传统课堂中加入实验学习、小组合作、报告学习成果等要素,帮助学生逐步熟悉和适应 PBL。如要整体引进 PBL,则刚开始时项目周期不宜过长,因为此时不仅要通过项目式教学学习知识和技能,还要学习如何开展项目式教学,因此教师要为学生巧妙地"组织"PBL 以达到初步成功,这是需要不断探索的。因此,建议初始项目时间控制在 8~10 个 50 分钟学时内,项目周期不要超过 3 周。随着学生学习经验的增加,教师可逐步引入更长周期的项目。

在考虑项目周期时,教师要注意将以下方面纳入项目时间计算范畴:①项目的启动时长,如引导学生了解项目和问题情境的导入活动、制定学生小组合作方案、列出应知应会清单并培养学生严格按清单达成学习成果等所花的时间;②学生需要多长时间来完成个人学习产出,以及预估学生需要多少时间来完成在小组和班级层面的成果组装与整合;③学生与专家在课内外进行互动所需的时长;④预测项目中较为耗时的任务点(如信息技术工具的学习和使用等),以及其对项目进度可能产生的影响;⑤为完成总结性评价(如月考、期中考、期末考等)与学校现行的其他评估活动留出的时间,并预估这些时间对学生完成项目的影响;⑥为学生进行学习结果和学习过程反思留出的时间,将 PBL 的效果和影响最大化。

项目式教学不是在原有教学方法、教学节奏不变的情况下，简单地把项目添加到教师的教学安排中，把项目看作额外的教学任务。相反，PBL 要循序渐进，从对当前的教学活动设计的改变中体现项目式教学的核心思想，在不影响原有的教学进度、测验考试和其他教学活动的情况下滴灌式地开展。

在学生具有一定的 PBL 经验后，教师可以逐步引入长周期的学习项目。在开展长周期 PBL 时，要注意学生可能出现的项目学习疲劳现象（详见本书第 49 问）。和其他学习行为一样，绝大多数学生在精力充沛、兴趣浓厚的爆发式学习之后，都会经历短暂的疲劳期，需要短暂的休息，因此过于频繁、无间断的 PBL 会导致学生学习后劲不足。因此，不提倡每天都进行 PBL，而是每周 1～2 次、每月 6～8 次，或是以学期为单位，每学期开展 1～2 个项目等，将项目课与常规课搭配进行。

33　如何处理好常规课和项目课之间的关系？

教师总是希望有更多时间用来开展教学，而开展 PBL 意味着学习形态、教学形态的改变，因此很多教师担心需要花费更多的课内外时间。那么，怎样才能合理安排时间，让学生在 PBL 的过程中既能有充足的学习时间，又能最大限度地避免占用过多的课内外时间呢？下面为教师提供了四个优化 PBL 时间规划的策略。

第一，精心挑选适合学生学习的内容。 教师在学年开始前将本学年的重点教学内容挑选出来，区分应知应会与高阶的知识与技能，确认学生本学年应该掌握的内容、应达到的标准和应遵从的原则等。在确定 PBL 内容和制定学习标准时，要参考年级、校级和区级教学标准，并考虑该标准在以下四方面的适用性。

（1）**学习准备度**：学生的当前知识与技能储备是否具备了在下一堂课、当前课程，或年级水平上取得 PBL 成功所必需的水平。

（2）**学习续航力**：学生当前所学习的知识和技能除了能应付当前的测验和考试之外，是否还可以为其后续的学习发展和个人发展提供帮助。

（3）**标准化评估**：所学内容是否属于市级、省级乃至国家级考试中所包含的内容。

（4）**内容普适性**：所学内容是否能为学生提供在多个学科中有积极影响的知识和技能。

以上四方面对 PBL 所涉及学习内容和标准的综合评估能帮助教师确定更有针对性的内容，避免内容泛化。确定好核心的教学内容和标准后，教师就可以有针对性地开展教学设计了。

第二，注意单课时长对 PBL 的影响。传统的中小学课堂学习单课时长一般为 40～60 分钟，而这个课堂时长很难保证将内容教学、问题探究、过程性评价和成果产出等流程全部完成。因此在一堂课中，教师要专注于一个或两个目标，优化教学的顺序，将教学顺序作为帮助学生培养建模能力和设计思维的一种工具。例如，在项目开始后，教师可以安排几节常规课，课程形式可以包括短时讲授、阅读说明性文本、用思维导图或图表整理知识和小实验等。在常规课上，教师可以适当安排对所学知识进行形成性评价的环节，然后引导学生为自己的项目开展需要的时间、任务量做规划，写出任务清单、时间规划、分组方案、小组成员角色和任务分配等。当学生正式开始项目时，再通过每日观察来评估他们的学习进度，并调整教学计划，在项目后期的常规课中安排进一步的指导并提供多种学习脚手架。在常规课结束后，不要立即开展探究和成果产出，而是要给学生几天时间来思考和自主探究，并形成自己的观点和看法。

第三，考虑合并课时，开展长课时的 PBL。教师可以考虑将 2～3 节常规课合并为一节较长的项目课，充足的课堂时间可以为学生提供一段相对完整的项目开展时间。与短课时的项目课相同，长课时的项目课并不意味着要完成项目的所有学习流程，但教师要引导学生有效地利用时间。在项目课开头可以安排一些由教师主导的学习活动，或者引导学生制订 PBL 目标和计划。在小组合作开始之前，教师可以安排一些合作脚手架活动来为小组成员破冰，增进学生彼此间的了解，如看图故事接龙（小组成员共看一幅图画，每人讲一个句子，扩充成一个故事）；或做一次末日生存讨论（请各小组讨论如果整组成员被困在荒凉的岛屿上或在海上迷失方向，随身携带哪十样物品才能保证所有成员安全获救或生存下来）。这个活动需要小组共同努力解决问题，最终小组成员需要投票决定方案。

在小组合作开始后的长课时中段，教师可以要求学生小组创建任务清单、设定完成时间等。例如，教师可以要求小组在 20 分钟内准备好一段 5 分钟的口头报告，并将口头报告的评价标准告知学生，提醒他们为自己所准备的口头报告质量负责。如课堂时间不充分，无法让所有小组都完成面向全班的口头报告展示时，则考虑使用音频或视频设备，请学生完成口头报告的录制并提交给老师，以便进行学生互评和教师评价。

第四，避免安排课后时间来完成 PBL 任务。这样的安排会给学生传递错误的信号，即 PBL 是课后的附加任务，是可有可无的"甜点"，而不是主要的学习任务。教师可以考虑引导学生使用信息技术工具（详见本书第 64 问）来记录和保存当前项目的学习进度，提高当堂学习的效率，避免因学习笔记、小组材料丢失产生重复学习。在反馈阶段，教师可安排学生间进行一对一反馈，而非一对多的全班性反馈，以减少学生的反馈量，从而减少 PBL 给学生带来的课后学习压力。

相对传统教学而言，PBL 确实是教学范式的一次重大变革。减少课上和课后时间投入的要诀在于精选教学内容、调整课堂时长、充分利用信息技术工具，提高课堂时间的利用效率，避免重复学习。随着 PBL 的推进，教师和学生都会成为更得心应手的项目式教学者和学习者，学生之间、师生之间的配合也会越来越默契。通过不断的反思，教师能在教学流程的各个方面不断提升自己，使师生之间形成高效统一的项目式教学共同体。

34 如何打造良好的 PBL 课堂环境和课堂氛围？

良好的 PBL 课堂环境与课堂氛围是高效开展 PBL 的基础。当学生走进 PBL 教室时，好的教室环境和氛围能帮助学生快速切换到 PBL 模式，高效开展 PBL。积极的 PBL 课堂文化环境有助于学生成长，并能使学生感到自信和安全、善于创新、乐于与人交谈、与同龄人和教师产生更多的联系。下面为教师提供了打造 PBL 的课堂环境和课堂氛围的方法。

（1）**课堂环境**。课堂环境是一种在学校教育教学活动中，对课堂内一切活动和活动主体产生直接或者间接影响的具象性物质的存在状态[1]。PBL课堂环境能给学生的学习带来帮助并且使这种帮助可视化，教师可以尝试利用以下三种实物来布置课堂环境，促进学生学习。

① **项目墙**。项目墙是在教室的墙壁上设计项目公告板或其他项目展示板块的空间，教师可以在项目墙中心位置设置一个项目信息管理区，突出正在开展项目的驱动性问题、已知信息、需要寻找的资源、项目截止日期等信息（见图34-1）。项目墙不是静态的展示区，而是一个动态的空间，学生可以在这里发布新的可探究问题，使用项目评估标准来评估他们的学习情况、管理小组合作进展和个人学习表现。

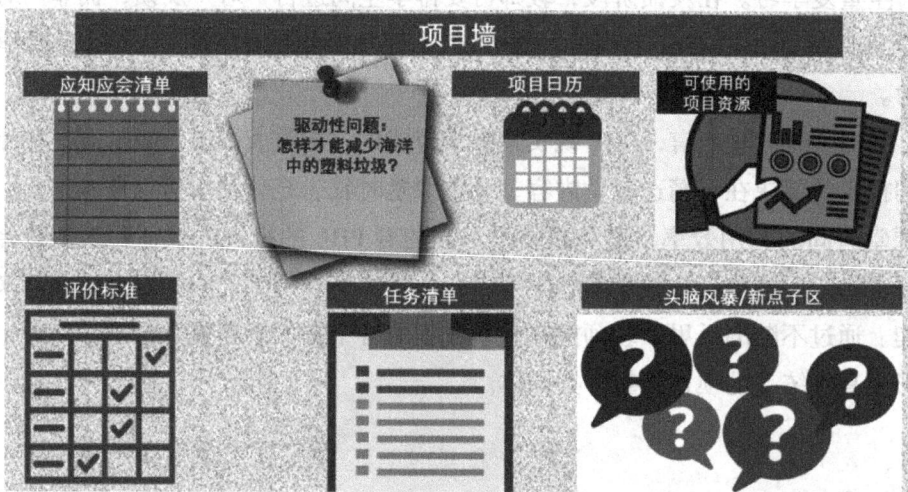

图 34-1　项目墙

② **表达启发区**。倾听学生的想法、尊重学生的选择是高质量PBL的基本要素，但并不是每个学生都愿意大声说出自己的想法。因此，教师可在教室中设置表达启发区，给出引导学生产生问题的提示或进行汇报时可用的句式。例如，"我从另一个角度来看是因为……""你有没有想过……""支持我的结论的证据是……"等，来引导学生积极发言，帮助学生形成流畅的论证过程，发展批判性思维。

[1] 李晶，吕立杰. 环境社会学视角下学校物理环境的构建 [J]. 教育理论与实践，2015, 35(34): 16-20.

③ **项目交流区**。在开展 PBL 的过程中，学生会产生大量的学习产出，如小组的设计草图、填写的学习任务单和学习评价表等。教师可以将这些材料中值得展示的部分张贴在项目交流区内，鼓励不同小组的学生互相参观、借鉴。教师还可以在项目交流区旁提供便利贴、笔等学习用具，鼓励学生在互相参观、评价的过程中对其他同学的作品提出改进意见等。

（2）课堂氛围。课堂氛围是由教师的教风、学生的学风以及教室环境作用所形成的一种心理状态。积极的课堂氛围能激发师生双方饱满的教学热情，师生双方处于积极互动的状态，师生间洋溢着为实现教学目标而获得成功的喜悦与满足感。在 PBL 课堂中营造课堂氛围时，教师可参考以下方法。

① 从小项目开始，帮助学生适应 PBL 流程。新学期开始之初，教师可以用一个小项目来让学生认识到自己的技能、长处和兴趣，同时，也能和学生建立信任关系，这有助于后面学生对知识的深入学习。教师可采用"破案活动"这个小游戏来和学生尽快熟悉并帮助学生适应 PBL 流程。破案活动：新学期开始的第一周，学生来到学校，发现了一个需要解决的谜题（如教室里的三盆绿植过了一个暑假但没有枯萎，是谁给它们浇水？），这个谜题是教师预设的。为了解决这个谜题，学生必须经历提出问题、寻找证据、与小组成员讨论得出结论等阶段。学生"破案"的过程中，教师也能了解学生的学习过程，并观察他们的互动。

② 创建 PBL 规则，营造公平积极的学习环境。项目式教学课堂中的每个人都有对规则制定的发言权，每个人都有责任去执行规则。教师可以和学生制定一些传达课堂规范的横幅、海报或者标语，这些规范是教师和学生双方都要遵守的规则。当学生努力维护这些规则时，他们也会要求同学和教师共同遵守。这种师生共创学习规则与课堂规范的模式打破了传统的教师"一言堂"模式，促使学生积极参与规范制定，营造了以学生为中心的课堂氛围。

③ 分享 PBL 思维，贯彻执行项目式教学价值观。在开展 PBL 项目时，教师可以通过语言和行动向学生分享信念和价值观，即坚信学生能够迎接挑战，完成高质量的项目任务，达到预设的学习目标。例如，在项目进行过程中遇到困难时，学生可能会问教师："为什么不直接告诉我们答案呢？"面对这样的疑问，教师要告诉学生，学习的目的不仅是要在知识方面进步，更要在学习方法、探究能力方面进步。如果只通过已有答案来学习，则无法独自面对问题、解决问题。此

外，还要为学生学习提供心理的安全感，如教师在学习过程中为学生提供帮助，表扬学生敢于接受这样的挑战，并引导他们尝试用另一种方式解决。在多次的 PBL 中，教师多次、深入地向学生分享信念和价值观，对引导学生持续、深度参与 PBL 是十分重要的。

35 "懒老师"和"勤学生"——如何在 PBL 中培养学生对学习负责的态度？

PBL 课堂中的"懒老师"，指的是教师要学会少讲授、多引导，做好学生的学习教练和导师，善于放权，留出一定空间来让学生做学习决策，并引导学生对自己的决策负责。而"勤学生"是指要培养学生对 PBL 负责的态度，将项目的顺利推进和成功完成看作自己的事，而不是像传统课堂那样一切听老师安排。启发学生进行自我管理是建立学生对 PBL 的责任感的关键。教师通过 PBL 中的放权，如引导学生提出并探究他们感兴趣的问题、制定行动方案、开展问题探究、选择使用适合进行项目产出的技术和工具等学习步骤，逐步培养学生独立为自己的项目产出做决策的学习习惯。

在寻找学生自主和教师放权的平衡点时，发展学生 PBL 计划和组织能力是培养学生对学习负责的关键。PBL 的主要理念是逐步让学生自主生成项目主题，尊重每位同学的感受和想法，才能帮助学生建立自立、自律的学习品格，在参与合作的过程中提升自己的语言能力、交流技巧和对社会文化的理解与实践等技能，帮助学生在所做的实践中将个人兴趣与未来职业发展结合起来，实现学生个人角色和社会角色的统一。

在开展项目式教学的过程中，尤其应注意管理学习是学生学习内容的一部分。学生可以自主选择资源、信息，修订、改进方案，分析数据，得出结论。教师引导学生进行反复的成果和产出的修订、实验，目的是在低风险的环境中为学生提供更多的发展机会，重视学习过程中的收获。教师应鼓励并帮助学生为自己的作品申请专利，把学习成果面向真实的公众发布，通过现实社会的反馈帮助自己进步。在整个过程中，学生不仅是自我成果的评估者，还是小组同伴的评估者。他们从反思中积累修正计划、改进实验的经验，在失败中学习如何成功。PBL 的每个环节都可能是学生感受成功体验的开始，随着学习不断深入、成功体验逐渐增多，学生要学习如何更加深入地思考问题，拓展自己的能力边界，逐步形成独立组织 PBL 的能力。

"懒教师"实际上是传统教师从讲授角色向学习顾问、学习伙伴角色转变的结果。教师不是站在讲台上，而是参与到学生的项目中帮助学生共同面对挑战。有经验的 PBL 教师能察觉到学生什么时候需要帮助，何时为学生提供何种支持。如在学生陷入学习困境时引导学生停下来并写出当前的困境及可能的原因，分析突破路径，引导学生定位资源并收集新信息。教师也可以带领学生回顾项目的初衷，重新锚定项目目标，再次激发学生的学习热情。教师还可以增加一些看似不起眼但富有鼓励意义的动作或言语，如在学生有所收获时击掌庆祝、表扬学生敢于参与有难度的挑战等。这些教师知道学生陷入困境时的表现，以巧妙的方式让学生意识到可以依靠自己面对挑战。学生在学习中越为自己能够战胜困难而高兴，就越有动力继续学习，并将这种学习模式应用到其他领域的学习中。

在教学实践中，由于学习经验不足、小组配合不流畅等，多数项目的设计和规划在学生实施的过程中往往不能百分之百地实现。因而教师需要站在全局的角度，从总体目标出发，借助可视化共享图表，帮助学生将项目由一个模糊的思想过渡到具体的行动计划，设置明确的子任务和完成期限，再在项目中细化学生个人责任，从整体上帮助学生把握项目进度和难度。而做一名"懒教师"就是要避免在开展 PBL 的过程中做过于具体化的规定，要相信学生，放权给学生，留出机动时间，让项目进程具有一定的弹性。尽管现有的计划节点可能需要师生调整并重新检查学生的原始目标达成度，但是当教师帮助学生意识到管理过程和管理的重要作用，引导学生成为项目经理时，培养学生学习自主性和责任感的目标也就达到了。"懒老师"要选择在合适的时候，向学生提供适度的支持和关注，重新唤醒学生的激情，倾听学生的收获，接纳学生的情绪，引导学生走向正轨。

所以，"懒教师"是 PBL 中最聪明的教师，他们指导 PBL 的关键环节开展，善于将自己从学生学习的过程中逐步解放出来，让学生拥有独立学习的过程，在学生自主和教师放权的动态过程中，逐步把握节奏，将学生学习的过程从被动吸收变为主动研究的过程，使项目式教学富有实效。

36 PBL 如何进行有效的分层教学，来帮助每一位学生达成学习目标？

　　分层教学是一种根据学生需求对教学安排做出调整来提高教学品质的教学组织形式。分层教学既能适应学生学习的个体需求差异，又能促进学生共同成长。分层教学的目的是因材施教，实现差异化、个性化的教学。分层方式主要包括学生分层、目标分层、施教过程分层、作业分层、评价分层等。PBL 以学生为中心，让学生作为项目的驱动者，为教师的创造性教学提供广阔的空间。教师作为课堂物理空间和心理空间的设计者，在给定的单元、材料、时间范围内寻找让学生主动学习的秘诀。有效的分层教学的关键是考虑整体、部分群体和学生个体差异，在同一课堂时间内实现不同学生的成长。在教学设计中，教师要先思考分层教学的必要性，再做好教学设计分层、学生小组建构分层和小组互动分层三阶段的引导。

　　首先，教师要考虑选择分层教学是否必要。表 36-1 中列出了选择分层教学时需要考虑的几个重要问题及说明。

表 36-1　选择分层教学需要思考的几个重要问题及说明

问　　题	说　　明
是否选择分层教学	根据 PBL 目的来确定
分层教学的效果相较于普通教学是否能更好地实现教学目标	依据科目、课程目标、学生个体的能力和喜欢的教学风格而定
小组需要划分层级吗	动态流动的小组层级可以提高小组任务推进效率，但需要注意的是划分的客观性，即让学生看到努力可以够到的成长空间
成员进入小组和退出小组的依据是什么	以硬性的任务质量和测试目标为准，设置必要的测试节点可以帮助学生明确目标
如何创设一个适合分层教学的物理环境	分层教学的小组，舒适的讨论环境，可视化的项目进度表，更有利于小组成员开展活动
分层教学的难点有哪些	小组讨论是否能够持续进行和小组独立运行是否能够保证任务的高效完成

确定分层教学的必要性后，教师就可以从以下三个阶段入手来设计和开展 PBL 了。

阶段一：教学设计分层。教师需要有意识地将分层落实到教学设计中，包括从提供教授的方式、教师引导程度、课堂自由度等方面着手进行精心设计。在教授方式方面，教师要意识到并非所有学生先前的知识和兴趣点都处于同一水平。针对全班同学开展讲授式教学就难以照顾先前知识缺乏或已具备先前知识学生的需求。在这种情况下，教师可请学生根据自身知识的掌握情况，判断是否需要参加教师针对某一知识点提供的微型讲座或将教室中的特定区域作为讲座中心，为需要教师讲授指导的学生提供学习机会。例如，在学习"物种生存"项目时，有的学生对食物链概念已经非常熟悉，而有的学生则需通过教师讲解学习来加深认识。此时，教师就可以组织有需要的学生围成一圈进行讲解，请班级内其他学生先完成个人学习任务或先开展组内合作。在引导程度方面，教师可针对不同小组的情况合理分配指导时间，如对学习动机强、合作能力强的小组给予较少指导等。在课堂自由度方面，教师可根据各组学习进度规定学生的休息时间，如规定"完成项目 90% 以上的小组可以提前 10 分钟休息"等，激发学生学习动力，提高学习效率。

阶段二：学生小组建构分层。在引导学生分组时，要根据学生自身的需求或经验，基于对学生和教学内容的了解，制定促进不同层次小组学习的目标和策略，用设计思维引导看似无意识的开放的互动。小组建构分层的目的是利用小组的共同特征或者不同优势实现小组内部每个成员的最大发展。而明确分层教学的目的与学生实际能力的差距，是教师有效分层教学的第一步。按照学生智力水平、能力等相似度较高的因素进行的同构式分层，与按照学生学习特长和兴趣差异来进行的异构式分层都是有效促进学习的分层方法。例如，在同构式分层中，教师可考虑根据学生的阅读速度和水平来划分小组。然而，在 PBL 中也常常需要学生找到个人努力和达成小组共同目标之间的平衡，教师需要对学生进行个别指导或提供额外练习。这时就需要进行异构式分层，如在学生小组中分配不同的角色，明确任务，帮助学生突出优势，协同他人，共同进步。

在项目式分层教学中，小组教学的优势是不同的学生之间信息共享且对部分学生来说，能找到归属感，以投入群体的学习，更好地解决问题。然而当小组开始独立运行时，教师往往会担忧学习效果。进行有效的小组建设，是小组运行良好的关键。教师在制订教学计划时，尽可能纳入学生的学习目标和期望。小组内部从自我介绍或项目开始，达成目标共识，营造相互支持、尊重的气氛，明确目标和角色分配，明确具体任务、时间节点，使每个成员找到适合自己成长的位置，融入团体中，敢于在小组中暴露自己专业上的不足，发挥优势，是每个人在小组中获得成长的关键。小组内部制定规则、保障项目执行。教师明确底线测评和截止时间点，以促进最终项目的完成和任务达标。

项目式的小组学习常常遇到的问题包括：目标不清晰；缺乏小组互动，成员的不平等参与；缺乏群体动机等。教师的作用是有效设计教学，帮助小组确定正在讨论的主要问题并明确进一步研究的方向，快速识别问题或采取策略避免问题。但要注意，教师并不是这一阶段的教学核心，学生互动带来的成长和思维的碰撞才是重点。教师要充分引导学生发挥组内角色功能。组长的主要作用是激发和引导讨论，明确任务的规划、执行和把握小组讨论的方向。实施过程中，开展以目标为导向的学习，鼓励小组分析项目主题或问题，提出可能的解释和假设，寻找相关数据，评估替代解决方案和策略，并整合分析现有信息。而小组信息记录者采用清单的方式，保持小组对项目目标和任务的跟踪，以及分享想法，为形成总结性的成果打基础。

阶段三：小组互动分层。鼓励和保持小组有效的互动，是分层教学后小组发挥作用的关键。交流过程中吸引每个人的参与尤为重要，但需要明确个人演讲不等于小组交流。PBL坚持"以终为始"，强调在协作中完成任务，二者缺一不可。需要明确的是，小组协作是小组任务完成的前提。因此，教师需要帮助小组成员重视组内互动的重要性，认识到小组具有个人不具有的学习优势，观察群体的动态，实现小组的有效互动。

冲突在小组互动中往往表现为障碍，但有技巧地利用冲突，可以使沉默的成员发出声音，让表现欲较强的成员学会倾听和理解。教师要有意识地关注学生的肢体语言，如情绪变化、兴趣转移等。如果学生的关注点在闲聊而不是项目本身，教师要及时制止，或考虑改变学生参与项目的方式，如选取学生感兴趣的材料及时介入等。教师要重视学生的主动反馈，尊重学生的目标，在与学生交流沟通后，明确学生真正想做的事情，设计活动来支持学生学习，不仅学习他们想学的，而且学习需要学的。及时更换学习方式，促使个人积极参与，保障学生在进入和退出小组时仍可获得寻求帮助的机会。

项目式分层教学是教师依据教学目的进行的教法选择和设计教学的过程。在一般的小组项目运行中，学生在小组建设和小组互动的过程中获得的成长，可以有效促进学生的社会性发展和教育成长。项目式分层教学对每个特定的项目、班级或者教师来讲，没有确定的、具体的策略，但以上介绍的共同问题和一般性的原则可以为教师提供参考。

37 吸引学生参加 PBL 的"六大法宝"是什么？

PBL 的特色之一就是基于日常生活情境提出学生感兴趣的问题，并针对这些问题提出解决方案。学生在教室里学习时身处一个和外界割裂的独立环境，不利于提升提出问题、思考问题的能力。因此，在课堂中、在学校里为学生创建或高度模拟真实学习情境，能够将学生带回真实的情境中，刺激他们在情境中思考问题、提出问题。下面介绍吸引学生参与 PBL 的"六大法宝"，供教师参考、使用。

（1）将 PBL 嵌入春秋游或其他非教室内的活动中。春秋游或者其他非教室内的活动打破了教材、课堂的局限，使得学生与自然、社会的联系更加密切。即使学习内容相同，也会由于学习地点的改变而使学生的焦虑程度降低，在学习中迸发出新的思想火花。然而，传统的学校春秋游重"游"轻"学"，没能将"游"与"学"结合。PBL 作为一种建构主义理念下以学生为中心的教学方式，在游览过程中可嵌入学习任务，引导学生在驱动问题的带动下有目的地发现真实情境中的相关知识。因此，教师可以在春秋游活动中嵌入需要学生留心、注意的现象、环境特征等，引导学生在"游"中提问，在"游"中思考，促进"游"与"学"的交融。

（2）邀请校外专家来校或在线开展小讲座。PBL 会涉及某一领域的专业知识，超越教师本人的知识领域。可以邀请校外专家来校或在线开展小讲座可以让学生了解真实情境中的专业从业者如何工作；也可以邀请专家对学生学习项目进行专业指导，回答学生在探究中遇到的疑难，从而增强 PBL 的专业性和针对性。同时，此举也可以让学生感受到书本上的知识不再是冰冷的理论，而是与社会生活紧密联系的实践与经验，是来源于生活、服务于生活的。

（3）用大幅图画、地图等图片工具辅助情境设定。图片通常能起到胜千言的作用。为 PBL 提供图片能辅助学生调用相关的已有知识、经验和感受来参与学习，激发探究的兴趣和欲望。此外，图片中丰富的情境信息也能为学生提供多角度了解和观察项目所需的细节，帮助学生在较具体、真实的情境中掌握知识、发展能力，为项目的后续推进打好基础。在教学中，教师在尊重情境图的本质属性和内涵的基础上，根据学生的学习需要，创造性地调整、开发、补充和利用情境图，使其为课堂教学服务。

（4）用诗歌、音乐、视频等引导学生思考。诗歌、音乐、视频等形式能为学生创设和提供丰富的情境信息，将学生快速地带入项目和问题中，提高项目导入效率。教师可以利用诗歌营造优美意境，利用学生熟悉的音乐营造与教学内容一致的课堂氛围，利用视频案例为学生提供学习情境。教师通过创设精彩的教学情境，能触发学生类似的生活感受，引发学生思考，唤起学生的情感体验，充分融入教师营造的课堂氛围中。

（5）把问题和课内外阅读材料结合起来。问题的提出是 PBL 的第一步，是PBL 开始的标志。教师可提供与学生已有知识、已有阅读技能存在信息差的课内外阅读材料，要求学生从阅读中获得新知，根据已有知识分析并提出问题，并逐步进入教师创设的学习情境中。

（6）用技术和学习环境为学生创造可亲身感知的体验。在互联网高速发展的今天，大量使用方便的沉浸式体验工具可用来为学生创设学习情境。例如，教师可利用 AR/VR 技术为学生提供沉浸式学习情境体验，特别是日常生活中学生难有机会感受和体验的情境（如海洋环境情境、异国文化情境等），帮助学生根据情境要求，更好地提出解决方案、完成设计等。

丰富的学习情境能促进学生对知识意义进行主动的意义建构，促进学习能力的提升。教师在设计学习环境时，不能忽视学习情境的重要作用，要以多种方式为学生提供尽可能真实的情境，以及多感官参与的学习体验。

38 什么是应知应会清单？应该如何使用？

PBL 项目开始时，教师可以引导学生进行情境真实的项目导入活动，引出关键内容，帮助学生丰富对项目背景知识的了解，进入 PBL 状态。好的 PBL 设计就像一场师生共同参与的探秘寻宝游戏，游戏以学生现有的知识和技能为起点，破解项目导入活动引发的一系列谜题，进而掌握课程标准要求的必备知识与技能。学会破解谜题必备的知识和技能就变成了学生自主寻找答案必须经历的学习过程，当知识和技能的线索逐步增加时，牵引着学生向前走的问题就逐渐被解决，学生的成就感也不断增强。因此，PBL 很自然地将知识、技能的获取与学生的好奇心、需求联系在一起，增加了学生的参与度，使得学生变被动为主动，成为知识和技能的寻求者。

教师要对谜题和解谜过程进行清晰的规划，需要使用应知应会清单（以下简称"清单"）。清单应该以便于修改的大开版形式呈现，保证所有学生都能添加和修改内容，其理想的位置是教室中最容易看到的开阔墙面。清单既是一个包含学生问题和学习这些问题进程的实体清单，又是一个管理 PBL 进程的好工具。清单中清晰地列出学生已知的内容、需要知道的内容和下一步的探究方向和计划，可以帮助学生清晰地跟进探究过程。在清单中，教师可以引导学生在表格或数字文档中有计划地分类列出每一次梳理学习线索时所得的知识、技能，列出需要探索的子问题，清晰地展示思考的过程和下一步的计划。此外，在清单中，不仅要列举学习问题，还应列出学习过程、学习产品中应知应会的知识和技能。表 38-1 中是"减少碳足迹"学习项目中学生列出的应知应会清单。

表 38-1　"减少碳足迹"学习项目中的应知应会清单

已经知道的	需要知道的	下一步行动方向
• **内容** "可持续发展"的含义 "碳足迹"的含义 数学四则运算 • **流程** 小组分组完毕 有垃圾分类和处理方面的专家提供帮助 • **产品** 利用展示板进行公众陈述	• **内容** 各种交通工具的碳排放量 各种食物的碳排放量 运用折线图和柱状图表示数据的方法 研究动物保护的问题 • **流程** 查阅学校图书室有没有关于碳足迹的学习材料 确定是否要进行实地考察 确定负责购买展示板和相关制作材料的人员 • **产品** 制作碳排放公众宣传手册	• **内容** 查找资料，找出交通工具和食物的碳排放量 学习折线图、柱状图的制作方法 • **流程** 计划和制定探究时间线 • **产品** 形成调研报告 制作宣传资料

应知应会清单的制作和填写需要师生的共同努力。师生可以遵循以下步骤。

第一步，体现教师对项目设计的构思，融入课程大纲的要求。 在"需要知道的"一栏中，教师分享驱动性问题和提供项目信息表，确保学生能够提出关于关键知识、技能的问题。教师需要依据课程标准的要求将在本单元必须教授的关键知识、技能与激发学生思考的导入活动结合起来启动项目，以期学生能够在项目中提出好的问题。

第二步，引导学生回忆已了解的该项目的知识。 在项目导入活动过程中，教师要引导学生在"已经知道的"一栏中填写已经掌握的知识和技能。这个过程也是在全班范围内集思广益的过程。如果班级学生人数较多，为保证记录和填写的清晰度，教师可以安排学生以小组形式填写和汇报，再汇总到班级总表中。当填写完成后，教师可以引导学生从已经掌握的知识出发，引发学生关于项目下一步的思考，即"还需要做什么或了解什么才能够完成这个任务"。同时，给学生留出充足的思考时间，提供小组的讨论时间，注意此时小组人数不要过多，目的是让每个人有充分的思考和表达机会，激发学生产生新的想法。教师需要保持高度的敏感性，善于捕捉学生的关键词汇，以学生式的语言向学生提问："你对这个话题已经了解了多少？""你有什么技巧可以帮助完成任务？"学生可以通过便签或带有数字便签的虚拟公告板，随时记录自己的问题和思考。

第三步，对接学生的"已知"和"应知应会"。 在填写"下一步行动方向"时，学生应清晰地理解自己真正需要知道什么，并以此为参照，明确所提出的问题和要求达到的目标，制订计划，实施行动，同时寻求资源、在线开展搜索和询问等。

第四步，保证清单清晰可见，随时可改。 教师要督促学生依据学习进程和项目需要时时调整清单内容，体现项目进展。

对于清单中"需要知道的"一栏列出的问题，教师可以根据问题的难度或有趣程度、有价值程度进行排序，帮助学生从易到难地解决问题，也为学有余力和有兴趣进一步研究的学生提出更高目标，指明探究方向。此外，由于项目问题的开放性特征和学生小组对探究过程、方法、工具等可以进行自主选择，不同小组学生遇到的问题也会有所不同，教师要注意将新问题体现在清单中，创造共享学习的氛围。

39　如何进行 PBL 进程管理？

与传统教学不同，学习进程管理是 PBL 过程中的重要部分。由于项目式学习具有过程相对较长、学习流程步骤较多、探究过程充满不确定性、各学生小组的学习进度各异、项目方案设计各不相同等特点，许多教师发现跟踪不同学生在项目中的进度对教师的教学组织构成不小的挑战。

从需要进行管理的内容来看，学习进程管理包括项目管理、小组管理、学生时间管理、考核评价管理和项目反思管理。具体教学实施过程可以采用的方法如表 39-1 所示。

表 39-1　学习进程管理类型及策略

管理类型	管 理 策 略
项目管理	• 学生在项目开展初期阅读项目式教学的评价标准，确定实际学习目标 • 教师组织座谈会与学生讨论，以确保满足学生的求知需要 • 将所要完成的项目拆解为精细化、小的任务 • 使用思维导图对项目流程进行拆解
小组管理	• 创建小组公约，小组公约由学生创建，目的是让学生增强责任感 • 按固定频率进行小组讨论，讨论项目进展 • 每个项目要进行组内的 2～3 次的写作评估 • 各小组完成项目的工作日志 • 组间互相评价彼此的作品
学生时间管理	• 使用项目进度图让小组在工作过程中相互配合与衔接 • 学生使用任务清单或其他工具记录项目截止日期 • 使用任务清单和组间评审确保项目按计划进行
考核评价管理	• 学生需要在项目进行过程中检查自己的成绩 • 教师需要在项目进行过程中给予学生对项目知识内容和技能的反馈 • 学生在开展项目的过程中要阅读项目评分表

续表

管理类型	管理策略
项目反思管理	• 在开展项目的过程中和项目完成后，教师要组织学生评估项目的完成情况 • 学生完成项目后，需要评估工作的完成状况，了解当前的优势和劣势，以确定下一步的改进措施 • 学生通过反思，确定当前问题，以及在下个项目中如何改进

在设计和开展项目的过程中，教师要善于利用工具进行 PBL 进程管理，为学生提供 PBL 导航，增强他们的项目开展能力，帮助学生成为自主学习者。这里将介绍三种方便教师进行 PBL 进程管理的工具。

（1）**达标检查表**。表 39-2 所示为达标检查表。项目的进程就像一些游戏中的进度条，达标检查表帮助记录项目进程中的重大事件完成点，类似于游戏中的存档点。学生小组在每个检查点提交当前所完成的项目任务，获得反馈，以便调整行动方向，完成最终产品。在项目进行中，不同小组在不同时间处在不同阶段。教师可在达标检查表中设置完成标准，并以便利贴标记。只有当教师检查完学生项目进度并获得批准后，学生才可以移动便利贴，在项目进度条中前进。

表 39-2　达标检查表

活动类型	学生姓名	头脑风暴环节	项目材料准备	课堂讨论参与	学习档案写作	展示会	专家互动	公开演讲展示	项目结项反思	备注

建议使用在线编辑文档建立达标检查表，方便经常修改、查看和确认。所有参与同一个项目式教学的教师都有编辑此表的权限，而学生仅有查看权限。如若学生团队出现需要特定科目教师支持或协助的情况，也可由项目主管教师在表中标明。

（2）**代办事项清单**。教师可使用日程清单类 APP 来帮助管理学习项目。在每一节项目课或每一个子项目中，教师可以利用日程清单类 APP 或与学生共同使用计算机中自带的贴纸功能，以课或子项目为单位写下小组必须完成的任务。在每一个学生小组中指派一名负责向教师汇报项目进度的同学，帮助教师划除待完成任务，方便小组和教师管理项目进度。

（3）在线表格和在线问卷调查表。随着网络和信息技术工具的普及，越来越多的学生在学校或家中使用计算机及文档编辑工具。一些在线表格工具都可以在项目管理中发挥重要作用。在有条件的地区，教师可以在教室中引导学生记录小组成员名单、使用在线文档编写小组合作准则、以考勤表的形式跟踪学生的项目参与情况，或快速收集学生信息等。在线文档具有全体可见、可编辑特征，也可以用来作为反思写作的工具，帮助学生和教师分享学习经验。

管理项目虽然是教师的职责，但随着学生学习经验和管理经验的增加，教师可以考虑让在以往项目中管理能力突出的学生负责全班各小组进程的跟踪、记录和管理，将项目管理的责任逐渐转移给学生，利用 PBL 培养学生的项目管理能力和领导力。

40　PBL 课堂中可以使用哪些教学策略？

教学策略是在一定的教学目标下，在特定的教学情境中，为完成特定的教学任务而产生的，包括教学活动中方法的选择、材料的组织、对师生行为的规范等 [1]。传统课堂中的教学策略较为单一，多是教师讲授、学生听讲并自行内化知识。而在项目式教学中，教学目标的多元化促使教师需要考虑运用不同的教学策略来促使达成教学目标。笔者将为教师提供以下可考虑在 PBL 课堂中使用的教学策略，从教学的具体目标与任务、教学内容特点、学生的实际情况、教师自身的学科素养、教学策略的适用范围和使用条件，以及教学时间等方面为教师提供参考。

---

[1] 和学新. 教学策略的概念、结构及其运用 [J]. 教育研究，2000(12): 54-58.

（1）**主动学习**。主动学习是一种宽泛的教学策略，许多 PBL 策略包含于其中。主动学习就是学生在学习时要思考自己在学什么，即要求学生在学习内容和技能的过程中不仅关注学习内容，也重视构建知识和理解知识，以发展高阶思维。学生对自己正在学习的内容以及对学习方式的反思是帮助他们走向成功必不可少的要素，主动学习的最终目标是将活动与学习联系起来。

（2）**归纳学习**。归纳学习是通过实例和观察进行学习的过程，即学生从一组观察到的例子或教师展示的案例中得出一般规则、概念、原则、原理等。PBL 采用案例研究、系统思想分析、及时教学等方法，使学生有机会了解概念或原则在实践中的发生方式，帮助学生更好地理解构建规则或课程的通用原则。项目式课程的灵活性允许教师以展示事物特定发展阶段的形态，来引导学生进行归纳学习。

（3）**反向教学设计**。反向教学设计的概念在本书第 12 问中已做过介绍。反向教学设计为 PBL 提供了规划框架，帮助教师从教学的总体目标、教学模块目标到学习评估方式等反向开展设计，最终通过设计一系列教学活动来帮助实现这些目标。项目式教学需要达到的知识目标、技能目标和情感态度目标是学生应该取得的学习成果，学生应具备相关的能力，从这个目标出发，大到一门课，小到一节课，每个教学环节都要有明确的目标。在不同的教学阶段，教师可以将短期活动与长期目标和学生表现相结合。项目式课程的进展结果或许不会以可预测的方式连续产生，但是教师可以通过课程、问题和目标导向的作业来规划进展。

（4）**实践活动**。项目式课程在整个教学过程中常整合一系列实践活动，为学生创造体验式学习机会，目的是让学生能够以不同方式发现和理解问题。在这些活动中，学生可以积累与课程主题或项目问题相关的直接经验。例如，如何让鞋子更加合脚或解决远距离运送水资源面临的问题，这些经验使得学生主动对问题进行反思、讨论、分析和评估，以指导他们下一步的活动。

（5）**触觉参与**。许多体验活动都涉及触觉参与，学习过程主要有绘画、建造、创造性地摆弄物品、操纵相关要素等。在 PBL 中，这样的学习体验容易被感知，驱动性问题的设计也相对容易。例如，在教授食品保存和食品安全方面的知识时，教师通过为学生提供烹饪体验或产品设计体验来开展项目。

（6）**元认知和问题解决策略**。对具有固定解决模式的问题来说，可以从包括操作顺序、原则应用的学习手册中找到问题解决策略。但是，PBL 的突出特点之一便是解决结构不良的、非线性的、难以找到解决方案的问题。项目式课程需要教授这种解决问题的策略，而使用元认知的问题解决策略是 PBL 问题解决的最佳教学实践。具体做法是：教师鼓励学生尝试阐明原理和概念等，并提示学生他们已取得的成功解决问题的经验可能会对后续的问题解决起到关键作用。当学生通过示范操作或以图示分享解决方案时，他们就会对自己充满信心。教师还可以通过建模的方式来帮助学生寻找解决问题的策略，而不直接向学生提供答案或提出指导性问题。

（7）**及时教学**。及时教学就是要抓住可教的瞬间，为学生答疑解惑，帮助学生突破瓶颈，顺利推进学习进程。在学生进行小组合作时，常常出现由于缺乏特定主题的知识，或缺乏某种学习工具的使用技能而陷入学习困境的情况。例如，一位教师在指导学生学习景观设计的保水性原理时，发现大多数学生不了解土壤类型与排水能力之间的关系，该教师立即在课堂上集中讲授相应的内容，以为学生提供及时的支持。

及时教学还体现于不在不恰当的时机给予学生太多信息。例如，有的教师习惯于在项目开始前带领全班同学朗读所有的评价标准，以期帮助学生熟知标准，明确学习目标。评价标准教学时机和使用时机的错位极易造成学生理解脱节，且朗读浪费了大量时间，学生需要运用标准时已经难以回忆标准中所规定的内容。因此，及时教学应该表现为在学生最需要接收某信息时为他们提供。

（8）**引导发现学习**。PBL 的基石是好奇心、批判性思维和解决问题之间的特殊关系。通过教师的学习指导，学生能发现这些要素之间的联系。发现学习是要促使学生在教师解释内容之前，就能在学习材料中构建知识框架，并在学习过程中不断探索和练习解决问题的能力。通过边做边学的练习、体验式学习和触觉参与练习的结合，为学生提供丰富的学习体验、反思，并向小组成员传播他们学到的知识。例如，在天文学课程中，教师要求学生推测如何使用物理模型和光源来解释月相的变化，学生小组就发现地球投到月球的阴影导致的是月食现象，而非月相的变化。

以上教学策略有各自的功能、特点以及使用范围，而且各有局限性。为了更好地完成教学任务、达成教学目标，教师应随教学的进程、环节及具体情况的变化，灵活使用各种教学策略，最终实现课堂目标。

41 开展 PBL 时有哪些好的课堂活动可以参考？

　　课堂活动是课堂教学的重要组成成分，为了赢得学生的欢迎，教师一直十分重视课堂活动的设计和开发。设计形式多样的课堂活动，可以让 PBL 教学的课堂充满活力，让学生在活动过程中获得知识、提升能力。同时，教师运用有趣的课堂活动可以在一开始就吸引学生注意力，并让他们全神贯注、积极主动参与学习。由于一节课只有 40～50 分钟，好的课堂活动不仅要调动学生的好奇心、参与课堂的积极性，还要做到时间短和内容精。所以教师在备课的时候应围绕课堂内容精心设计。表 41-1 所示为课堂活动表。

表 41-1　课堂活动表

课堂活动名称	具 体 做 法
配对思考和分享	教师可以围绕学习主题设置问题，并且让学生配对（两两配对或分成若干小组）。给每对/组学生足够的时间，让他们围绕教师设置的问题充分交流，并得出正确的结论，鼓励学生分享他们的结论、表达观点。这样的课堂活动安排，可以使学生全身心投入、交流并记住课堂内容
重新配对	在"配对思考和分享"之后，教师可以要求学生找到一个新伙伴或新小组，将旧伙伴的智慧分享给新伙伴
头脑风暴	教师以班级或小组为单位，向学生抛出一个概念或问题，并鼓励学生勇敢表达自己的想法。头脑风暴有助于学生学会合作，相互学习彼此优点
分享智慧	在个人头脑风暴或创造性活动之后，让学生结对分享他们的思考成果。然后，教师邀请学生介绍同伴的观点。教师也可以鼓励分享的学生分享自己的学习成果，促进相互学习
班级辩论	教师将班级分为两方（如正反两方），两方的观点必须是对立的。教师抛出若干问题，让两方同学辩论，每人只能发言一次，但每人都有机会表达自己的想法

课堂活动名称	具 体 做 法
同学互评	在学生完成书面作业后,鼓励学生与同伴交换阅读。交换阅读后,请学生写出三段式评语:文章的优点与问题,同学互评的标准,修改时关注的内容
叮咚游戏	叮咚游戏可以用于练习语言表达等。例如,在语言表达练习中,教师可以这样设计:①教师准备好游戏的表格,给每个同学发一张;②教师说清楚游戏规则,要寻找的格式是横排、竖排,还是斜线;③教师开始报单词;④最先找到由单词组成图案的同学大喊一声"叮咚"即赢得比赛
案例学习	研究案例可以为 PBL 提供有价值的信息,因为它可以将新学习情况与现有条件联系起来。在 PBL 课程中,教师可以抛出相关的例子,带领学生一起研究,尝试让学生扮演决策者的角色,并根据现实世界的后果权衡他们的潜在选择。案例学习不仅可以活跃课堂气氛,还增添了项目的真实性

　　课堂活动的运用不只是为了活跃气氛、增强学生的课堂参与感,更是将活动作为帮助学生理解学习内容、提高学习技能的学习脚手架,以寓教于乐的方式改善学生学习质量,提升学习效率。在选用或设计活动时,应坚持"以终为始"的教学设计,优化课堂,保证学生适度的自主权,让学生获得成长体验,构建师生学习共同体,达成课程目标。

42　有哪些好的展示项目成果的方式?

　　项目成果的展示形式固然重要,但项目成果与现实世界所要求的成果的一致性,才是项目式教学追求的目标。设计项目的目的决定了项目的发展方向,而实施项目的对象与现实世界是否一致,决定了学生在项目中的获益程度。在计划项目成果展示时,教师可以从两方面进行思考:一方面,思考项目的主要实施者是学生个人还是学生团队，成果是采用差异化呈现的方式还是相同的呈现方式；另一方面，需要考虑项目产品是否符合项目设计的目的，同时仍需要考虑项目产品与现实世界的一致性。这里项目式的最终目标是解决现实问题，并制作可行方案。这给了教师明显的设计成果的提示，即在现实世界中，人们面临相同的问题时会采用什么样的解决方法和策略，并以什么方式呈现方案。教师切忌陷入"学校作业"的陷阱中，即为了给学生布置作业而创造教学活动，而非考虑作业的真实性。例如，在现实世界中，科学家不会制作一本宣传环境法规的小册子；历史学家不会用拼贴画来评估战争是否合理；活动家或游说者不会写一篇短文来为问题的解决方案进行辩论。

PBL 最终的成果是公开的，即学生除了面向同学和教师报告和展示外，还要面向真实的社区、社会公开展示自己的成果。公开展示自己的作品不仅可以让学生更有学习动力，让学生再次回顾项目历程，促进学生反思，让所学的知识变得可视和易于讨论，而且让整个项目更具真实性。

PBL 的最终成果是多种多样的，可能是某一问题的解决方案，可能是有关某一方面的网页设计，也可能是一项小的科技发明。在互联网背景下，PBL 的成果形式更加丰富多样，如 PPT、电子宣传海报、3D 模型、实验视频、项目 Vlog、微电影、情景剧、设计方案等。学生在灵活运用多媒体技术的同时，形象直观地把自己的成果展示给观众，也提升了自身的信息素养。因此，在作品制作环节中教师需要提供便捷且合适的信息技术工具，指导学生综合利用多种媒体技术按解决方案制作出优质的项目成果。教师指导学生将学习成果发布到网上，并鼓励学生对学习成果进行相互学习、交流讨论，从而促进学生对学习过程反思。教师应鼓励学生充分利用互联网平台实现多元 PBL 成果展示。此外，教师也可以让学生通过报告会、海报绘画、答辩会、真实模型制作、角色扮演、作品展览等方式展示成果，在展示中阐明解决问题的依据以及自己的 PBL 心得，从而提升学生的协作交流能力、创新思维、批判精神以及实践能力。为帮助教师选择适合学生的学习成果展示形式，表 42-1 列出的展示形式可供教师参考。

表 42-1　学习成果的展示形式

展 示 形 式		形 式 举 例	优　　势
书写记录类	短篇	写个人日记、创作项目主题歌、设计小测验、编制顺口溜、制作主题信函	培养学生阅读、写作和数学三大核心素养，特别是应用文体的阅读与写作能力
	中篇	① 写活动记录、写小组日志、设计教案、创建照片日志等 ② 写实验报告、指导手册、请愿书、提案、社论、脚本、书评、培训手册、数学 / 工程分析	
	长篇	① 写博客、微信公众号推文、剧本、诗集、新闻报道、书（传记、短篇小说、小说等） ② 设计研究报告、产品提案、业务计划、项目管理计划、投标计划，制作商业计划书、时间表、流程图、评估表	
设计制作类	手工制作	① 制作宣传活动海报、手抄报、活动展板、拼图、名片、电子类传记 ② 设计模型、创建艺术展、摄影、雕塑、手工制作工艺品 ③ 创建故事板，制作工艺陈列柜、手工包、围巾、木制工艺品等	① 锻炼、提升学生信息、媒体素养 ② 培养学生的设计思维、动手能力
	电子制作	① 制作视频教程、音频、网站、3D 模型、微电影、项目 Vlog，创建电子杂志 ② 编写和录制儿童节目或电影、纪录片等 ③ 制作棋盘游戏、设计逃生室、创建广告牌 ④ 制作概念图、明信片，创建小小博物馆，设计和制作贺卡	成果实体化程度高，带给学生的成就感、满足感高
	建筑	设计小型建筑类模型、消费品、机器车辆，设计科学仪器博物馆展览结构、花园 / 景观设计	
汇报表演类	单向输出	设计汇报 PPT、演讲、诗歌朗诵、小品、情景剧、独白表演、戏剧场景、艺术表演、播报新闻、公益演出、广告设计、创意推销（舞蹈、歌曲等）、服务活动	① 提升学生的沟通交流能力、语言表达能力和学生小组成员间的亲密度，以及合作能力 ② 直接面向观众进行产出，可获得真实的观众反馈
	信息互动	答辩会、角色扮演、组织辩论、组织模拟审判、小组讨论、组织并主持游戏表演、组织社区活动	
	媒体技术	录制音频，设计绘画图形，制作剪贴簿，展览视频，设计动画网站、计算机程序、应用程序、数字故事，组织漫画社交媒体活动	

43 如何让学生更真实地汇报学习产出？

汇报学习产出通常发生在学习阶段或项目的末尾，汇报的内容涉及学生对真实项目和现实问题的探究过程、探究方法、探究结论及其他学习成果等。要使汇报具有真实性，应做到以下三点。

- 观众真实，即观众是与此问题相关的社区居民、利益相关者、行业从业者和专家等。
- 形式真实，即与行业专家、学者和从业者做工作汇报时的形式高度相似（详见本书第 44 问）。
- 反馈真实，即对学生的汇报提出中肯的意见和有建设性的建议等（详见本书第 67 问）。

本部分重点介绍如何在汇报时做到观众真实。将学生与真实观众联系起来是推动参与 PBL、帮助学生将所学知识与现实世界联系起来的关键。与真实观众联系的方式不但包括组织学生与真实观众面对面交流，如邀请专家来担任学生 PBL 的导师等，还包括利用社交媒体等在线平台来宣传和展示学生成果，让更多的读者和观众看到学生产出的成果。学生利用数字化工具使他们能够与教室之外的人们分享自己的成果，成果的公开也使得学生不断优化自己的成果，这样，学生的创造力也能不断提升。这些与真实观众"面对面"的机会不但能打开展示与反馈渠道，让学生参与更真实的 PBL 过程，还能让学生真实地体验自己作为社会生活的参与者，应如何为参与解决未来社会中的问题做好准备。

吸引真实观众与学生学习成果互动也是一个在社区中和在社会上带动更多社会成员关注、解决当前问题的过程。在校学生是社区和社会的未来，由他们发起的对项目的思考和探究是提升全体社会成员的问题解决能力和探究能力的重要基础。在学生与真实观众的互动中，真实观众不但能基于对项目或问题的关注，为学生提供中肯的评价，还能让教师和其他教育实践者从中受益。

那么在实际教学中，如何找到并邀请真实观众参与学生的项目报告呢？教师可以考虑让学生从邀请自己身边的人入手，想一想谁愿意倾听他们的成果，并提供有建设性的指导。例如，三年级的学生想要在学校建一个游乐场，那么，他们的真实观众就是校长、教导主任等；如果学生想提高自己社区的垃圾回收效率，那么，学生就需要与社区负责人沟通，表达自己的想法。

教师和学校可以通过多种方式帮助学生吸引真实观众参与他们的学习汇报：①通过校园内的学生作品展示栏、黑板报等向全年级、全校师生展示作品；②通过举办学校或社区范围内的学生电影节、发明大会、科技周或诗歌朗诵等活动，吸引观众参加，展示学生项目；③组织业内专家参与学生竞赛的评审工作，鼓励学生通过竞赛提交项目作品，让学生的作品有机会得到权威专家的评估和反馈。

真实的观众可以帮助学生将他们在课堂上的学习活动与现实世界联系起来，也可以帮助学生获得认同感。教育者了解校园生活，了解教师和学生的日常，而社会上各行各业的人深入学校，与学生建立联系，则可以让更多的人懂得学校在社会上扮演的角色，理解支持教育发展的意义以及领悟到教育的责任。

44　如何引导学生完成优质的项目口头陈述报告？

口头陈述报告是培养学生口头表达能力的重要手段，也是一种形成性评价方式。作为学习成果的展示方式，口头陈述报告可以在 PBL 的不同阶段展开，而在不同 PBL 阶段、针对不同学习任务进行的口头陈述又可以成为学习脚手架，为项目结束时完成总体项目口头陈述报告奠定坚实的基础。口头陈述报告的内容针对所学的知识、所探究的问题，作为引导学生进行学习过程反思后的形成性评价，帮助学生学会更有效地总结学习方法。

学生在口头陈述报告时，教师的引导作用非常重要。为保证口头陈述报告的高质量开展，教师可以从以下方面为学生提供支持：报告前的设计与准备、报告内容和形式的组织、报告过程的技巧、报告后的反思。

（1）告诉学生口头陈述要准备什么。口头陈述不仅是学生制作项目产品后的简单汇报，也是体现他们学习成果的方式。口头汇报应该包括，但不局限于以下内容：

- 项目中学习到的学科新知识；
- 计划、组织和实施项目的过程；
- 学生的学习、探究方式；
- 小组成员的分工方式、合作方式；
- 各小组成员所做的工作及其对小组或项目的贡献；
- 项目实施期间遇到的问题，解决这些问题的方式；
- 在项目中得到的最大收获。

为了促进学生反思，教师也可以要求学生陈述以下内容：

- 如果他们有机会再做一次这个项目，小组会做哪些改变；
- 在进行下一个项目时，小组会如何开展项目探究；
- 如果有更多的时间（一天、一周、一年），他们会对产品 / 想法 / 设计做什么改变。

（2）注意引导学生用多种报告形式。引导学生不要把每一次的学习报告都做成口头报告或多媒体幻灯片的形式，还可以使用手抄报、黑板报、公众号文章、视频、模型等形式。同时，还可以引导学生把学习成果展示和学习方法、学习心得展示分开。例如，学生说"这次收集到的信息是通过查阅图书馆资料和与专家聊天得到的，但通过搜索引擎查找关键词可更快获得信息"。引导学生报告"怎么学的""怎么做的"特别是如何克服困难，如何达成一致等。

（3）强调汇报过程的要点与技巧。教师要强调口头陈述过程中学生需要注意的事项，如学生要提出开放式问题，以便小组进一步讨论。教师应倾听学生的反馈，了解学生从参与项目中获得了什么，这是未来做好项目的关键环节。当学生口头陈述时，教师要在学生表达自己的想法时，写下他们共同的问题和想法，以便于分析，得出结论，并进一步引导。

（4）引导学生反思。口头陈述中的反思包括陈述人反思和听众反思。陈述人反思内容已在前文做过介绍。若考虑提高反思质量，教师也可以要求陈述人在口头陈述报告之前，完成一份书面的自我评价来促进其对学习过程及产出的反思。此外，学生听众要为陈述内容和陈述方式提供反馈，也要分享观察、反思、倾听过程中产生的想法和他们学到的内容等。在陈述结束后，教师可以要求学生听众反馈以下内容：

- 项目中学习到的学科知识；
- 有效的口头陈述策略；
- 所运用的技术工具是否达到了支持陈述效果的目的等。

　　口头陈述报告需要学生对所学知识、所学技能进行综合运用，并以面向公众的口头表达形式输出，对学生的要求较高，具有一定难度。对 PBL 经验较少的学生，教师应多关注汇报的全面性，而非每一块汇报内容的丰富性，先帮助学生建立对口头陈述报告的全局意识，树立信心，再帮助学生打磨汇报内容，提高质量。

45　如何提高学生学习成果的质量？

　　PBL 的成果是学生阶段性地展示其学习产出，或在项目结束前夕面向公众展示的学习成果。学习成果虽通常出现于项目各阶段的结尾，但其质量的高低并非只由学生在最后阶段的学习表现决定，而是与 PBL 各个阶段都息息相关。若要从整体上提高学生学习成果的质量，教师可以用以下四个问题来检查教学流程中的关键点。

　　问题一：是否为学生提供了清晰的项目评价标准和学习成果范例？

　　对 PBL 经验不丰富或年龄较小的学生，教师仅通过向学生口头宣读评价标准较难帮助学生达到学习成果标准。即使将评价标准打印出来，发给学生放在手边时时参考，学生也极易将标准作为一个完成清单，而不是真正按照标准中的质量要求来完成学习成果。因此，笔者建议教师：①在项目开始时为学生提供纸质版的评价标准；②强调这个标准就是评价学习成果的最终标准，并花一些时间，简要为学生介绍这个评价标准将从哪些方面对学生学习成果进行评价；③如教师有往届学生完成的成果，可以挑选 1～2 件来使用该评价标准进行评价，确认学生对质量标准有更直观的理解。对那些已有一定 PBL 经验的学生，教师可和学生一起制定评价标准，帮助学生深入了解评价标准。

　　此外，在有条件邀请校外相关行业专家入校进行教学指导的学校和地区，教师可以根据学习成果的类型邀请不同专家到课堂上或在线分享行业内的评价标准。例如，邀请建筑设计师分享建筑设计中的测量验收标准，请图书编辑分享图书出版前的审稿验收标准等。

问题二：项目的各个阶段是否包含有效的形成性评价活动？

形成性评价活动是 PBL 各个阶段不可或缺的教学质量检测工具（详见本书第68 问），有助于学生及时在学习中查缺补漏，更有助于教师调整下一步的教学重点。因此，教师要确保在项目进程中提供形成性评价活动，并提示学生根据反馈做出调整。例如，在完成学习成果的初始、中期至项目结束前阶段，教师可以组织学生进行组间参观，邀请学生以小组为单位，相互观摩作品，以项目评价标准为依据，为其他小组提出改进意见。这个过程不但能促进学生之间互相学习、提高自身作品标准，更能深化学生对评价标准的理解，指导学生下一阶段的成果制作。

问题三：教师是否为学生预留充分的时间完善、打磨学习成果？

很多时候学生成果不尽如人意的原因是，没有足够的时间来根据反馈意见完善、打磨他们的学习成果。特别对于第一次进行 PBL 的学生来说，由于他们对学习流程不熟悉、动手能力不强等因素，完成学习成果的制作需要相当长的时间，这时要求学生完善、打磨学习成果几乎必然导致项目超时。对于 PBL 新手学生，教师需要适当降低标准，在后续项目式教学中注重提升学生的动手效率。而对于有一定教与学经验的师生来说，学习中的时间冲突依然存在，但主要是课堂讲授时间与学生动手完成作品之间的时间分配问题。教师安排多少时间讲授、多少时间由学生完成作品，这是个需要师生之间通过不断磨合来找到最佳平衡点的过程。

问题四：学生是否有充足的学习动机来完成高质量的学习成果？

虽然 PBL 主要依靠课堂上的时间完成，但高质量的学习成果也离不开学生在课下完成资料收集、讨论前的充分准备等环节。因此，学生愿意为学习成果投入多少时间和精力也与所探究的问题是否与学生生活息息相关、驱动性问题的答案对学生来说是否重要等因素相关。只有学生愿意为学习成果花时间，他们所提交的成果才不只是一个简单的作业，而是可能对现实世界产生重大影响的成果，只有高质量的成果才能给人们留下深刻的印象。

此外，PBL 过程也是一个像专业人员一样工作的过程，教师还可以引导学生观察他们的父母和其他长辈如何对待他们的工作，鼓励学生像他们的长辈一样，运用专业、严谨、追求卓越的精神对待学习成果制作。

46 为什么项目式教学强调教师对项目的反思？教师如何进行 PBL 反思？

教师虽然很难抽出时间来反思教学中的每一个项目，但这一步是教学设计的关键部分。因为项目式教学是一个持续的过程，每个项目结束时进行评估有助于教师确定哪些部分（如课程设计、活动、流程、教学方法，以及解释知识点的方法）对学生更有帮助，并确定在下一个项目的设计和开展过程中需要改进的地方。反思的过程是一个不断迭代当前项目设计，为以后的项目设计、教师发展等多方面不断蓄力的过程。PBL 反思是多种多样的，为了方便教师找到适合自己的反思步骤，下面介绍一种可供教师参考的反思步骤。

第一步：庆祝。 每一个教学项目的完成都饱含着师生共同贡献的时间和精力，每一次成功完成项目都值得庆祝。教师不妨在每个项目结尾花 15～20 分钟举行一场小小的结项仪式，让学生享受项目完成的喜悦与满足。需要注意的是，庆祝活动的意图不是要指出学生当前的不足，而是利用这段时间来和学生一起享受完成项目的喜悦，帮助学生总结学习方法，为以后的项目提供便利。此时的教师不是站在讲台上发号施令的指挥员，而是带领学生完成自己的学习模型构建，教会他们如何处理新的想法、信息和问题的学习导师。教师通过给学生提供思考的机会，让他们有能力思考，以助于其未来的学习与发展。

第二步：单独反思和评估。 教师需要问问自己这个项目是否能促进学生在学习上的成功。PBL 需要大量的课堂时间，这些时间投入是否可以从学生的学习、技能和表现方面得到回报？能用什么方法来衡量？教师可以逐一反思以下问题。

- 学生完成的工作是否帮助他们回答了项目中提出的问题？
- 教师能否改变任务 / 问题，使其更有趣 / 更具挑战性？
- 学生在学习过程中遇到了哪些问题？
- 学生是否缺少基础知识？
- 学生喜欢什么，不喜欢什么？
- 学校或社区是否对该项目感兴趣？是否可以考虑与社区开展合作？

教师也可参考图 46-1 中列举的八个常用的教学反思技巧。

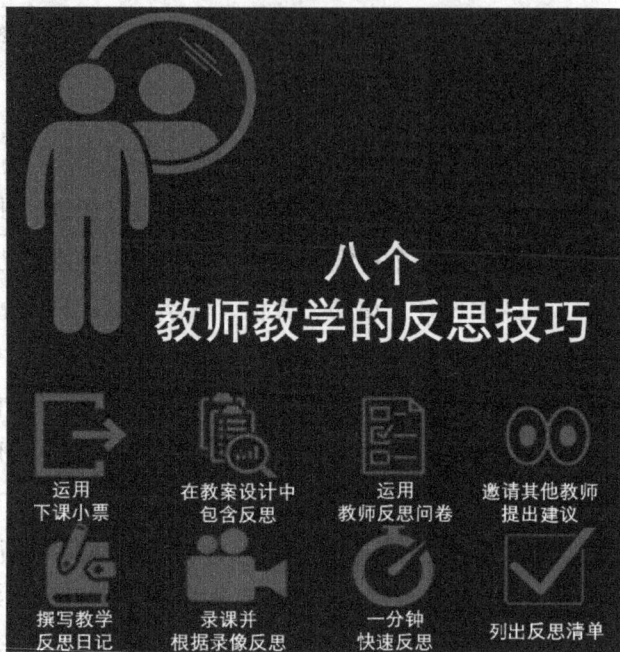

图 46-1　常用的教师教学反思技巧

第三步：征求学生反馈。 撰写学习报告是项目结束时必须完成的学习总结活动之一，但教师还应在学习报告提交后再花点时间，以聊天的方式听听学生对项目的感想和建议。教师可以从简单的问题开始，引导学生慢慢说出他们的真实想法，例如，教师可以问："下一次 PBL 时，还应该这样做吗？"这有助于鼓励学生说出他们认为教师应该对项目做哪些改变，让将来的课程变得更好。接下来，鼓励学生针对他们认为对学习至关重要的项目要素和阻碍教学开展的要素进行具体反馈。第一次反馈时，学生可能无法提出具体的问题，教师不妨把自己认为可能成为问题的关键点提出来，问问学生能否帮教师找到好的解决方案。教师甚至可以尝试利用设计思维过程来引导学生反馈，让学生成为有效教学的合作伙伴。这个过程可以总结为如下内容。

① 提出问题：（教学过程中的某问题）是谁的问题？我们的目标是什么？

② 提出各种可能性：我们有什么办法来解决这个问题？

③ 创造：我们能创造出解决问题的方法吗？

　　第四步：对教学设计和过程进行改进。教师的个人反思和学生给教师的反馈将大大有助于改进教学，教师要有意识地总结并再次运用教学中进展顺利的部分，敢于面对教学中的不足。当全班同学一起回顾了课程所有可能改进的细节后，教师要列出自己认为再次实施项目式教学之前最重要的事。正如许多教师经常说的那样，项目式教学更关注过程，而非结果。

　　第五步：再次出发。反思和完善对于教学的成功实施是必不可少的，因此教师需要把反思作为项目式教学过程的一个部分。项目式教学是一次享受沿途风景的旅程，而非只注重最后的目的地。

　　PBL 反思步骤更像是一种教育行动研究，将当前的教学反思的成果运用于下一轮的教学当中，循环往复，形成闭环。教师和学生不断坚持反思，最终将会持续地改进教学。

47　如何引导学生进行 PBL 反思？

　　学习反思是学生对自己想法或学习经历的认真思考。对书本知识的反思能够帮助学生巩固所学知识，并思考如何将知识应用到项目以外的地方。对于素养培养的反思，则能够帮助学生内化这些技能的意义，并为进一步的发展设定目标。反思项目本身，包括项目的设计和实施，能够帮助学生厘清下一个项目需改进的地方，也能帮助教师提高项目式教学的质量。在 PBL 中，学习反思能为学生带来以下几方面的好处：首先，学生通过学习反思的过程可以体验深度学习；其次，反思的过程可以提高学生的分析技能，提升学生将新知识与先前知识和经验相结合的能力，帮助学生整合和建构新知识；最后，反思能帮助学生回忆和解释他们完成 PBL 的每个步骤，思考为什么反思活动本身能对他们项目的最终成果产生重要影响。

　　反思应该贯穿项目始终，而不只在项目结束时进行。教师作为 PBL 的总设计师，可以根据项目应知应会的问题（详见本书第 38 问），引导学生思考。学生的反思可以是非正式的个人思考，也可以是公开的、以小组或全班形式进行的思考。教师可以将学生的学习反思整合到教学设计中。教师可考虑采取以下策略。

（1）**一句话总结**：教师要求学生对所学内容进行一句话概括。这是一种快速且具有挑战性的反思方法，需要学生通过反思对所学的知识进行概括。学生总结的深度表明他们对主题或单元知识的理解程度，并为教师规划未来课程提供了方向。

（2）**一分钟作文**：教师向学生提出反思问题，请学生用一分钟的时间写下他们的回答。这种反思方法可以深化学生对学习主题的理解水平。

（3）**三分钟暂停**：教师在课堂中暂停三分钟让学生进行阶段性反思，有助于学生在联系个人经历的基础上进一步厘清所学的知识。教师可以将学生分组，给学生三分钟时间完成这项活动。学生先总结新学习的要点，再将知识与个人经历建立联系，最后学生提出问题深化学习理解。

（4）**下课小票**：下课小票是一种微型测验。在学生下课离开教室前，教师挑选 1～2 个课程中的核心知识点，请学生写出他们的答案。如在地理课或科学课学习太阳系相关知识时，教师可利用课堂最后三分钟时间，请学生画出太阳系各大行星的相对位置图。

（5）**反思日记**：反思日记是一种鼓励学生思考所学知识并与自己的生活建立联系的日记。如果学生不知道如何写反思日记，教师可以从以下几个方面进行引导：学到的知识、没有掌握的知识、同伴关系、我的个人成就等。通过阅读学生的反思日记，教师可以获得如何计划未来课程的信息。

（6）**自我评价**：自我评价是学生根据单元目标反思自己学习的一种方式。教师可以在学生自我评价的时候发放检查表或提出开放式问题帮助学生思考。学生的自我评价不仅为教师提供学生学习的相关信息，而且学生也可以利用自我评价意识到自己暂时的不足，并且在教师指导下专注于增强自己的优势，以及让学生努力地挑战自我，做最好的自己。

（7）**3-2-1 法**：3-2-1 法是一种可以让教师快速获取全班同学对单元知识理解程度的方法。教师让学生写下他们已经学到三个知识、与主题建立的两个联系和一个依然需要教师解答的问题。3-2-1 法不仅引导学生思考已学知识，也要求学生写出仍需解决的问题，引导学生持续探究，不断思考。

（8）**PBL 反思表**：PBL 反思表适合用在项目结束时，引导学生对个人学习表现和项目进程进行反思，如表 47-1 所示。

表 47-1　项目学习反思表

想一想你在这个项目中的学习表现如何，项目进展如何？在右边一栏写下你的观察、感受和思考。	
学生姓名	
项目名称	
驱动性问题	
列出项目的主要步骤	
关于你自己	
你在这个项目中学到的最重要的东西是什么	
如果给你更多时间，你希望在哪些方面多花时间，或者做到与之前不同	
你在这个项目中的哪一部分做得最好	
关于你的项目	
这个项目中最让你感到高兴的部分是什么	
这个项目中最让你感到不高兴的部分是什么	
为了让下一次 PBL 变得更好，你认为教师要在哪些方面改进	

　　反思不是一种高深莫测的思维方式，而是一种学生对自己所经历的学习过程、所完成的学习成果进行回顾和梳理的方式。教师要将反思营造成一种课堂文化，时时帮助学生"照镜子"，从整体上回顾、反思自己的 PBL 历程，提升学生的元认知能力。

48　如何撰写 PBL 报告？

　　学习报告是以文本形式呈现的、在学生学习之后形成的重要成果。PBL 报告是在项目结束时的一种写作反思作品，能帮助学生提升写作和思考能力，以及重新反思项目过程。学生以个人及小组为单位形成 PBL 报告，展现跨学科学习的成果，较好反映学习成效。针对 PBL 的不同类型，报告主要有调研报告、研究报告、实验报告、创新方案研发报告、工程项目报告等。通过 PBL 报告，学生能够反思 PBL 过程，为下一步学习提供帮助。PBL 报告具有极其重要的价值，是 PBL 评价的关键部分。

在引导学生开展 PBL 报告的写作时，教师要根据学生的年龄、写作技能水平和项目特征来设计。一般来说，在学生年龄较小、写作技能未得到充分锻炼时，教师要为学生提供学习报告写作模板，学生以填空形式完成。笔者从个人 PBL 报告和小组 PBL 报告两个层面，设计了 PBL 报告表，如表 48-1 和表 48-2 所示，为教师提供参考。针对较高学龄段、写作能力较强的学生，教师则可以为学生提供优秀报告范本，以及报告应该包含的要素、篇幅的规定等更笼统的写作脚手架，请学生以个人或小组为单位，完成完整的 PBL 报告。

表 48-1　PBL 报告：个人版

项目名称				
学生姓名			日期	
时间段	天		周	
我的学习目标	1.			
	2.			
我完成的任务	1.			
	2.			
我的下一步计划	1.			
	2.			
我最关心的问题	1.			
	2.			

表 48-2　PBL 报告：小组版

项目名称				
小组成员			日期	
时间段	天		周	
我们的学习目标	1.			
	2.			
我们完成的任务	1.			
	2.			
我们的下一步计划	1.			
	2.			
我们最关心的问题	1.			
	2.			

　　写 PBL 报告就是要写一份从经验到反思和提升的报告，通过回顾探究过程，记录项目的结果和解决方案，有时也要回顾探究中的错误和教训，有助于避免再次犯同样的错误。在开始新项目之前，教师可提醒学生查看和分析以前项目的经验教训报告，温习前一个项目的学习所得，并记住不应再犯的错误。

49　如何谨防"PBL 疲劳"的发生？

　　PBL 疲劳是指在经历了几周（通常为 2~3 周）的项目式学习，项目进行到中期时，学生表现出的学习动力不足、课堂参与度不高、学习兴趣下降等现象。这种现象的出现符合一般的学习规律。若以一个学期为观察周期总结学生的学习状态，不难发现学生在开学时总是充满学习动力、干劲十足；到了期中、接近期末时则开始表现出疲惫、懒散、积极性不高等状态；而在期末冲刺阶段，教师和家长都鼓励学生铆足干劲，完成课程学习，因为学生大多在这时会感到疲劳。在开展 PBL 项目过程中，也会出现这样的学习疲劳期，这也是由学习项目结构特点导致的。

在项目启动阶段，教师和学生都对完成项目目标抱有高期望，信心十足，学生对项目目标和驱动性问题展现出极大的兴趣和热情。在一些项目中，与新的团队成员开展合作、对全新的问题开展头脑风暴等，这些新鲜元素无一不让学生感到兴奋。同时，在这一阶段，学生学习具体知识点、实践技能的任务较轻，项目还未对学生形成挑战。到了项目实施阶段，由于知识点、问题深度、实践技能等多方面要求的逐步增加，学生很容易在 PBL 过程中感受到无聊、冗长，甚至产生失败、失望等情绪。因为问题的探究过程通常是一个反复验证、迭代优化的过程，需要进行较长时间的学习、信息整理和分析，而这时往往是最容易产生疲劳的阶段。

因此，教师要有意识地针对这一阶段为学生创造意义感，让学生从实践中感到有所收获，而不至于对项目产生消极的情绪，进而帮助学生度过这段学习的艰难期。教师需要准确地判断学生的学习进度，同时还要提出更高的要求，以便提升学生的思维能力。在这段时期内，学生可能要花比项目启动阶段更长的时间完成相同的任务量，教师要能预见这种情况的发生。此外，学生还可能遇到其他的突发状况，如小组成员意见不合、任务无法按时开展等。因此，教师还要帮助学生度过这些情绪上的难关。教师可以采用设计思维的框架，帮助学生在经历了认识阶段（看、听、学）、探究阶段（问问题）和深入研究之后，动手设计产品，按计划实现自己的想法。此时，学生会重新进入好奇心驱动自己探索知识的状态中，继续开展项目。

在项目接近尾声时，教师应该尝试评价项目。同时，教师还要引导学生反思开展项目的过程，引发学生思考，进而进一步强化实践，促进学生完成最终的项目。项目的完成过程反映学生学习的实际状况和目标达成效果。

疲劳期是在较长项目开展过程中难以避免的阶段，教师要预设这种现象的发生，尊重学生的感受。在设计项目时，教师要注意把每一个驱动性问题向下细分为多个短期目标，并通过口头表扬、积分奖励、阶段性成果回顾等方式认可学生达成的阶段性目标，帮助学生克服对项目整体目标的畏惧心理。在较长的项目过程中，教师还可以考虑设置项目中期的休整期，在这段时期内不推进项目探究或完成任务，而是安排带领学生观看与项目有关的短片，或请相关专家到校或在线分享与项目有关，但不与所探究问题直接相关的活动，为学生提供接触新想法、新思维、看待问题新角度的机会。这些活动也有利于帮助学生克服中期疲劳。

PBL 引导学生观察、思考并着手解决现实生活的复杂性问题，在问题探究和解决过程中多涉及跨学科知识的获取与应用，因而会对学生的认知能力和水平形成一定的挑战。因此教师在推动 PBL 时，需要考虑到学生的认知负担，多给予学生鼓励和支持，理解学生的疲劳，帮助学生认识到中期疲劳可能是项目推进过程中的"老朋友"，鼓励学生之间相互打气、密切配合，获得共同战胜疲劳的动力。信心和动力是促进 PBL 完成的最佳保障。

学生在经历了长时间的脑力和体力的投入之后，难免会产生疲劳。在这段时间内，学生的学习效率和对项目的专注力会有一定程度的下降。因而，教师才需要采取合理的措施帮助学生度过项目学习疲劳期。设置项目中期休整期的方法可以帮助学生和教师淡化疲劳感所带来的消极影响，停工不停思，为学生完成项目赋能，帮助学生实现最后的突破。在最终的学习成果展示时，同伴的认可与积极的反馈有助于缓解学生的疲劳。

50　项目结束以后如何进行下一轮的连接？

复盘已完成的项目和整合资源，是下一阶段教学开展的关键抓手。项目的再次启动需要从经验反馈、项目设计关键要素的把握到主题选择、人员调配、核心团队建设、时间规划、任务设计等多方面综合统筹，推动项目的持续开展。

（1）梳理结果性反馈和过程性反馈。PBL 以学生分享学习经验、发表或展示学习成果等事件结束。我们推荐利益相关者共享成果，采用具有仪式感的总结方式，帮助学生明确完成项目的最终方式。积极的、有建设性的反馈有助于为下一次项目的顺利启动做好铺垫。当学生以圆桌会、成果汇报大会的形式开展分享时，教师要强调以分享推动反馈，以反馈推动改进。

项目式的过程性材料，即讨论结果、例会分享、简报、学生作品及材料记录等都是项目式经验反馈的原料。这些材料记载了在上一个项目实施期间，专家提供的关于项目的挑战、错误和矛盾的建议，以及出色的 PBL 教师形成的 PBL 经验和风格的过程，这对 PBL 的开展具有十分重要的作用。当学生完成一件项目，他们的收藏会在未来遇到具有共性的项目时展现出来。核心问题的破解方法和更新探索的能力有所提升。教师可以此为抓手，为 PBL 的接续发展，提供学生的实践预期。

（2）**汲取项目起点的关键要素。**PBL 的效果很大程度上依赖于项目情境的效果。事实上，一个与生活有关的真实情境，必然注重体现学生的认知结构、生活体验、心理经验、实践兴趣和知识上的科学性。PBL 开展过程的重点在于以此为切入点，以适合学生认知水平的内容，激发学生差异性的交流与思考，提供学生展示自己观点的平台，给予学生碰撞、验证想法的机会，确定措施，发展学生的技能，促进学生高水平认知的发展，实现概念的广泛连接与实际运用。

教师往往在向学生提供挑战的同时，也要给予学生接受挑战的力量，即将项目发展与学生发展相结合，强调关键目标与关键问题，通过再现项目的背景和环境，设置激发学生敏感性的文本、图像或事件，形成项目研究的线索，推动项目的开展。整个过程采用基于证据的研究方法，允许学生自主收集证据进行多角度解释，引导学生排除情境中无关线索的干扰，锻炼学生收集信息、辨别信息、使用证据、科学有效做出决策的能力，不断刺激学生进行新的研究，在不断探索中促进学生自我发展。

（3）**推进项目管理的系统化。**设计 PBL 是基于对学生先前知识的判断，以及对生活环境和学校所在地区的环境、政策的充分把握；而对于项目结构和功能分区进行设计、分析、评估、整合和审查等的关键性工作，建议教师与指导专家一起组成核心团队做出决策。核心团队中的每个人负责一个项目，依据 PBL 的框架，引领整个项目的开展。从主题出发，确定线索，引导学生收集信息、准备资源、优化方案，到项目服务，课程设计，资源库更新与构建，如补充讲座、实践课程、信息技术的学习等。随着 PBL 开展的规则和体系逐步成熟、完善，建议新手教师与 PBL 的开展共同成长，在参与项目管理、熟悉与不同学科团队合作的过程中，强调教学目标，促进学生对概念的理解与运用，推动项目实施的系统化。

统筹资源和系统化推进 PBL 的再次开展，要以总结共性和过程性经验为起点，将学生发展与项目开展融合，推进教师发展与项目研究共进，重视实用知识和技能的培养，突破项目式实施的难点，实现管理的系统化与教学的实效性统筹推进。

51　开展在线 PBL 需要注意哪些问题？

在线教育是指由相关教育组织和单位通过搭建在线教育系统，通过互联网技术开发和利用各种教育资源建构在线教育环境，并基于互联网信息传播为学生提供教育服务。在在线课堂中，教师通过音频、视频（直播或录播）以及包括实时和非实时在内的计算机技术把课程传送到校园外，这种方式是技术发展驱动的一种新型教育方式。相对于面授教育，在线教育可以突破时空的限制，提供时间、地点都更加灵活的学习机会，可以形成一种跨学校、跨地区的教育体制和教学模式，在大规模推广优质教育内容上具有独特的价值。

然而，项目式教学作为一种注重学生学习过程和体验，需要教师在不同阶段对学生反馈，以促进其改进的教学方法，既有对陈述性知识、理论性知识的学习，又有对学生探究能力、问题解决能力的培养，还要通过学习过程培养学生的学习能力和学习态度，如要通过在线课堂来进行项目式教学，则可以采用录播与直播相结合的设计思路[1]。具体方法和课堂流程如图 51-1 所示。

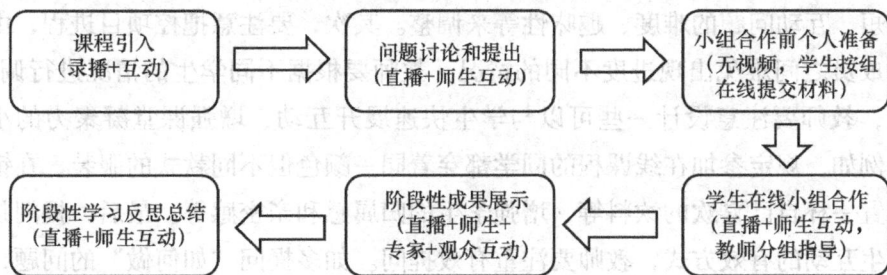

图 51-1　具体方法和课堂流程

[1]　赵冬冬，朱益明. 信息技术引领教学改革及其辨正——兼议"屏幕改变命运"[J]. 中国电化教育，
　　2019(11): 41-48.

在开展在线 PBL 时，教师需要注意到在线教学与面对面教学的最大不同在于，师生之间的课堂微互动消失，教师无法清晰直观地观察学生肢体动作、眼神手势等（如学生上课时犯困，老师无法直接干预等）。因此，在直播课的设计中要适当增加有助于增强师生、学生之间亲密度和归属感的活动，加强小组协作学习活动设计，以便学生在线合作的开展，引导学生在探究、互动对话和动手实践中进行深层次学习。具体而言，需要注意以下几点。

（1）**在线直播课堂不能简单地照搬面对面课堂。** 在线课堂中师生缺少微观互动，师生之间容易在情感上脱节，课堂容易变成简单的知识传递过程。而 PBL 作为一种引导学生探究问题、解决问题的教学方法，需要教师在学生开展项目的过程中进行引导、实时反馈，因此无法仅通过异步的录播课堂来推进教学。所以教师可以利用大量线上课堂管理工具开展直播教学，从而增强交互性和协作性。

（2）**引导学生对自己的学习负责。** 教师对学生学习过程的观察减少了，因此要注意在项目开展的各个阶段有意识地安排学生反思自己的学习过程和学习成果，培养学生总结学习方法的习惯，引导学生在远程学习环境中对自己的学习效果、学习结果负责。例如，教师可以利用游戏化的机制，对表现好的小组及个人进行奖励，对不积极参与的小组和个人进行及时反馈，提出学生哪里做得不好、具体问题在哪里，引导学生自主探究，使其养成主动学习的习惯。

（3）**注重促进教学互动。** 学生在线互动时，会受到同伴积极参与的影响，进而提高在线学习的质量。首先，要注意互动的频率。以在线项目式教学的经验来看，一节 45 分钟的课，一般互动 3 到 8 次较为合适，当然要根据每次互动的时间长短、互动问题的难度、趣味性等来调整。其次，要注意把控项目进程，由于小组成员之间难免出现进度不同的情况，教师要根据不同学生的情况进行调节。再次，教师要注意设计一些可以与学生快速展开互动、增强课堂凝聚力的小活动。例如，规定参加在线课程的同学都穿着同一颜色但不同款式的服装、在镜头前放置一杯自己喜欢的饮料等，增强学生的归属感和亲密感等。最后，提问是促进学生互动的有效方式，教师要注重有效提问。如多提问"如何做"的问题，引起学生思考，避免提问"是"或"否"的问题。提的问题要尽量涉及学生的知识及技能，以及情感态度、价值观等方面。同时，教师要善用学习平台，向学生及时反馈，促进学生认知互动。

（4）**注意收集学生的学习证据。** 在远程开展的 PBL 中，教师与学生是时空分离的状态，教师很难直接了解到学生对项目任务的完成程度、对知识点是否掌握、对项目的任务及问题是否喜欢。所以，教师要间接、客观地获取学生的学习情况信息，及时收集学生的学习证据（课堂反馈、提交的作业、形成的学习成果等），把所有学习反馈集中进行分析，才能有助于教师及时调整下一个或下一阶段项目的开展方式、评价方式和成果产出等。教师可以考虑在每节课课后都有意识地和一位学生交谈，听取其在当前学习过程中对知识难点、课程要求等方面的感受，并及时调整教学设计。

第

4

章

PBL学生培养

52　如何利用 PBL 培养学生的高阶思维?

高阶思维是发生在较高认知水平层次上的心智活动, 表现为较高认知水平层次的能力, 包括分析、综合、评价等。高阶思维也是对一系列较高认知水平思维技能的总称, 如批判性思维、计算思维、设计思维等[1]。高阶思维技能的价值在于能帮助学生更好地为将来的工作、生活、学习做准备。具备高阶思维技能的学生是终身学习者, 他们有能力分析新情况、将新信息与已知信息联系起来、批判性地思考和创造性地解决问题、改进过程、理解世界。用于建构高阶思维技能的低阶思维技能 (如识记、理解、应用等) 已在学校得到了很好的培养。然而, 在以人工智能、5G 为代表的新一代信息技术飞速发展的时代, 劳动力市场更加需要具备高阶思维技能的人才。PBL 通过提高学生对解决问题所需的不同思维方式的认识, 为学生提供认知指导和干预, 训练学生发展和内化解决问题的能力。关于利用 PBL 培养学生高阶思维的策略, 本书提供以下几点供教师参考。

(1) 理解高阶思维的具体含义, 在教学中为学生搭建有效的学习脚手架。具体来说, 高阶思维中的分析思维是指将主题或想法分解为不同组成部分, 或从不同角度检查主题。分析思维有助于人们理解整体与部分的关系, 有助于揭示事实之间的联系, 将确定主题或共同元素放在一起综合考虑, 可以更好地进行要素之间的整合, 避免陷入低阶思考, 只记住个别事实而没有看到它们之间的联系。引导学生运用分析思维进行思考的提问方式如下。

- 列出要素清单: 这个要素对整体有什么贡献?
- 确定不同要素或部分的重要性: X 部分的意义是什么?
- 换个角度想想: 其他小组会怎么看待这个关系?

(2) 提升学生搜索和浏览信息的能力。信息搜索和处理是 PBL 的基本步骤。有效的搜索是一种探究和批判性思维的练习。教师要引导学生收集、鉴别、学习

---

[1]　袁磊, 郑开玲, 张志. STEAM 教育: 问题与思考 [J]. 开放教育研究, 2020, 26(3): 51-57, 90.

相关信息（如参考资料等），进行以分享为目的的学习，最后评估信息来源。当学生有目的地使用检索方法搜索、筛选和确定备选方案时，搜索信息就变成了使用高阶思维开展的学习活动。学生主动审查、查询概念的特定语义以达到对概念的准确检索就是一种高阶思维。当然，学生要注意不同学科知识的整合，要查找、辨别、筛选相关资料，构思解决方案，小组内部讨论，解释并应用各种来源的知识来解决问题，及时纠正错误，对提供给小组的信息和资源的价值、有效性和可靠性进行评判，应用新知识、先前知识和对知识的反思与批判不断进行探究验证，最终获取最佳的解决方案。

（3）培养学生的元认知能力。元认知是学生控制和调节思考方式的高阶思维过程。元认知的核心在于对思考过程的关注，帮助学生通过反思来了解他们已知的内容、有效学习的方式和衡量对学习材料掌握程度。元认知可以帮助学生成为具有自我意识的问题解决者，更好地掌控学习过程。元认知在 PBL 过程中尤为重要，因为学生必须决定使用什么策略以及如何使用。元认知由三个部分构成：意识、计划和监测。意识是指对思考过程的认识，常包括学生通常处理任务的方式和可能使用的替代方式。元认知的计划部分负责识别和激活将用于实现目标的特定技能、策略和过程。计划体现为学生对于在特定场景中可否采取某策略的判断和使用决定。元认知的最后一个组成部分是监测，即监测正在使用策略的有效性。持续地监测思维过程并根据学习任务做出必要的调整是元认知的关键。

要培养学生的元认知能力，教师可以通过在项目中使用出声思维法（Think Aloud）、反思性提问，以及 PBL 过程中的多种写作任务等方法来实现。出声思维法要求学生采用自言自语，或与同学、朋友、老师或家长等用语言表达想法的方式，这能够帮助学生更好地理解和内化材料。出声思维法可以帮助学生意识到他们对学习材料的理解程度及与学习目标之间的差距。反思性提问是培养元认知能力的有效方法。教师可以向学生提出以下问题，帮助他们进行针对学习过程的反思。

- 你在学习过程中用到的哪些方法对解决问题是有帮助的？
- 你学到的新内容与上周学到的知识之间有何关联？
- 你学到的新内容与已经有的知识之间有没有冲突？
- 下次解决这些类型的问题时，你会问自己什么问题？

　　写作与出声思考一样，是组织和评估想法的过程，可以帮助学生确定已知和未知内容，对当前正在学习的内容进行深度思考，这个过程有助于促进学生的高阶思维发展。学生可以邀请小组成员在写作过程中一起分析案例习作和作品集等。教师还要引导学生在PBL过程中使用与培养认知相关的技术工具（如学习日志等），记录他们所学的知识，思考、质疑、分析和创造的过程，以及与教师和同学进行智力和社交互动的方式，促进高阶思维的发展[1]。同时，作品集的撰写不仅展示了工作过程，也展示了个人和小组在计划、构建、提炼和改进工作时的思维过程。所以在项目式教学过程中，教师要重视学生撰写报告和作品集的过程。

　　当然，教师也要鼓励学生找出适合他们自己的学习策略，开发新的策略，并注意不同学科间学习方法的差异。元认知能力包含了高阶思维中的分析、评价等思维技能，是将高阶思维运用于日常学习过程的具体方法，是提高学生高阶思维能力的好方法。

　　（4）引导学生开展头脑风暴和讨论。在 PBL 过程中，小组成员需要计划、获取信息、头脑风暴、拟草稿、解决问题、评估和修改。这些学习活动有时是学生单独进行的，但更多时候是小组协同进行的。在小组协同开展学习活动的情况下，教师可以引导学生实现以学习者为中心的学习模式——协作学习。知识的构建模块由小组成员（自主学习者）寻找，并由教师（促进者）提供，可能需要父母（支持者）、专家（知识贡献者），甚至网友（匿名贡献者）的协同帮助。学生和教师按原计划或根据父母、专家等的建议，在线上或线下聚集在一起讨论。在讨论的过程中，大家会讨论到观点模糊和结构不良的问题。这种互动，尤其是通过线上互动交流，能够促进元认知的发展。学生做出陈述和反驳陈述，捍卫自己的观点，批判或者接受他人的观点，都有助于培养学生更高层次的思维。在小组合作中，学生会经历协商、反思、提炼、接受和欣赏同组成员提出观点的过程，从而激发自身更高层次的思考。当他们寻求对新学和提炼的知识进行科学解释时，就能深入地理解 PBL 的主题。小组中的数据处理和同伴互评过程会涉及更高层次的思考。积极参与互动是促进小组学习以及促进深度学习的理想方式。

---

[1]　BARAK M, DOPPELT Y. Using portfolios to enhance creative thinking[J]. Journal of Technology Studies, 2000, 26(2): 16-25.

（5）**注重有效指导**。有效的教师指导是发展高阶思维的关键因素。大量易获得的材料使教师从事实传播者的角色中解放出来，教师应鼓励学生使用信息技术去解决问题，以培养评价思维。教师应该在学生的学习过程中充当促进者或合作者，而不是控制者，否则学生可能出现学习态度消极和缺乏学习动力。教师要注意在小组学习活动中进行适当的干预，以激发小组成员的学习动机，进而解决问题，取得更好的学习成果。教师要让学生明确 PBL 中探究的目的是将知识内化，可以设置有效脚手架来指导学生。在解决问题阶段，可以通过提问来设置问题解决脚手架，如："你对这种情况有什么看法？""你在想什么？"等。在问题阐述环节，可提问："你怎么解释？""用你自己的话来描述……"等。在问题分析阶段，可提问："我们能从这些信息中看出什么？"等。在制定学习目标阶段，可提问："要解决这个问题，对你来说什么是重要的？""你列出所有的关键问题了吗？"，等等。在获取新知识和问题解决方案阶段，可提问："描述你所学到的……""解释你所理解的……"，等等。在评审与评价阶段，可提问："关于这个问题，你学到的三件关键的事情是什么？"等。有效的提问能帮助学生发展认知能力，为他们日后的学习提供较成熟的思维方法和思考框架。

（6）**为学生提供多种思维工具**。随着科学和研究的不断进步，越来越多的思维方法和思维范式经过研究者的理论化提炼，形成了各具特色的实用思维工具，如与数理思维相关的计算思维，以人为本的设计思维，注重问题解决能力的工程思维、PBL 思维等。这些在各学科和专业领域中形成的思维工具为学生提供了培养高阶思维的思维脚手架，也提供了成熟的思维路径，助力高阶思维的形成。

高阶思维能力是学生发展的核心，PBL 在教学目标定位和学习结果预期方面对学生高阶思维的生成有着较大影响。教师要在 PBL 教学过程中培养学生的高阶思维，并扩展多种思维训练方式来帮助学生面对结构不良的、新颖的问题。教师要注重学生的个体参与，促进学生小组协作，强调学生体验小组长的角色，通过多种方式促进学生的高阶思维发展。

53　如何利用 PBL 培养学生的批判性思维？

批判性思维是高阶思维能力的一种表现形式，在国际教育界被认为是和读、写一样的基本学习和学术技能，其与问题解决能力密不可分，是创造知识和合理决策所必需的能力。批判性思维是指通过事实形成判断的思考方式，其本身复杂，具有许多不同的定义。批判性思维强调不要盲目接受现成的观点，不要墨守成规。批判性思维者需要有相关的学识、技能、态度以及习性（行为倾向），在恰当的时候会批判地思考[1]。那么，在 PBL 中，如何培养学生的批判性思维呢？根据 PBL 基本流程及其特点，本书建议教师在以下几个阶段融入针对学生批判性思维培养的策略。

在项目开始阶段，教师和学生共同确定项目目标和驱动性问题，这些问题应当是不可通过搜索直接得到答案的。直接可以搜索答案的问题包括："我们如何做到健康饮食？""飞机机翼的结构是什么样的？""为什么天空是蓝色的？"等。这些问题固然具有重要性，但这些问题仅强调寻找信息和解释概念，而未引导学生对信息和概念进行批判性思考。相比之下，开放性的、值得进行 PBL 的问题包括："我们城市能够快速发展的重要原因有哪些？""我们如何帮助青少年养成饮食健康的好习惯？""怎样设计出又轻巧又能承载 10 千克行李的飞机，而保证机翼不会折断？"等。要回答这些问题，学生不但要查找信息，而且要深入思考。

虽然驱动性问题很重要，却还不足以充分激发学生思考。在项目任务开始后，学生不但要学，而且要动手去做。培养批判性思维能力的项目任务是围绕需要深思熟虑的认知任务而设计的，如在备选方案之间做出判断、找出创造解决方案的最佳方式、权衡证据、重新考虑最初的想法、制订解决问题的计划、总结论证的关键点等。

培养学生批判性思维的项目不仅要求学生进行高质量的思考，还要求提供模型和脚手架来展示这些认知任务是如何执行的。例如，一个与城市发展相关的项目要求学生找到影响城市发展的多种原因（工厂的建立、交通路线上的位置、与自然资

---

[1]　董毓. 批判性思维三大误解辨析 [J]. 高等教育研究，2012(11): 64-70.

源和其他所需资源的接近程度、城区的规划等），权衡它们的相对重要性，以及找出最重要的原因。在这一过程中，可以让学生通过头脑风暴提出可能的原因，形成具体的假设，在城镇发展的不同点测试这些假设。在小组讨论时筛选出更具有解释性的假设，然后列出理由充分的论点，准备公开演讲。教师可以通过学习项目中体现出的具体思维能力和表现来为学生的批判性思维建模，为学生提供反馈。在公开演讲中，教师可以要求学生解释学习项目如何帮助他们形成和使用批判性思维。

在形成性评估和反馈阶段，学生需要知道他们的批判性思维表现如何。学生可以学习评估自己的想法，也可以学习评估同龄人的论点和推理。教师、同学和学生的自我评估，以及及时、相关、可操作的反馈，有助于提升评估能力。为方便教师理解和使用，本书为教师提供了批判性思维学生自测量表[1]（见表 53-1），帮助学生更好地了解批判性思维发展的阶段。

表 53-1 批判性思维学生自测量表（适合小学 3～5 年级学生）

批判性思维的发展阶段	还需提高	渐入佳境	得心应手
分析引导性问题和开展探究	• 我不知道我需要掌握哪些知识和技能才能回答引导性问题 • 我还不知道别人关于这个引导性问题的想法和我的想法有什么不同 • 我需要学会通过提问来发现我的观众或者我的用户想要什么、需要什么	• 我可以找出回答引导性问题需要具备的一些知识点或技能 • 我能理解别人关于引导性问题有不同的想法 • 我可以通过问我的观众或用户一些问题来了解他们想要什么、需要什么	• 我可以解释我需要具备哪些知识和技能才能回答引导性问题 • 我可以回答人们关于引导性问题都有哪些不同的想法 • 我可以通过向我的观众或用户提很多问题来具体了解他们可能想要什么、需要什么
构建知识、理解和技能，收集和评估信息	• 我还需要学习如何运用从不同渠道收集到的信息来回答引导性问题 • 我还需要学习如何判断我的信息是否和问题有关，或现有信息是否充分	• 我可以运用不同渠道的信息来回答引导性问题，但如何组织信息对我来说有难度 • 我可以判断我的信息是否与问题相关或者是否充分，但并不总是能准确判断	• 我可以运用不同渠道的信息来帮助回答引导性问题 • 我能准确判断我的信息是否与问题相关以及是否充分

---

[1] 此量表内容参考了 PBLWorks 网站上的相关英文内容，由笔者翻译、整理而成。

续表

批判性思维的发展阶段	还需提高	渐入佳境	得心应手
发展和回顾看法、方案和产出，使用学习证据和标准	• 我还需要学习如何找出作者或说话人用来支持其论点的证据和推理 • 我还需要学习如何判断一个想法、方案或产出对于回答引导性问题是不是合理的、充分的 • 我还需要学习如何运用其他同学、老师或观众、用户的反馈来提高自己的方案或产品的写作水平或设计水平	• 我可以找出一些作者或说话人用来支持其论点的证据和推理 • 我能判断一个想法、方案或产出对于回答引导性问题是不是合理的、充分的，但不知道为什么 • 我有时可以用其他同学、老师或观众、用户的反馈来提高自己的方案或产品的写作水平或设计水平	• 我可以解释作者或说话人如何运用证据和推理来支持其论点，以及这些论点如何帮助我回答引导性问题 • 我能解释如何判断一个想法、方案或产出对于回答引导性问题是不是合理的、充分的 • 我能运用其他同学、老师或观众、用户的反馈来提高自己的方案或产品的写作水平或设计水平
成果展示和驱动性问题回答，论证选择	• 我还需要学习如何解释我的观点和看法才能让别人明白 • 我还需要学习如何使用恰当的、相关的信息和细节来支持我的观点	• 我能解释我的看法，但解释时可能顺序不恰当 • 我可以运用事实和细节来支持我的看法，但这些材料的运用并不总是恰当和相关的	• 我可以按照易于理解的顺序呈现细节和解释我的观点，让他人明白 • 我可以运用恰当的事实和细节来支持我的观点

　　PBL 无疑是培养学生批判性思维的有效教学方法，项目结构设计应以培养批判性思维为目标。若是简单地将学生聚在一起做设计或手工，则很难达到培养批判性思维能力的效果。正如杜威所言，真正的教育都是通过体验来获得的，而并不是所有的体验都能具有真正的教育意义。在项目式教学中，教师应向学生展示批判性思维是什么、什么样的思维表现体现了批判性思维。只有在学生尝试运用这种思维并得到支持、评估、鼓励和反馈时，学生才能提升批判性思维能力。

54 如何在 PBL 项目中培养学生的设计思维？

设计思维是指人们在遭遇复杂的现实问题时，能够综合运用自己已有的知识和技能，通过设计与思维的相互依赖与促进，不断生成新的问题解决策略，进而创造性地形成解决问题的思路与方案。简单来说，设计思维就是通过提出有意义的创意和想法，来解决特定人群的实际问题的能力。随着科技的飞速进步和人类所面临问题的日益复杂化、多样化，面向未来的学校教育不能止步于培养能对现实世界进行简单改造与变革的跟随者，而是要培养一批与众不同的思维创造者，他们不止步于模仿，而是善于通过思考来洞察现实，捕捉机遇，挖掘现实中的各种需求，并创建出新的制品[1]。

设计思维的原则是以用户体验为中心来进行思考、设计的。设计思维包含关键的五个步骤（见图 54-1）：同理心、重新定义、头脑风暴、制作原型和测试反馈。同理心是设计思维的第一步，即换位思考，站在使用者的角度设身处地地思考，体会用户的情绪和想法，理解用户的立场和感受。只有真正理解用户的需求，体会用户的心理和可能会遭遇的问题，才有可能想出解决问题的办法和满足用户需求的设计。第二步是重新定义。重新定义是指针对不同用户的心理，梳理并筛选已经找出的问题，重新定义项目的内容，用 1~2 句精简的话来总结项目的目标。第三步是头脑风暴，即尽可能多地思考解决方案，这个过程的重点不在于找到完美方案，而是要打破惯有的思维模式，尽可能地思考不同的可能性。第四步是制作原型，在经过头脑风暴产生的诸多解决方案中挑选出一个最佳方案，并制作出最终产品原型。最后一步为测试反馈。在测试中发现产品设计中的不足之处，核对最终产品与早期设定的目标之间是否一致。

随着设计思维在商业界受到的关注越来越多，教师和教育研究者开始重视设计思维对学生培养的重要意义，并开始有意识地将设计思维带入课堂。PBL 与设计思维培养相比，在流程上有一定的相似性，因此项目式教学中也非常适合融入

---

[1] 林琳，沈书生. 设计思维的概念内涵与培养策略 [J]. 现代远程教育研究，2016(6): 18-25.

设计思维的培养。下面将设计思维的五个步骤与项目式教学流程进行对应，帮助教师建立联系，深化理解。

图 54-1　设计思维的五个步骤 [1]

图中内容：

- 同理心
- 清晰阐述想要解决的问题
- 深化对挑战的深度理解
- 重新定义
- 头脑风暴
- 产生可能的解决方案，选择并发展为解决方案
- 制作原型
- 设计一个或多个原型来测试方案的各个部分
- 参与持续的短周期创新，不断改进设计
- 测试反馈

（1）**同理心**。同理心是将学生和所学问题进行紧密联系的关键一步，教师可用以下问题引导学生思考。

- 我们为什么要做这个项目？
- 谁最关心这个项目的成果和解决方案？
- 以前的学生是怎么做这个项目的？
- 我们如何为这个问题找到答案或解决方案？

这些问题应该放在项目应知应会清单中的"需要知道的"一栏，成为每一个项目的标准问题。这些问题虽在单个的项目中不一定全都出现，但在每一个项目从立项到最后成果产出的过程中都应该对这些问题进行回答。

（2）**重新定义**。在这个步骤中，学生根据他们在同理心步骤中发现的内容重新思考问题。在从同理心角度出发进行思考后，学生可能会提出更多问题，这些问题也都可以列入应知应会清单。学生以重新定义的角度完成对手头任务框架的确定，然后列出小组需要完成哪些任务才能成功完成项目。

---

[1]　本图摘自芒格学院的网站。

（3）**头脑风暴**。头脑风暴是学生尝试为中心问题找到替代解决方案的过程。在一些开放性强、学科范围广的项目中，有效的头脑风暴能帮助学生团队找到解决问题的最佳方案。

（4）**制作原型**。制作原型不局限于制作物理模型。原型可以是一个活动、一个空间、一个对象、一个界面，甚至是一个故事流程。在这个过程中，探究、反思等都在 PBL 中发挥作用。

（5）**测试反馈**。测试反馈是对最初预期的一次迭代或多次迭代后的检测。当教室中的学习环境让学生感到足够安全时，同伴、教师和专家提供的有效反馈就能帮助学生完成较高水平的原型设计和测试，以创造高质量的产品。

PBL 的真实性特征也是激发学生同理心的重要因素。对于具有真实挑战性的问题，学生可以看到他们的努力和成果会引起真实受众或用户的共鸣、使用与支持，这种支持能帮助学生专注于需要关注的现实问题。设计思维能力在 PBL 中可帮助学生更深入地学习。如果教师能在项目进行过程中向学生明确指出设计思维的各个步骤，那么会有助于学生加深对设计思维的理解。

55　如何利用 PBL 培养计算思维？

计算机技术的迅猛发展不仅影响着我们的生活、工作和习惯，也深刻影响着我们的思维能力。随着计算的观念渗入宇宙学、物理学、生物学乃至社会科学等诸多领域，计算不但已经成为人们认识自然、生命、思维和社会的一种普遍方法，而且正逐渐成为一种全新的世界观。2006 年美国卡内基梅隆大学周以真教授首次提出"计算思维"概念，并将其定义为"一种运用计算机科学基本概念求解问题、设计系统和理解人类行为的方式"。[1] 计算思维能力不仅属于计算机科学家，还应该是每个人均可具备的一种高阶思维。

关于计算思维的定义，可从广义与狭义两个角度进行理解。从狭义上讲，

---

[1]　WING J M. Computational thinking. Communication of the ACM, 2006, 49(3): 33-35.

计算思维与编程能力紧密相连，是基于计算机编程的一系列概念，是开始编程前的思考过程，是将编程解决方案的思路转换成计算机能够操作执行的语言的过程[1]。而从广义上讲，计算思维是分析和解决各种问题的基础[2]，计算思维不应局限于计算机编程学习，其与阅读、写作、数学等基本技能同等重要，是学生发展核心素养的重要组成部分。因此，应将计算思维向编程以外的领域（科学、社会科学、人文等）进行迁移，与各种学科知识内容相结合。对计算思维的教育重视程度是影响各国未来创新竞争力水平的重要因素。许多国家已将计算思维培养和编程学习纳入中小学课程体系中，将其列为国家教育项目或编写进新教材。我国也将计算思维列为信息技术课程的核心素养之一，将编程学习列入高中信息技术课程标准中。

两种对计算思维的理解对应着两种开展计算思维教育的方法。第一种方法是通过编程类课程，学习编程基本操作和编程语言的基础知识。虽然编程是发展学生计算思维的一种重要载体，但计算思维教育不仅仅是编程教育，其关注的是利用信息技术解决问题的能力，强调在真实体验与实践应用中发展学生利用信息技术思考与解决问题的独特能力。开展计算思维教育的第二种方法是通过在真实情境中有意义地、创造性地使用编程知识，或将编程思维方式迁移到其他学科中，与各种学科知识内容相结合。从中小学生计算思维的发展角度讲，概念抽象与问题解决是中小学生难以理解的，因此，需要搭建跨学科的问题解决平台，综合采用多种教学方法，将抽象的概念及思维过程转化为中小学生能够理解的具体知识内容[3]。PBL 可以通过上述两种途径进行应用，以帮助学生运用和深化计算思维的发展。从以上两种路径出发，可视化编程语言发展计算思维能力的 PBL 教学可通过以下五个环节来开展。[4]

（1）**创设项目情境**。创设项目情境是指根据项目任务和计算思维能力发展要素创设相应的学习情境，激发学生学习兴趣，引出学习项目内容。在创设项目情

[1] 马志强，刘亚琴. 从 PBL 与配对编程到跨学科综合设计：基于 2006—2019 年国际 K-12 计算思维研究的元分析 [J]. 远程教育杂志，2019, 37(5): 75-84.

[2] 刘向永. 国际计算机科学课程的发展现状与趋势 [J]. 中小学信息技术教育，2014(5): 14-16.

[3] SHUTE V J, SUN C, ASBELL-CLARKE J. Demystifying computational thinking[J]. Educational Research Review, 2017(22): 142-158.

[4] 丁世强，王平升，赵可云，等. 面向计算思维能力发展的项目式教学研究 [J]. 现代教育技术，2020(9): 49-55.

境时，应重点考虑学生的兴趣、爱好，并紧密联系学生的生活场景。

（2）**建立数学模型**。项目任务开始时，教师应首先引导学生根据问题特征和建模目的对数学模型提出假设，并在假设的基础上引导学生运用数学工具勾勒出变量之间的内在逻辑关系。学生通过思考逐步建立数学模型，将问题解决过程可视化。

（3）**结合模型设计算法**。数学建模旨在帮助学生理解项目问题解决的路径，学生需要根据数学模型编写程序算法。对编程经验不足的学生来说，教师可提供该项目代码的半成品，以减少学生学习的挫败感，帮助学生聚焦项目任务。结合模型设计算法可以促进学生形式化计算思维能力的发展。

（4）**优化程序算法**。当学生完成程序代码编写后，程序可能会因代码存在错误而无法正常运行。此时学生需交流讨论，找出错误代码，通过调试和修改达到优化程序的目的。程序算法的优化过程也是促进学生系统化计算思维能力发展的过程。

（5）**算法迁移运用**。在程序算法优化完毕之后教师应趁热打铁，鼓励学生将自己的算法和解决问题的思维进行迁移运用，以积累经验用于今后解决类似的问题。算法迁移运用有利于加深学生对程序算法的理解，促进学生自动化计算思维能力的发展。

若将计算思维中包含的关键要素分解，可知计算思维由分解能力、模式识别、抽象化、算法思维等要素构成[1]，如图55-1所示。值得注意的是，计算思维也存在于其他各个学科。各学科教师可以在本学科中积极探索与以下要素相关的内容，开展跨学科的计算思维培养。

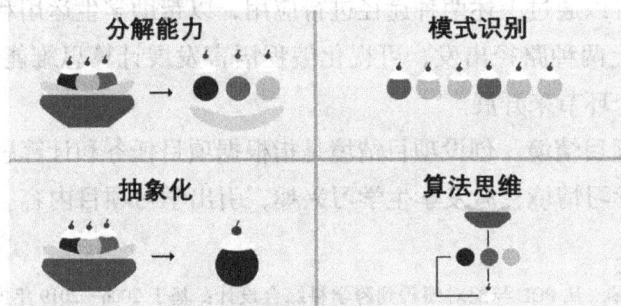

图 55-1　计算思维的关键构成要素

---

[1] ANGELI C, VOOGT J, FLUCK A, et al.. A K-6 computational thinking curriculum framework: Implications for teacher knowledge[J]. Journal of Educational Technology & Society, 2016, 19(3): 47-57.

（1）**分解能力**。分解能力是指将一个复杂的问题分解成各组成部分，这样可每次处理一个部分。例如，在学习我国的司法制度时，学习剖析人民司法组织体系的组成，及各级机关如何衔接与配合来保证司法体系的公平公正。再如，在提高面向公众进行口头报告能力时，学生将这一任务分解成讲稿写作及修改能力、讲稿记忆能力、面向公众的演讲能力等，逐项提高，提升报告质量。

（2）**模式识别**。模式识别是指学生通过分析数据趋势信息来识别模式，制定解决方案。如在地理课上，学生通过分析实时地震数据，确定地震活动频繁的区域来制定相应的灾害应急救援方案；在数学课上，学生通过概率知识和球员表现数据，组成一支最优秀的球队等。

（3）**抽象化**。抽象是指去除不必要的细节，开发通用解决方案，或用简单的模型和可视化的方式表现复杂系统。例如，利用生态系统中万物互联的思路来理解人工智能技术在生活中的运用；在历史课上从自然资源角度观察我国古代人口的变化规律，模拟和推演一个虚拟的古代文明可能会发生的人口变化。

（4）**算法思维**。算法思维主要体现在学生通过创建或使用一系列定义明确的步骤来得到预期结果。例如，通过编写程序来实现对电灯、空调等家用电器的远距离控制；从算法作曲了解数学与音乐的密切联系，了解建模规律，尝试利用算法平台创作音乐。

计算思维的运用不仅限于编程教学或数学教学，计算思维运用的广泛性决定了其突出的跨学科特性和运用项目式形式开展教学的无限可能性。各学科教师都应了解计算思维的基本要素，积极与本学科知识和技能进行结合，为学生带来情境化的前沿学习体验。

56　如何培养学生的 PBL 思维？

PBL 思维是从 PBL 中衍生出来的一种思维方式，重点强调的是在项目提出、初步设计、项目实施、问题发现、问题解决中的能力，以及最后成果汇报展示的能力。运用 PBL 的好处不仅是为学生学习提供清晰的路径和良好的体验，也可促进学生思维方式的改变和学习方法的提升。

为什么在 PBL 中包含了思维的培养呢？某些常规思维是项目过程中所需的思维类型。例如，在项目开始时，学生参与项目，并探索、实施项目，产生一套思维方式。当教师呈现知识时，需要利用一些技巧来组织成新的呈现方式。教师通过评估和改进学生对问题的回答及小组的项目成果，深入挖掘学生思想，可能会发现不同想法。在设计及实施 PBL 时，以下问题有助于培养学生的 PBL 思维：学生需要用什么样的思维来处理这些内容，怎样才能更好地让学生思考。随着学生对 PBL 思维越发熟悉，他们在运用 PBL 思维时会更加独立且有意识，这也是形成 PBL 思维的最终目标。

对于如何培养学生的 PBL 思维，教师可使用日常工作流程法。日常工作流程法是一种有意识的行为和策略，它既有助于学生思维的培养，又能培养学生使用工具提升自己的能力。利用日常工作流程法培养学生形成 PBL 思维主要包含四个阶段，如表 56-1 所示。

表 56-1　利用日常工作流程法培养学生形成 PBL 思维的四个阶段

学 习 阶 段	教 师 职 责
项目初始阶段	学生观看项目任务和学习目标，对项目相关的照片、文本等进行深入细致的观察，思考如何开展项目、项目会遇到的难题，以进行更深入的理解，激发对探究式学习项目的好奇心
项目开展阶段（学生知识建构）	通过做项目，学生掌握关键知识及理念，并将其牢记于心。教师引导学生辨别、评估、筛选资料，以确定哪些是重要的或有价值的。学生要参与讨论，确保每个人都有所贡献
讨论和质疑阶段	教师对学生、学生与学生之间要经常问"你为什么这么说"，并开展形式多样的讨论。讨论的方式也可以多种多样，如在纸上写出关键词和短语等，这些都能培养学生用证据说话的习惯，促进学生积极参与学习。讨论时，允许学生提出不同意见，甚至是质疑
反思阶段	教师可以规定学生用"我以前认为……，我现在认为……"的模板反思，以了解自己思想的变化。学生通过自我反思项目前后的观点变化，可以促进批判性思维的形成和发展

随着学生对 PBL 思维习惯愈加熟悉，学生可以在不同的环境中独立而自然地使用。总之，PBL 思维的培养应贯穿中小学 PBL 的课程。在项目过程中，PBL 思维能力对分析问题、预测不同解决方案的可行性、评估结果和优化解决方案是不可或缺的。所以基于项目式的学科课程应将 PBL 思维的培养作为主线，各学科知识点、核心概念的介绍作为副线。在项目过程中教师积极引导学生探究，强化项目流程，促使学生认识项目实施的整个过程，如遇到项目问题应该怎么与同伴协调、怎么互动、怎么协作解决问题等。

57　如何在 PBL 中营造合作学习的课堂氛围？

合作能力是 21 世纪技能中的重要部分，是需要通过长期培养、多次练习来不断打磨、总结、提高并最终达到能在无意识状态下运用的一种技能。合作能力也是 PBL "三个基本点"中技能目标的重要组成部分。但合作能力不是可以通过讲解和理解来掌握的内容知识，因此通过传统课堂的讲授式学习是无法获得的，必须要通过学生之间、师生之间的沟通、协作，小组成员间多次磨合，才能最终熟练掌握。在培养学生合作能力之前，教师可以考虑从打造适宜开展合作的学习环境入手，带领学生塑造好的合作氛围，逐渐形成课堂合作文化，为深化培养学生的合作技能做好铺垫。

要营造课堂合作氛围，教师可以从教室物理环境布置和课堂氛围营造两个方面入手。在教室的布置中，教师可以注意思考如何以四人小组或六人小组为单位布置和打造学习环境。例如，教室中的桌椅尽量采用四桌一簇、六桌一簇的形式摆放，帮助学生快速融入组内开展合作。有条件的学校可以采购易于移动的滚轮桌椅，在讲授学习时按统一面向讲台的传统方式摆放，在开展小组合作时再快速移动到以小组为单位的摆放形式。此外，教室的墙面也可以用来张贴促进小组合作的海报，提醒学生注意小组合作要点（见图 57-1），让学生能在不经意间也能瞥见海报内容，获得提醒和启示。

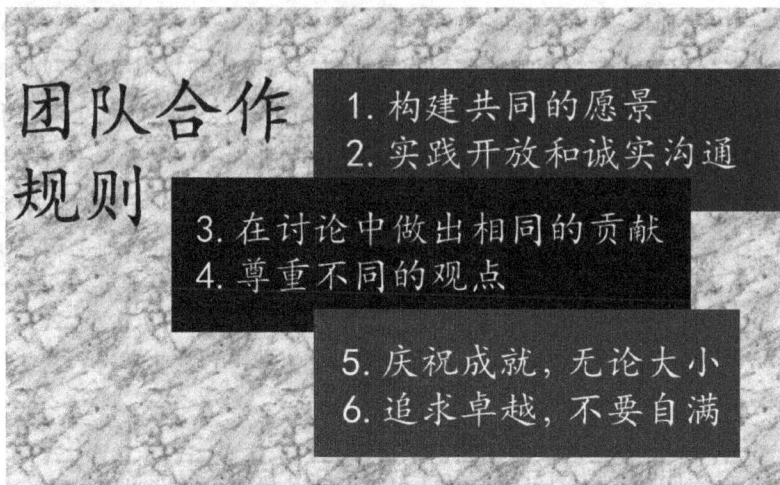

图 57-1　可在教室内张贴的促进小组合作的海报

在准备教具时，教师可为每个组准备一套器具（如每组一把剪刀、一瓶胶水等），而非人手一套器具，以鼓励小组成员间分享使用，促进组内成员的交流。对于年龄较小的学生，教师还可以安排组内每一位学生掌管一种学习用具，并要求小组在合作结束后完整归还成套的学习用具。这样做的目的是在学习流程中加入合作要求，帮助学生将合作意识贯彻在每一个学习活动中，帮助学生熟练掌握合作技能，提高在 PBL 成果的制作过程中的合作效率。

在课堂氛围打造方面，教师要注重合作精神和合作文化建设。教室中建立起来的合作文化不但能提高集体的凝聚力，更能间接对校园文化产生影响。教师可以在教室中营造合作学习氛围：①教授并带学生练习认真倾听的技巧，例如，小组其他同学在发言时，让学生将重点记录下来；②小组合作要建立在组员互相充分尊重的基础上，小组讨论时对事不对人，要求学生尊重小组成员，用礼貌而友善的方式交流，认真听取别人的观点并积极提出自己的意见；③监督小组合作进程，在项目进行中，可以适时稍做停顿，请学生自查在组内的合作状态，如是否与他人有效合作，是否对组员提供支持等。

小组合作技能的培养是项目式课堂与传统课堂的显著差异，也是教学组织和开展的难点。在接下来的问题中，本书还将从多个不同角度介绍合作学习在课堂中的设计与开展技巧。

58　如何制定有效的小组合作准则?

　　小组合作准则也叫小组合作合同、小组合作守则等,是在项目初始阶段、小组合作开展以前,由全组成员共同制定的文件,旨在帮助小组成员创造有效的合作学习环境。小组合作准则说明了小组成员应该如何相互协作、开展工作,以及在遇到冲突时如何解决等问题,体现了本小组内的学习观、合作观、价值观。这些准则是根据小组成员的需求制定的,可以很简略,也可以高度细节化。小组合作准则是将小组成员召集在一起开展工作的有效工具,确保每一位小组成员都清楚地了解小组对个人的要求和期望。所有小组成员在制定准则时应达成共识,同意准则中的所有条款。

　　制定小组合作准则的方式有很多。对初次开展 PBL 的学生,教师最好准备一份已经制定好的小组合作准则,引导各小组学生根据该组成员特点进行适当调整。而对有一定 PBL 经验的学生,教师则可以引导学生基于已有合作经验来制定小组合作准则。一般来说,小组合作准则的制定需经过以下五个步骤:

　　① 理清 PBL 基本流程和步骤;

　　② 写下组内讨论的项目目标,以及小组作为一个整体对每一位组员的表现的期待;

　　③ 写下所有组员都认同的小组合作准则;

　　④ 删除与 PBL 目标不相符,或不利于组员达到期待表现的准则;

　　⑤ 所有组员达成共识,签署小组合作准则,使准则正式生效。

　　在制定具体的准则条例时,教师要引导学生思考以下方面的问题。首先,引导学生小组在制定准则前进行“团队资产评估”(详见本书第 59 问)。这个评估活动的目的是明确组内所有成员的优势、特长及需要提高的方面,师生及学生之间要彼此悉知这些“资产”。这要求教师在教学设计阶段就做好学情分析,对每个学生的优势、特长及需要提高的方面都有所了解,以便在小组人员分配时有意地安排和搭配。其次,在准则制定过程中要重申课堂规范和教师所制定的行为规范，并引导学生在此基础上建立小组规范。课堂规范和教师所制定的规范可能包括：①认真倾听，在别人发言结束前不插嘴、不打断；②遵守规定的发言时间，不超时；③尝试坚持接受新观点和新方法；④勇于承担责任与风险；⑤有礼貌地沟通，尤其要在意见有分歧时尊重组员；⑥积极分享看法和观点；⑦认真、按时完成分配给个人的任务等。

为帮助教师更好地理解小组合作准则的制定，笔者为教师提供了小组合作准则示例（见附录 3），以便教师取用。小组合作准则的制定和签署帮助学生树立了契约意识，增强了小组凝聚力和学生的学习责任感，将职场中专业人士所遵守的准则和规范带入课堂，帮助学生体验更真实的 PBL 过程。

59　如何用好团队资产评估法来提高小组合作效率？

根据美国大学与雇主协会（National Association of Colleges and Employers，NACE）2021 年的报告，雇主在大学毕业生简历中最看重的两项职业技能为团队协作能力和问题解决能力。正因如此，PBL 的培养重点也包含上述两项技能。在课堂中与同学开展小组合作项目是一种能强化学生学习体验和技能的教学实践。然而，在实际开展合作学习的过程中往往有两大因素会阻碍学生开展高效合作：第一，组员对自身的优势、特长与项目所需的技能认识不足，难以合理调用小组人员高效完成组内合作；第二，组员普遍感到开展组内问责制困难重重，难以杜绝偷懒组员搭便车的情况。在小组合作中，主动性较弱、性格较内向或对学习内容信心不足的同学在团队中被边缘化的概率比其他学生高得多，而感到被边缘化的学生又会给其他小组成员留下偷懒的印象。此外，在小组成员的任务分配上也常出现一种较难察觉的任务分配偏差现象，如数学好的同学经常被分配或自己主动申请做与计算、统计相关的任务，或女同学经常承担材料整理、会议记录等工作，因为她们相比男同学更加细心等。这样的偏差容易加深小组成员对角色和性别的刻板理解，更会阻碍学生全面发展技能，形成僵化、封闭的思维模式。

　　针对上述三个阻碍小组高效合作的问题，笔者建议教师和学生了解和掌握"团队资产评估法"来帮助学生全面、准确地了解自身优势和需要掌握的技能，帮助小组成员增进互相之间的了解，合理地为每一次小组合作设定技能提升目标，充分调动每位组员的主动性和责任感，提高合作效率。具体来说，团队资产评估法要求学生首先充分挖掘自身与团队任务相关的生活、工作和学术经验，然后将汇总后的团队成员技能与完成项目所需的技能进行匹配，讨论并确定现有团队技能与目标技能之间的差距，再确定每一位学生在参与该项目时希望提高的技能。这个过程创建了团队资产清单和学习兴趣清单，也为学生创造了一个改变彼此最初印象的方式，以及了解彼此的经验、兴趣和才能的空间。

　　完成团队资产评估法的第一步是完成团队成员资产和团队任务图（以下简称"资产任务图"），如图 59-1 所示。根据团队成员的资产和兴趣，小组内部可以决定人员和任务，用资产任务图和希望提高的技能帮助验证合理性。这些决定及小组如何开展工作、沟通、妥协和解决争议的其他协议，都应该纳入小组合作准则（详见本书第 58 问）。

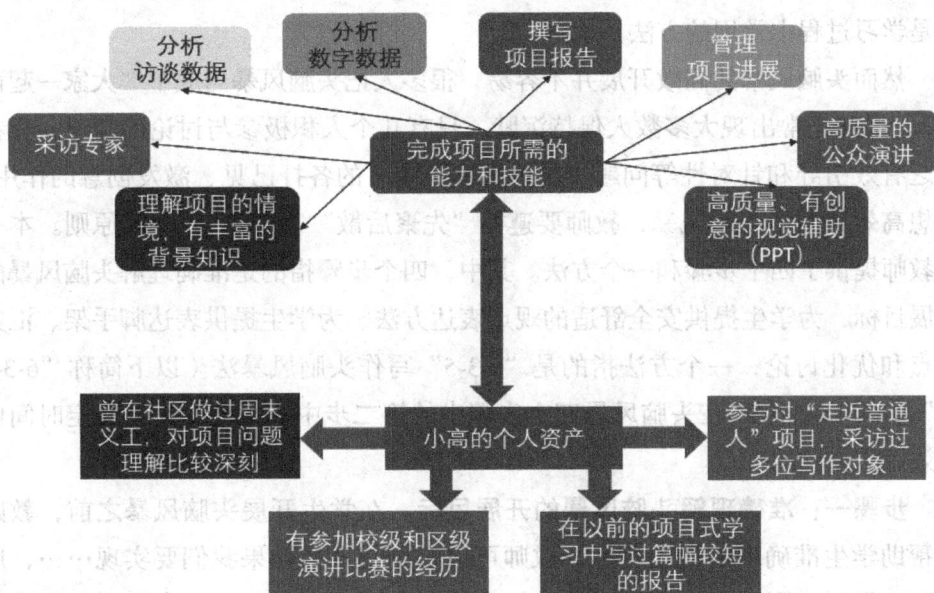

图 59-1　团队成员资产和团队任务图

为了保证团队任务分配的公平性，教师应引导学生自行创建资产任务图，并使用该图来确定任务分配等。团队根据单个团队成员的资产和／或该团队成员想要建立或发展的领域来分配任务和目标，从而最大限度地减少任务分配潜在的不公平现象。在每一次的资产任务图制作中引导学生反思以往的团队协作过程，不断填补个人资产与项目所需技能之间的差距，确定每一次的个人挑战，提高团队合作的能力。

60 在 PBL 学习小组中如何高效开展头脑风暴？

头脑风暴法是由美国 BBDO 广播公司的 A. F. 奥斯本首创的，用以帮助工作小组人员在正常、融洽和不受任何限制的气氛中以会议形式进行讨论、座谈，打破常规，积极思考，畅所欲言，充分发表看法。PBL 常涉及开放式问题和生活中的新问题、新挑战，因此，组织学生通过头脑风暴法来思考并获得解决问题的方案是学习过程中常用的方法。

然而头脑风暴的高效开展并不容易，很多人把头脑风暴当成了"大家一起商量"，因此，常出现大多数人保持沉默、只有几个人积极参与讨论的情况，存在缺乏有效引导和针对性等问题，难以发挥其应有的各抒己见、激发创意的作用。要想高效地开展头脑风暴，教师要遵循"先聚后散""先宽后严"等原则。本书为教师提供了四个步骤和一个方法。其中，四个步骤指的是准确理解头脑风暴的开展目标、为学生提供安全舒适的观点表达方法、为学生提供表达脚手架、汇集观点和优化讨论，一个方法指的是"6-3-5"写作头脑风暴法（以下简称"6-3-5法"）。6-3-5 法常用在头脑风暴四个步骤中的第二步中，帮助学生在规定时间内高效提出自己的观点。

步骤一：准确理解头脑风暴的开展目标。在学生开展头脑风暴之前，教师要帮助学生准确理解讨论目标。教师可以采用句式"如果我们要实现……，应该怎么做"来引导学生理解讨论目标和提出行动方法。例如，在学习垃圾分类项目时，一位教师提出的头脑风暴引导性问题为"我们如何利用废弃材料来帮助他人"，只有学生准确理解了讨论目标，他们才能清晰地认识问题并充满信心。

步骤二：为学生提供安全舒适的观点表达方法。开展头脑风暴的方式有很多，但要在有限的教学时间内，鼓励性格不同、表达偏好不同的学生高效参与讨论，教师可考虑采用 6-3-5 法（见图 60-1）。6-3-5 法中的"6"指的是将学生分为六人一个小组；"3"指的是教师要求学生利用便笺纸或草稿纸，写下自己的三个想法；"5"指的是限时五分钟。6-3-5 法最大的好处是避免爱表达或口头表达能力强的学生主导讨论，而性格内向、不喜欢面向公众表达的学生无法获得表达自己想法的机会。同时，通过写作方式进行第一轮的观点陈述能最大限度地记录观点，为后续的汇集观点和优化讨论做好准备。

六位同学　＋　每人写下三个想法　＋　限时五分钟　＝　"6-3-5"写作头脑风暴法

图 60-1　"6-3-5"写作头脑风暴法

步骤三：为学生提供表达脚手架。学生有自己的观点和想法并不意味着他们能在小组中成功表达出来并引起有针对性的讨论。教师可以要求小组中的每位学生在一分钟内陈述自己所写出的三个观点，并在陈述时运用 CER（详见本书第 27 问）发言框架来陈述自己的观点、支持观点的证据和相关推理，确保想法有理有据，并具有一定的可取性和可行性。

步骤四：汇集观点和优化讨论。在学生发言结束后，小组内即可收集所有学生写出的观点，将相同或相似的观点归类整理，在数量的基础上提升质量，然后利用观点的可取性和可行性来选取对项目具有重要参考价值的 3～4 个观点，最后通过投票和小组共识，选出最有可能成功的观点和想法，汇集全组的智慧来丰富观点和提升观点质量，为下一步开展原型设计和改进打好基础。在这个过程中，教师特别要注意引导学生避免评价别人的想法，而是要以开放的态度，考虑每一个想法的优缺点，汇集小组智慧，形成最终观点。

在课堂中开展头脑风暴时，教师要先集中学生注意力，明确讨论目标，再发散思维，展开讨论；先创造轻松、安全的环境鼓励每位学生表达自己的观点，再用可取性、可行性等高标准严格评价观点质量，并用小组投票等方式优中选优，有效提升头脑风暴的成效。

61 如何促使学生在小组合作中有效交流？

小组交流讨论是合作学习中的关键一环，其在活跃课堂氛围、引导学生参与学习、突显学生主体地位等方面扮演着重要的角色。但在课堂中的小组讨论实践中，存在着流于形式的问题，不但没有让学生思想产生碰撞、引发学生思考，反而让整个课堂吵闹、无序。基于此，为促进学生在小组合作中的有效交流，笔者为教师提供以下建议。

（1）**强调个人先做好准备再来学校发言。** 为保证能在小组合作中有效交流，学生在来学校之前应做好准备。首先，学生可以在家利用信息技术等手段在网上收集相关资料，对项目有初步的认知和了解，然后将自己了解到的关键信息、产生的困惑用纸笔记录下来，以备小组交流。其次，初次开展合作的小组成员之间可以进行简单的破冰活动，以便快速了解和熟悉彼此，促进合作的开展。

（2）**确定小组讨论规则。** 例如，教师可引入"举牌发言"制度，即只有举起"发言牌"的学生才能发言，其他人都只能倾听，不得随意打断正在发言的同学，或做出干扰发言同学思路的行为。制定小组讨论的规则是让讨论从无序走向有序的关键。遵守发言规则、尊重发言同学，才能使讨论过程变得流畅。

（3）**制定小组讨论自我评价表。** 小组讨论自我评价表（见表 61-1）是一个具有反思性质的自我评价工具。请学生用此表进行自我评价的目的是引导学生养成良好的小组讨论参与习惯，在小组讨论中遵守规则、及时地反馈个人表现。同时，和其他的评价表一样，小组讨论自我评价表也是引导学生规范和提升讨论表现的重要工具。

表 61-1 小组讨论自我评价表

我 的 表 现	基 本 情 况		
1. 在讨论中，我积极举牌发言	经常	一般	有待改进
2. 我认真倾听他人的发言	经常	一般	有待改进
3. 发言时，我会结合他人的观点	经常	一般	有待改进
4. 我在讨论中发表自己的观点	经常	一般	有待改进
5. 我会和小组成员积极讨论	经常	一般	有待改进
6. 我在讨论时会将我的资料分享给小组成员	经常	一般	有待改进

（4）**适时给予学生帮助，提高学生交流效率**。在小组讨论中，学生可能会遇到难题，这时候就需要教师及时引导，避免学生一直卡在难题或者处于难题争执中。教师在引导时要善于发现并引出各知识之间的联系，将新旧知识进行衔接。这样，即使学生对知识的认识水平有差异，通过教师适当引导之后，组内同学也可以相互启发，发挥互补作用，一起解决难题。但特别需要注意的是，教师作为整个教学班级的引导者，需要顾及所有学生的讨论需要，切勿只深度参与一组讨论，忽视其他小组学生的指导需求。

62 如何评价学生的小组合作表现？

学生小组任务完成情况的评价是 PBL 评价中独有的环节，之所以设立这一环节，是基于以下两点：一是把握小组的项目完成度；二是检验小组成员的协作能力。评价学生小组任务完成情况应该采取过程性评价与总结性评价、小组内学生互评与小组间互评、教师对小组及个人的评价与学生自评相结合的多元化评价方式，如评价小组任务中的个人完成情况和小组合作情况。个人要评价准备充分性、任务完成及时性等。小组合作要评价对其他人的任务的了解程度、对总体目标的了解程度、任务完成性及其与各板块间的契合程度等。

在做小组合作评价时，要注意细化小组合作的各个维度，保证评价标准清晰、明确，为学生合作能力的提升提供指导。表 62-1 是 PBL 合作学习评分表，供学生参考好的合作表现应包含哪些维度。

表 62-1　PBL 合作学习评分表：学生个人表现（适合 3～5 年级学生）

	还 需 提 高	渐 入 佳 境	熟 能 生 巧
学习自主性和责任感	• 我需要做好准备，参与小组讨论 • 我需要别人提醒我才能意识到我得参加小组合作 • 我的小组任务没有按时完成 • 我需要学习如何根据别人的反馈来改善我的表现	• 我准备好了参加小组讨论 • 我做了一些小组任务，但有时候需要别人提醒才想得起来完成 • 我按时完成了大部分的小组任务 • 我有时候能根据别人的反馈意见进行修改	• 我做好了充分的小组合作准备，阅读了相关资料，这些资料帮助我更好地在小组讨论时提出不同观点 • 我不需要别人提醒就能完成小组任务 • 我总是能按时完成小组任务 • 我能根据别人的反馈来改善我的表现
小组成员互帮互助	• 我需要小组成员帮助我解决问题 • 我需要学习如何让小组讨论更有效 • 我需要学习怎么能给别人提供有效的反馈 • 我需要学会在他人需要帮助的时候向他们提供帮助	• 我能和小组合作，但不能帮小组解决问题 • 我常常帮助小组有效进行讨论，但我问的问题不够好、观点表达不清晰 • 我能给别人反馈，但不一定总是有用 • 如果别人需要帮助，我能给他们提供帮助	• 我能帮助小组解决问题和管理冲突 • 我能帮助小组有效地开展讨论，遵守讨论的规定，能问出好问题并提出解决方案，能清晰地表达自己的观点 • 我能给别人提供有用反馈 • 如果有需要，我能向他人提供帮助，帮他们完成任务
尊重他人	• 我有时候对小组成员不礼貌或不友善（打断组员说话、忽略组员观点、说伤人的话） • 我需要学习倾听他人观点和友善地提出反对意见的技巧	• 我通常对小组成员很礼貌和友善 • 我有时听取别人的观点，并能友善地提出反对意见	• 我对小组成员礼貌而友善 • 我总是能听取别人的观点并友善地提出反对意见

续表

	还需提高	渐入佳境	熟能生巧
达成一致，遵守约定	• 我们需要学习怎么交流才能让小组成员一起工作 • 我们需要学习怎么在遵守小组约定的情况下讨论、做决定和化解冲突 • 我们需要学习如何遵守小组成员之间达成的约定	• 我们试着讨论作为一个小组应该怎么合作，但没有形成约定 • 我们通常遵守讨论、做决定和化解冲突的规则，但不总是能遵守 • 我们有时候能讨论遵守规则的程度，但不能遵守时需要老师给予指导	• 我们达成了小组应该如何协作的一致意见 • 我们遵守讨论、做决定和化解冲突的约定 • 我们能真诚地讨论小组成员是否遵守约定，以及还需采取哪些措施来促进约定的遵守
组织能力	• 我们在没有列出任务清单的时候就开始工作 • 我们需要学习怎么制订合作计划、记录合作进度，并在截止日期前完成工作 • 我们需要学习怎么布置任务和安排角色 • 我们需要学习怎么合理利用时间组织开会、整理和利用材料（阅读材料、个人笔记等）	• 我们创建了任务清单并给组员分配了任务，但任务不详细或未按清单逐项完成 • 我们设定了完成任务的计划，但是没有根据计划完成 • 我们布置了任务和角色，但是没有按计划执行；或者我们选择了一位组长，绝大多数决定都是组长做出的 • 我们通常能有效利用时间开会讨论，但有时会浪费时间；我们把学习材料、讨论笔记等都保留了，但是没有整理	• 我们创建了包含大量细节的任务清单，并且在组员间合理分配了任务 • 我们制订了任务计划并且根据计划追踪进度，时时参照目标，保持一致 • 我们根据组员特长分配了任务 • 我们有效利用时间组织开会和讨论，并把学习材料、讨论笔记等归纳整理好

续表

	还需提高	渐入佳境	熟能生巧
组内协作	• 我们需要学习怎么利用组员的特长、专长 • 我们需要学习作为一个小组我们应该如何完成这个项目的学习	• 我们试着利用组员的特长、专长 • 绝大部分任务都是小组成员分开完成，最后把成果汇总到一起的	• 我们发现并利用了组员各自的特长、专长

表 62-1 设置得如此细致是为了使学生清晰地看到、感受到培养合作能力的清晰路径，形成对小组合作的自主性和责任感，以及在互帮互助、尊重他人等方面做出一个相对客观公正的评价，进而在下次 PBL 中，从各个方面做出调整，发挥优势，弥补不足。

此外，组内同学互评也是评价小组合作表现的好方法。图 62-1 是小组合作同伴互评打分表模板。同伴互评的优势在于充分了解同学间的想法，促进下一轮协作。在使用同伴互评方法时，教师要注意引导学生在互评结束后再次展开组内交流，鼓励学生之间说明打分依据，帮助学生根据表现进行完善，同时也能帮助学生个人获得来自多位组员的反馈。

小组合作同伴互评打分表

姓名：＿＿＿＿＿＿＿＿＿＿＿＿＿＿　　小组名称：＿＿＿＿＿＿＿＿＿＿＿

请对小组成员的合作表现进行评价。请用 1~4 分来表示您同意左侧陈述的程度（1 ＝完全不同意；　2 ＝不同意；　3 ＝同意；　4 ＝完全同意）。

评价标准	组员 1	组员 2	组员 3	组员 4	组员 5	组员 6
经常按时参加小组讨论						
对小组讨论做出有意义的贡献						
按时完成小组任务						
高质量完成合作前的准备工作						
在合作中展现出协作、支持的态度						
对项目成功做出了重要贡献						
总分：						

图 62-1　小组合作同伴互评打分表

在小组合作同伴互评打分表的基础上，教师还可根据学生在合作中的表现适当修改评价维度，或者根据学生年龄增减评价维度等。小组合作并无"标准评价"的说法，教师可将在课堂中观察到的好的、值得推广的优秀合作表现纳入评价表中，形成评价标准，向所有同学提出更新、更高的要求，帮助学生将合作能力内化为合作本能，以应对未来职场的要求。

63 PBL 中为何要融入信息技术作为认知工具？

信息素养是 21 世纪核心素养，也是信息时代公民的基本素养，是个体生存于信息社会的关键能力与必备品格。当前，信息素养可被理解为一种包含意识、知识、技能及态度、价值观的综合素养。信息时代的教师，应具备利用信息技术促进专业发展的能力。同样，信息时代的学习者，信息素养的养成具有非常重要的意义。信息素养作为一种与信息技术发展密切相关的素养，必然需要通过信息技术在教学中的常态化应用来不断提升。在信息素养教学实践中，教师和学生可应用信息技术开展活动探索，获取信息，分析和应用信息并解决问题，促进 PBL 任务完成[1]。

技术是认知的好工具，在 PBL 中融入信息技术作为认知工具，能够极大地促进学生认知过程的发生，具有重大的价值。信息技术是学生学习课程内容、培养技能的学习脚手架，能够帮助他们通过转换方式理解较难理解的知识。这些信息技术工具大多通过仿真软件、虚拟现实技术等营造一种一般教学场景中不具备的、接近现实的实验场景，让学生体验近乎真实的学习情境，降低因与现实世界的隔离感而产生的认知负荷。对于物理、化学等理科，就有很多虚拟仿真实验平台，如 NOBOOK 虚拟实验室等。在项目式教学中，教师可以利用较成熟的技术工具给予支撑，如希沃白板中的创建课件、备授课应用等功能都能为教师的常态化教学提供很大帮助。

[1] 吴砥，王美倩，杨金勇. 智能时代的信息素养：内涵、价值取向与发展路径 [J]. 开放教育研究，2021, 27(3): 46-53.

　　基于此，国际上对于教师教学所需要的知识已形成共识。针对教师信息化教学素养，也提出了一套 TPACK 理论，如图 63-1 所示。TPACK 框架包含三个基本要素和四个复合要素。其中，三个基本要素分别为内容知识（CK）、教学知识（PK）和技术知识（TK），四个复合要素分别为学科教学知识（PCK）、整合技术的学科内容知识（TCK）、整合技术的教学知识（TPK）、整合技术的学科教学知识（TPACK）。教师，尤其是新手，可以通过强化 PK、TPK 和 TCK来促进 TPACK 的发展[1]。其中融入信息技术的 PBL 属于整合技术的教学知识，即 TPK。而 TPK

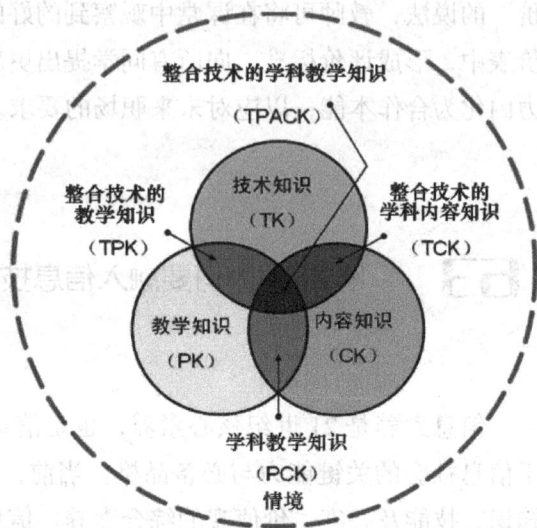

图 63-1　TPACK 理论

既是重点，也是难点。大多教学经验丰富的教师具有极强的 PK，但是大部分教师由于教龄较长、信息素养不高，其 TK 水平往往不高；而 TK 丰富的教师，往往是年轻一代的教师，教学经验少，他们的 PK 往往比较欠缺，整合了 TK 和 PK的 TPK 是难点，因此 TPK 掌握较好的教师较少。但是掌握 TPK 的教师在 PBL过程中往往游刃有余，TPK 在 PBL 中也是重点。所以教师在信息时代应积极利用新技术促进其 TPACK，尤其是 TPK 的提升，以完成他们在学校教育教学中的时代角色转变[2]。随着以人工智能为首的新一代信息技术的迅速发展，信息技术在教育中势必会发挥出更大的价值。在现阶段很多企业的现代化项目中，技术在其中发挥很大作用，而且 PBL 在学校中开展，模拟真实的企业工作的场景，那么就应该在 PBL 中加入与课程相契合的信息技术作为教学工具。而认知工具是辅助学生进行 PBL 的重要工具，所以 PBL 中要融入信息技术作为认知工具。

[1]　许如聪，董艳，鲁利娟. 基于九因子模型的新手教师 TPACK 知识结构分析 [J]. 现代远程教育研究，2015(1): 98-105.
[2]　董艳，和静宇，司刊的尔，等. 促进 TPACK 知识提升的高中教师技术应用能动性研究 [J]. 中国电化教育，2019(10): 117-123.

最后，教师可以根据 TPK 量表（见表 63-1），反思自己运用教育技术开展教学的实践，明确下一步的提高方向。

表 63-1　TPK 量表[1]

维　度	题　目
技术知识 （TK）	1. 我有能力解决遇到的一些硬件技术问题（如计算机屏幕无法投影、网络无法连接等）
	2. 我有能力解决教学软件问题（如下载适当的插件、安装程序、在 PPT 中插入动画等）
	3. 我能紧跟主流技术的前沿发展
教学知识 （PK）	4. 我有能力确定适合某一概念教学的恰当策略
	5. 我有能力在教学上真正做到因材施教
	6. 我有能力根据学生的表现或反馈及时调整教学方法
整合技术的 教学知识 （TPK）	7. 我能合理地在课堂中使用技术，从而促进学生知识和技能的获得
	8. 我能在技术条件下实施不同的教学方法（如计算机技术支持的协作学习、Webquest 等）
	9. 我有能力鼓励学生利用技术进行教学交互
	10. 我有能力调节技术环境中学生的教学交互活动

64 在 PBL 中使用信息技术需要注意哪些问题？

要培养学生的信息技术素养，教师就要将技术使用作为贯穿 PBL 的一部分，重视发挥技术的工具作用，切实将技术工具的使用落实在教与学的过程中（如查资料、合作文档、录视频、编辑视频等），而不能仅将其用于成果展示。虽然近

---

[1] 黄冬明，高莉娜，王海燕. 高中教师 TPACK 现状调查与分析——来自 N 市的报告 [J]. 现代教育技术，2013, 23(2): 37-42, 51.

年来信息技术迅速走进我国各地的中小学课堂，越来越多的教师和学生获得了使用信息技术工具开展教学的便利条件，然而信息技术工具的使用却始终难以突破 PPT 讲课的瓶颈。而在项目式教学课堂中，在信息技术的支持下，教师要敢于使用教室中的技术设备、多媒体软件和其他技术工具等，培养学生成为懂工具和会用工具的人才。

要在项目式教学流程中使用技术，教师就要在开展教学前充分做好思想转变和教学规划。在思想转变中，教师要做到"三要"与"三不要"。"三要"包括：

- 要与其他教师、教学管理者、技术专家等共同合作和规划，高效地将学习项目与学习标准进行结合，充分地利用技术优势，有针对性地解决教学问题；

- 要意识到 PBL 的最佳实践是开展个性化、分层教学，因此技术的使用应具有一定的开放性，保证学生能找到自己的学习兴趣和风格；

- 要权衡学生已知已会和未知未会的技术知识和技能，将技术知识和技能设计成 PBL 的一部分。

"三不要"包括：

- 不要因为技术"很酷"或"很新潮"就选择使用，要确保使用的技术与项目相关；

- 不要有"每个阶段都要用技术"的思想，只在教学时机合适时使用；

- 不要认为"不使用技术，学生就对项目不感兴趣"。

提高学生信息技术素养不是简单地在教学中加入技术元素，而是要使用技术来理解和加强沟通，在数字空间中找到自我，在信息时代中管理知识和经验。因此，笔者为教师提供在项目式教学中将信息技术作为学习脚手架和提高学生信息技术使用能力时需要注意的一些问题，供教师参考。

（1）**善用社交工具进行合作**。近年来，由于通信软硬件服务的普及，很多学生在进入大学以前就已经活跃于各种社交媒体上，甚至比教师更擅长使用社交工具，因此将社交媒体作为教育平台使用是一种切实可行的方法。在我国，微信、QQ、微博等具有极强社交属性的沟通工具常被用作工作交流工具，其中的群组功能和信息发布功能都可以用来作为 PBL 中的合作工具。例如，学生可以在微博上发起投票或联系行业专家，微信、QQ 等群组功能可以用来进行组内协作，在线合作文档（如腾讯文档）可提供组内多人同时对文档进行编辑、整理的功能。

教师在教学设计中可以善用这些工具，设定使用规则，鼓励学生针对合作需求选用适合的工具，提高合作效率。

（2）**帮助学生管理技术使用行为。**如上一条所述，使用社交工具进行合作是一项有效提高学生技术使用能力的方法。然而，这种行为本身也会引起学生分心，出现学习效率降低等情况。在使用技术工具时如何专注于任务、不分心是一项重要的技术素养技能。因此，教师在引导学生使用这些工具时，要制定相应的行为规范。行为规范可包括规定技术工具的使用时段、设备静音、限制学生可使用的工具和程序等。最后，在每次使用技术工具后，要求学生反思，他们是如何使用工具的，使用时有没有出现分心、开小差、使用与项目不相关的功能等问题，帮助学生获得管理技术工具使用的能力。

（3）**引导学生走出技术舒适区。**每位学生都有自己经常使用的技术工具，并习惯性地选用他们熟悉的工具。但在 PBL 中运用技术时，"最熟悉"并不意味着"最合适"。教师要引导学生根据项目需求了解、学习和使用技术工具。例如，很多学生习惯用简短的信息进行交流，或者希望用拍摄短视频的方式制作项目成果。然而很多项目成果最适合的展示方式是完整的、篇幅较长的项目报告或需要配图的文字说明，那么走出舒适区就意味着学生要使用不熟悉的正式文体写作或采用播客等形式来完成。在这种情况下，教师要在项目式教学活动中有意识地设计技术工具的说明和使用活动，给予学生充分的时间和机会来熟悉技术工具，做到能自如地运用技术工具形成学习成果。

（4）**强调批判性思维的重要性。**如今，网络上充斥着大量的信息，这种信息的低成本可得性也意味着学生更容易受到潜意识信息、错误信息和假新闻的影响，这对学生进行信息可信度判断的能力提出了新的要求。因此，教师要培养学生成为关键信息的阅读者。在项目式教学过程中，鼓励学生提出问题，然后通过检查信息来源的方式检查信息的客观性和可信度，进而找到问题答案。

（5）**教授信息使用规范，杜绝抄袭。**在项目进行过程中，学生会进行很多在线查找资料、写作项目方案或报告的学习活动。在信息爆炸的今天，学生必须学会正确使用网络信息的方法。在项目进行过程中，学生经常阅读到令他们眼前一亮的观点或方法，因此想在项目中体现和运用这些阅读材料。但在此时，学生容易抄袭，而非正确引用。因此，在 PBL 过程中，教师要教授学生如何通过做好笔记、正确引用文献或引述来避免抄袭。

65 如何选对信息技术这款"调味料"？

　　我们把辅助 PBL 的信息技术比喻成调味料，是因为信息技术的使用能让学生融入有意义的学习任务完成过程，鼓励学生运用不同的方法解决问题，调动学生多种感官，主动进行知识建构[1]。信息技术与课堂教学深度融合，既能发挥教师的主导作用，又能保证学生的主体地位，但同时，技术的运用不应该喧宾夺主，如果仅为了增加课堂科技感而运用不与学生学习需求接轨的技术，则不利于学生学习。因此，在设计 PBL 时，教师对技术工具的使用必须有明确的考虑和设计。下面分享一些 PBL 中适合利用技术进行辅助的教学环节和教学活动，为教师的教育技术运用提供参考。

　　（1）利用信息技术支持探究。在 PBL 中，探究过程常常是一个持续的过程，学生需要更积极、更深入地探究来获取信息，而不仅仅在书上或者网上进行简单的信息查找。探究也是一个不断迭代的过程，当遇到一个有挑战性的问题时，学生利用信息技术来寻找回答这些问题的资源，在基于所得信息阅读和思考的过程中又会产生更加深层次的问题，直到找到令人满意的解决方案或答案为止。这个过程中对信息技术的运用加强了探究过程与现实世界的联系。教师和学生在探究过程中，可以用到多种技术，如教师可以考虑使用百度学术、中国知网等收集图文资料，利用音视频记录访谈过程，利用在线问卷工具来调查用户需求等。

　　（2）利用信息技术促进学生参与。学生积极参与可以树立对学习项目的主人翁意识，主动关心项目进展，在 PBL 中不断提升自我。学生的积极参与主要表现在主动提出问题、使用资源寻找问题答案、作为团队成员承担任务和扮演角色、形成学习成果等方面具有发言权和选择权。这一学习过程可以选择使用在线文档、问卷星等工具来提高学生的参与度，将学生的想法和选择实时、快速地整合到教学过程和教学决策中。

　　（3）利用信息技术进行 PBL 管理。本书第 34 问中介绍了打造 PBL 课堂环

---

[1] 黄纯国，殷常鸿. 信息技术环境下的项目学习研究 [J]. 中国电化教育，2007(5): 74-76.

境和课堂文化的方法，其中提到在教室中设置项目墙来帮助学生动态地管理学习进程。而 PBL 管理也可以使用技术工具或在技术平台上开展。例如，教师可鼓励学生以小组为单位使用在线协作工具管理小组合作进程，随时随地记笔记，记录产生的新想法，进行组内文档编辑，收集、收藏和使用相关资料，提醒项目关键时间节点，并在全组内形成信息和进度的统一。使用技术进行 PBL 管理可以帮助学生在项目进行中主动学习，而不只是简单地利用技术完成最终产品的制作。

（4）利用信息技术进行反思。教师可以引导学生通过写作反思，写作形式包括撰写反思日记、学习日志等，或利用在线合作文档来开展以小组为单位或全班同学都参与的集体在线记录和展示反思，也可以引导学生使用博客平台来记录和展示反思。此外，教师还可以引导学生将自己的学习反思录制成视频上传到网络视频平台来记录和积累反思。

（5）利用信息技术支持学习产出。公开学生学习产出能提升学生参与 PBL 的动力，提高学习质量。同时，制作学习产出的过程也是学生将所学的知识有形化的过程，帮助他们更好地分享和讨论他们的所学。在完成了学习产出后，学生可以利用公开化的产出来与家长、社会上各行各业的听众、专家进行沟通。在这个沟通过程中，学生可以使用利于陈述和表达的工具，如 PPT 等。学生如果想要自己的演讲更有趣，可以观看优秀的演讲视频来学习。学生也可以在网络空间制作和发表自己的项目作品集。视频也是展示学习产出的理想工具。

（6）使用信息技术与观众进行真实地交流。在很多情况下，由于时间和地理条件的限制，教师和学生无法将真实观众带入课堂。使用在线技术工具则能帮助教师和学生将观众带入课堂。教师可考虑在项目的开始、中期或结束时使用技术与学生互动。

综上，教师开展项目学习的过程中要融入技术工具的介绍、使用和练习，以便学生在项目的各个阶段能自如地运用恰当的技术工具来协助完成学习。在高度全球化、数字化的时代，使用技术对每一位学生都至关重要，是每一位学生都应掌握的学习和工作技能。然而，在 PBL 课堂中不能为了使用技术而使用技术。只有在学习过程中利用技术让学生为世界创作有意义、专业和相关的作品，技术的使用才有意义。

第

5

章

PBL评价与反馈

66　PBL 评价与传统学习评价有何不同？

　　学习评价是依据教学目标对教学过程及结果进行的价值判断，是为教学决策服务的活动，是对教学活动现实的或潜在的价值做出判断的过程。学习评价不仅可以对学生学习进行评价，也可以对教师教学开展进行评价。在传统课堂中，学习评价的主要功能是测试学生对已学知识的掌握程度，其形式较为固定，主要是通过测验、考试等方式进行，评价内容通常为学生的已学知识。

　　传统的教学评价的本质是评估学校是否完成培养有一定知识和技能的人才这一目标，评估教学是否达标的方式就是对学生进行测试，看他们是否获得了标准规定应掌握的知识和技能。因此，传统的教学评价通常是通过做题的方式来考查学生对知识点的掌握。在测验或考试中，学生凭借着记忆和知识在理论层面的应用来解答选择题、填空题、应用题，且通常为标准化考核，即在全年级、全区、全市、全省层面进行统一考查。传统教学评价的本质是培养统一化、标准化的人才，为社会生产力的发展提供人才保障。

　　然而，开展 PBL 的目的是要培养面向未来的世界公民，要帮助学生熟练地掌握技能，用于解决实际问题。PBL 成功的标志在于学校和教师将现实世界中的挑战复制到课堂，要求学生完成有意义的学习任务，以此来评判学生的知识和技能的掌握情况，并以此为根据，在后续的教学中不断修正和调整教学设计，实现培养具备 21 世纪技能的人才这一目标。因此，PBL 在传统知识教育的基础上增加了技能和态度情感等培养目标，形成了完备的人才观。PBL 强调为学生提供真实的学习体验，因此其评价也要突出真实性的特点。表 66-1 总结了传统教学评价与项目式教学评价的特点差异。

表 66-1　传统教学评价与项目式教学评价的特点差异

传统教学评价	项目式教学评价
要求学生对特定问题作答	要求学生完成项目中的学习任务
教师人为设计	来源于现实世界
通过回忆知识和识别概念来作答	通过知识建构和运用来完成

续表

传统教学评价	项目式教学评价
教师出题	学生解决自己提出的问题
提供非直接的学习证据	提供直接的学习证据

　　从表 66-1 中可看出，传统教学评价与项目式教学评价有五个方面的不同。第一，与传统教学评价方式通过使学生做出简单的判断或选择不同，项目式教学评价要求学生通过在完成复杂任务的过程中开展更有意义的知识和技能应用来展示他们对所学内容的理解。第二，在现实世界中，我们很少需要通过在四个选项中做出选择的方式来展现对事物的理解，或对某技能的掌握程度。而在日常生活情境中，我们更多是通过完成某事或某任务来展现某技能的熟练度。因此，传统教学评价方法与现实世界脱节是其受到越来越多的教育研究者诟病的主要原因。第三，传统教学评价方法（测验、考试等）通常是由教师精心设计的，能有效确定学生对知识点的掌握情况。虽然在 PBL 中考试和测验也常用作对真实学习评价的一种补充，但项目式教学更强调学生通过知识建构，真实地分析、综合应用他们所学的知识来解决问题，且在这个过程中建构新的意义。第四，在传统教学评价中，学生的学习成果只能通过测试来体现，也就是说，学生学习成果能否体现取决于出题人的选择。在这种情况下，学生的注意力只能集中在与测试相关的内容上，且很难有扩展。而在项目式教学评价中，学生和教师可以选择能作为学生学习证据的学习成果来构建评价框架。即使学生不能选择评价形式或方式，他们还是可以自主地完成学习任务。虽然这种不由教师严格控制的评价方式有利有弊，但在具体的评价过程中，教师还是可以在各个阶段选择利大于弊的评价方式。第五，在传统教学评价方式下，即使学生答对了问题，也很难说明学生对这个问题的了解是全面、系统的，而不是运气使然。这种间接的学习证据对学生本人和教师来说都难以判断，与在复杂的现实问题中有意义地应用知识这个目标更是相去甚远。项目式教学评价的丰富性和多样性为学生和教师都提供了更好的教学和学习抓手，能直接促使教师调整教学策略，更能直观地帮助学生了解自己的知识和技能掌握情况。

67　PBL 评价的特点和主要方式有哪些？

与传统教学的线性教学不同，项目式教学包含了许多教学活动和关键教学节点。因此，项目式教学不仅要在项目式教学结束后对学生整个项目的学习成果进行评价（也称为终结性评价），更要在每个关键教学节点及时地进行形成性评价。形成性评价是在教育、教学活动的计划实施过程中，为了解动态过程的效果，及时反馈信息，及时调节，使计划、方案不断完善，以便顺利达到预期目的而进行的评价。它提倡的是学生通过课程活动获得发展的过程。形成性评价包括观察、交流、测验、实际操作、作品展示、自评与互评等多种方式。与形成性评价相对应的是终结性评价，即对课堂教学的达成结果进行恰当的、全面的，也可以是鉴定性的评价。一个单元、一个模块或一个学期的教学结束后对最终结果进行的评价，都属于终结性评价。两种评价方式的比较见表 67-1。

表 67-1　形成性评价与终结性评价

评价类型	形成性评价	终结性评价
特　　点	即时、动态、多次地提供反馈；评价学习有效性，对教与学进行及时调整，是为了改进学习表现的评价。评价过程相对较为繁琐，但可以激发学生内在学习动机	注重学习结果的评价，一般在课程、学期结束后进行，是对阶段性学习成果的评价。评价过程相对简单，但对教学活动的指导作用不明显
类比理解	像恒温器，根据与既定标准温度的关系来标示室温，随后可以制定各种修改程序，直至室温达到标准温度为止	像寒暑表，可能是十分精确的，但仅反映了室温，对室温不起调控作用
共同点	教育评价的下位概念、依据评价目标收集有关信息、分析学习目标达成程度的一种手段	

从项目式教学的评价维度来说，PBL 评价可以从知识、技能和情感态度三方面展开，不仅要对学生的学习成果有规划、预测、管理和评价，更要对学习过程

进行监测，使其更好地服务于学习成果的达成。在评价的内容和频率上，PBL 也会对学生的学习状态、学习过程、学习结果给出评价。成功的知识评价应该具备以下特点：

- 在学生的学习过程中开展各种形式的评价；
- 教师在课堂中不断观察学生的学习表现，监督学生进步；
- 在每节课中，学生都有机会分享他们在课堂中的想法、感受和理解；
- 学生在每节课上都可以得到来自教师、同伴等的反馈，帮助他们了解自己的优点和缺点；
- 教师利用评价信息不断修改教学方法，更好地帮助学生学习，而非单纯给学生打分。

高频率地在项目进行的各个阶段使用形成性评价是 PBL 的一大特点，因为形成性评价真实地反映了课堂上发生的学习活动、学生在学习过程中习得的知识和技能。形成性评价在 PBL 课堂上发挥着重要的作用，因为课堂环境是允许学生犯错的安全环境，学生在最初的尝试过程中无法达到标准是正常的，而形成性评价为学生提供了分析、重新设计和坚持解决问题的机会。

PBL 评价也要针对技能展开。在 PBL 过程中，教师要在学生的日常学习表现中根据以下标准来判断学生的各项能力是否提高：

- 学生可以为特定问题提出多种可能的解决方案；
- 学生以巧妙和富有想象力的方式将给定的材料和想法结合起来，创造解决方案；
- 学生可以表达自己创造性和创新性的想法，同时增加对学习的好奇心和兴趣；
- 学生使用多种沟通方式，清晰地传达信息；
- 学生在规划、设计和评价解决方案时，能够进行批判性、分析性和深思熟虑的思考。

PBL 评价还有助于学生培养特定的态度和能力，帮助他们更好地适应未来的发展。教师要关注学生在项目期间和项目结束后的反应，根据以下标准判断学生掌握社交情感能力的情况：

- 表现出更强的同理心，即表现出理解和关心他人以及关注影响生活质量的社会问题；

- 对做出的决定越来越负责任，坚持不懈地解决问题；
- 对自己的学习拥有更多的自主权；
- 在课堂上表现出积极的态度和参与度；
- 对学习表现出更多的兴趣。

关于如何根据评价维度和评价手段来制定评价框架，本书将在第 68 问具体介绍。从评价提供者来看，项目式教学中充分运用了自我评价、同伴互评、教师观察描述评价、专家评价、社区成员评价等多种评价来源，更接近现实世界中获得评价的方式。

（1）**自我评价**。21 世纪人才重要的技能之一就是学会学习。因此培养学生自主学习的能力非常重要，而自主学习能力的培养离不开学生对自己的学习进行自我评价。在项目式教学中，教师要鼓励学生管理自己的学习，而不是过度依赖他人给出的评价。因此，教师要为学生提供自我评价指导，即帮助学生全面领会自我评价的标准/维度（即好的学习产出或成果应该是什么样），认识到自己当前的水平与标准水平、优异水平之间的差距体现在哪些方面，并采取必要的行动去缩小与榜样之间的差距[1]。此外，教师要帮助学生认识到，自我评价是终结性评价的重要组成部分，因为它涉及对材料、过程和最终产品的更深层次的思考，帮助学生思考下一次的任务和目标。学生自我评价可以通过自我量表打分、口头报告，或写作评价形式来完成。

（2）**同伴互评**。同伴互评比师生评价带给学生的评价压力相对较小，易于为学生创造一个轻松愉快的评价氛围。研究表明，在 PBL 中使用同伴互评能提高学生的效能感，促进学生间的学习合作过程，让学生对自己的工作负责（努力、对团队的建设性贡献等）。对于教师来说，同伴互评的材料和结果也可以帮助教师修改下一个项目的工作流程。在同伴互评的过程中，教师需要注意可能会由于学生间相互熟识而造成同伴之间流于形式的免评，甚至成为学生自己给自己评价。因此，教师在同伴互评过程中要做好监督工作。

（3）**教师观察描述评价**。教师观察描述评价是教师根据观察描述学生达成了何种程度的成果来判定是否实现了教学目标的形成性评价方法。这一评价方式需

---

[1]　FALCHIKOV B. N. Quantitative Studies of Student Self-Assessment in Higher Education: A Critical Analysis of Findings[J]. Higher Education, 1989, 18(5):529-549.

要教师根据项目式教学内容设计具体的维度，及使用适当的分值来衡量学生已有成果与理想效果之间的差距。教师可以在第一次进行项目式教学时开发和设计观察描述量表，在教学过程中观察学生的学习表现对量表做出调整，以便在稍后的教学中改进和使用。

（4）专家评价。这些专家可以是大学中对某问题有深入研究的教授、学者，也可以是各行业的从业者，或是对项目研究问题具有丰富经验的学生家长等。PBL的核心理念之一就是要为学生带来真实或高度接近真实的学习体验。因此，在学习评价中引入专家评价更能为学生提供广阔的评价视角，提升评价内容的专业性，且专家评价有时甚至比教师评价更有意义，因为专家不但能提供内容上的深度反馈，更能分享某一领域或行业的思考方法和思维框架。

（5）社区成员评价。听取多方意见是PBL评价的一个特点，仅从教师、同伴和专家处获得评价依然是不够的。因为PBL中的很多内容是高度接近现实生活的，如幼儿及小学初段的"识别天气并为社区提供出行穿衣建议"的项目，其最好的评委就是社区成员。让学生倾听社区成员的反馈，不仅有助于提升学生的沟通能力，还能够真正改进学生的学习方式。

形成性评价是PBL的主要评价方式，也是激励学生学习和培养学生自我意识的重要工具。形成性评价可以促进PBL的有效开展。需要注意的是，形成性评价与表扬不同，表扬是对学生的激励措施，形成性评价则是围绕学习者的表现给予的客观而中肯的判断，是为了促进学习者更好地达到学习的目标或深度的有效学习。在接下来的问题中，笔者将对PBL的多元化评价法进行更详细的介绍，帮助教师根据不同的教学主题、内容、设计，合理选择最佳的评价方法、体系来对学生进行评价。

68　如何设计和制定 PBL 评价标准和框架？

评价标准作为一种评估工具在教学活动中起到极其重要的作用。评价标准通常概述了教师对学生学习表现的期望，描述了学生学习表现中接受评估的项目，规定了评估这些学习表现的准则。评价标准为学生提供了清晰的预期表现和学习成果描述，是帮助学生衡量其学习过程和学习表现的好工具，也为教师和学生间开展有关高效学习的对话提供了机会和平台。要设计和制定好的评价标准和框架，笔者建议教师采取以下三个步骤：明确评价标准的作用，掌握制定评价标准时的维度和使用时的注意事项，以及制定知识、技能和情感态度三方面的评价标准。

第一步，明确评价标准的作用。在项目式教学中，评价标准具有举足轻重的地位。它通常是教与学评价标准的组合，对项目式教学具有以下方面的指导作用：

- 明确项目式教学的目标和预期；
- 充分考虑每个教学细节及学习项目的整体设计；
- 列出将要对学生进行评估的维度；
- 解释每个维度中的每个评价项目中的优异表现需要达到的水平和证据；
- 帮助学生构建达到优异水平的做法和路径；
- 防止评估过程中产生主观判断和偏见。

第二步，掌握制定评价标准时的维度和使用时的注意事项。明确了评价标准的具体指导作用后，教师要对如何制定好的学习评价标准做到心中有数。笔者为教师总结了制定评价标准时的三个维度和使用评价标准时的两个注意事项。在制定评价标准时，要做到：①标准的选择明确，即所有的标准都清晰、直观，大纲与产品、产出相适应，与主题相适用；②标准中学习表现的级别划定要清晰，即每一个层级都有清晰的特点，可以为学生提供明确的进步路径；③语言要清晰易懂，即以写作评价标准的语言对所有即将使用该标准的使用者（学生、老师、专家等）来说都可理解、可用，标准清晰，用词的具体程度能让使用者较容易地给出分数。在使用评价标准时，要注意：①教师和学生共同制定标准，可使用过往学生的学习产出成果作为参考；②使用项目标准和学生沟通学习目标，即 PBL标准是学生的主要参考标准，用来讨论和指导学习过程，并对学生学习产出做出评估。

第三步，制定知识、技能和情感态度三方面的评价标准。在制定评价方案时，教师应首先对三个模块给予评价权重（见图 68-1），再具体设计每一模块内部的具体评价方式和活动。

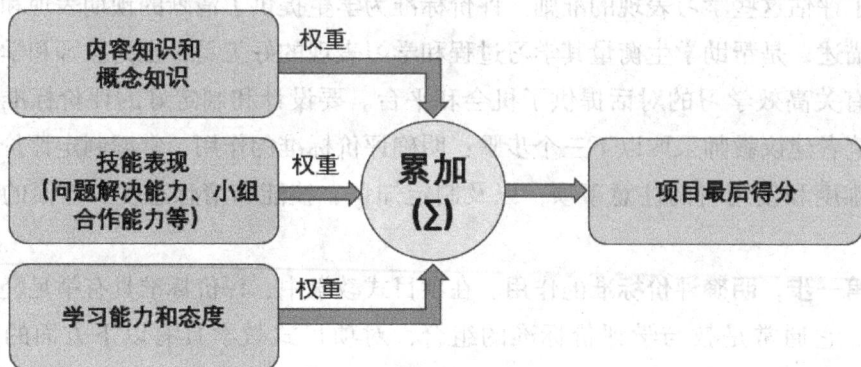

图 68-1　PBL 评价方法

　　内容知识的评价主要可以通过设计课后家庭作业、小测验、小考等方式开展，主要目的是了解学生对与项目相关的知识点的掌握情况。在设计题目时，教师要注意从已讲授过的知识点和教学材料出发，每一次的评价时间不宜过长，但可高频率地开展，如每课一评等。概念知识主要评价学生在用于开发解决方案的概念之间建立联系的能力，通常可以通过绘制概念地图、认知地图的方式进行。概念知识评价活动是帮助教师发现学生误区的理想途径，也是帮助学生在看似不相关的概念之间建立联系的好机会。内容知识和概念知识评价是 PBL 中客观性较强的评价模块。

　　技能表现的评价主要在 PBL 后期通过参考量表打分的方式进行。根据量表类型的不同，教师可在项目中开展自我评价、同伴互评、教师观察评价、专家评价等评价活动（详见本书第 67 问）。技能表现的评价与内容知识和概念知识的评价相比，具有更强的主观性，因此，教师在引导 PBL 经验较少的学生开展自我评价和同伴互评时，可适当控制此部分的评价权重。

　　学习能力和态度评价较少通过打分方式开展，而多以口头反思、写作反思等活动展开。这种评价的目的是促进学生在学习过程中积极观察、反思自己的学习过程，总结学习经验，找到适合自己的学习和思考方法，成为更高效的学习者。教师可以将学生通过学习能力和态度评价产生的材料作为反思教学、改进教学的材料。

　　完整、优质的项目式评价框架的要素较多，制定评价框架比较费时，对于刚接触 PBL 评价的教师来说会有难度。但评价标准制定是一项回报率极高的工作，一旦制定了这些标准，教师可以在不同的学习项目中运用评价标准，并根据项目的不同特点做出微调，为以后的学习评价节省许多时间。当学生了解了清晰的评价标准后，会对自己的成果做出更加准确的期望，并驱动自己学习，这个过程也会帮助学生和教师共同对学习负责。

69　为什么说开展 PBL 评价要胆大心细？

　　开展 PBL 评价要 "胆大心细"。这里的 "胆大" 指的是项目式教学的目标是宏大的，通过 PBL 评价标准的制定，教师要为学生绘制学习地图，为学生提供清晰的目标和成长的路径，培养学生成为具备 21 世纪核心素养的、面向未来的人才。与传统教学对学生单一维度的学习能力的培养相比，如今的学校课程与学科教学要培养学生多方面的能力，例如，学科及 21 世纪主题能力，学习能力与创新能力，信息、媒体与技术能力，生存能力与职业技能等。同时，也是对教师开展教学提出了更高的要求。学习的目的不再是掌握与现实世界脱节的孤立的、碎片化的、僵化的知识，而在于帮助学生建构通用的、综合的、无界的、分享的知识和技能 [1]。一方面是对学生全方位的知识和能力培养提出了更高的要求，另一方面是课堂教学时间并未因此延长，这就要求教师要在有限的时间里丰富教学目标、增加教学维度。

　　"心细" 指的是整个 PBL 评价标准要将学生某一学习行为的全方位表现形式及其应达到的标准详细描述出来，以帮助学生本人、其他学生、教师都能较容易地对一个学生的学习行为做出评价。从每一节课的微观层面来看，教师要将宏大的目标分解开来并将其具体化，即在教学的每一个阶段、每一节课，甚至是每一节课的某个关键的节点，教师都需要耐心、细致地做教学设计，制定清晰、适用的教学评价标准，方便学生时时对照。

[1]　钟启泉. 基于核心素养的课程发展：挑战与课题 [J]. 全球教育展望，2016, 45(1): 3-25.

只有当目标明确、路径清晰，学生和教师头脑中都有清晰的路径图时，学生才能参考标准，往正确的方向改进自己的学习，而不是猜测教师更喜欢什么样的答案；教师可以更加公平、有效地给学生评价和反馈意见，并改进教学设计。因此，本书认为教学评价标准可以更精准地明确学生需要达到的学习成果。标准的制定主要基于学生日常学习表现，教师在参考教学大纲的基础上，以一个班级、年级或区域内同年级学生可以达到的最高标准为自己教学的参考标准，制定3～5个达到这一标准的学习表现层次，使学生树立以达到某一层次为阶段性学习目标。这个标准的制定过程可以邀请学生参加，但标准一旦确定，教师和学生就要确保标准的公平性，同学之间也应互相监督，并积极参与到帮助达成目标的课堂任务当中。

例如，在3～8岁阶段的评价标准中，教师要培养学生具备面向真实观众独立、完整、和观众有交流地完成PBL口头报告的能力。这个教学目标看似非常"胆大"，对于这一阶段的学生来说似乎是极高的要求，但如果教师能把达成这一目标的路径细致、清晰地呈现给学生，学生就能在多次练习和收到反馈后达到目标。美国巴克教育研究所制定的幼儿PBL口头评价标准（见图69-1），提供了一个在PBL课堂中制定口头报告评价的示例。

我的报告有清晰的开头、内容和结尾。

1. 我还在学习　　2. 我有时能做到　　3. 我总是能做到

我在口头报告中能使用图片、表格和其他工具，以辅助我表达得更清楚。

1. 我还在学习　　2. 我有时能做到　　3. 我总是能做到

图 69-1　3～8 岁学生口头评价标准

在口头报告时，我的眼睛看着观众。

| 1. 我还在练习 | 2. 我有时能做到 | 3. 我总是能做到 |

我能大声、清晰地做口头报告。

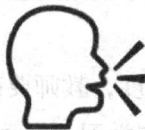

| 1. 我还在练习 | 2. 我有时能做到 | 3. 我总是能做到 |

我能回答听众（或观众）提出的问题。

| 1. 我还在学习 | 2. 我有时能做到 | 3. 我总是能做到 |

图 69-1　3～8 岁学生口头评价标准（续）

　　在培养 3～8 岁学生的口头报告能力时，学生可能较难理解什么是"好"的口头报告，或不知道口头报告"好在哪里"。因此，教师要将"好"的标准逐一细化，帮助学生从各个方面提高和完善。同时，学生的报告结构应完整（见图 69-1 中的第一条）。因此，我们可以将"胆大"理解为教师敢于给学生设置高目标、高标准；"心细"就是教师要给学生提供学习脚手架、指导，学生能将教师给的所有指导落实并清楚对照，能对自己的学习表现和学习结果做出有丰富细节支撑的评价，明确下一步进步的方向。

70 如何设计与开展 PBL 形成性评价活动？

形成性评价是教育教学活动中最具有推动力的一种手段。形成性评价可以由教师主导，也可以由学生主导。由教师主导的查验型评价活动主要是教师为了检查学生对当前讲授的内容是否有清晰、正确的理解。课堂中经常使用的查验型评价活动如下。

（1）**举例**。举例或举反例都可以向教师反映学生的学习深度，教师要鼓励学生向全班同学举出在某一学习主题下的例子与反例。例如，在学习垃圾回收时，教师可要求学生举出每一个分类的例子。

（2）**类比**。请学生在他们熟悉的认知经验和学到的新知识之间建立类比关系。例如，教师若想查验学生是否理解原子结构，可请学生说出一个类比，如"一个原子就像一个社区——原子的核心就像学生群体，围绕核飞行的电子就像教师或可能不经常在社区居住的社区成员"。通过类比可了解学生对某个概念或主题理解的深度。

（3）全班**"合唱"**。若教师需要快速了解学生对于课堂的理解，就可以要求全班学生一起回答问题。如果教师仔细倾听学生回答的内容，就能很好地了解学生是否清楚教师所教授的知识。

（4）**关键词填空**。教师可用关键词填空来了解学生对某一特定主题或学习单元的理解程度和学习深度。例如，在要求学生完成一篇信息量较大的文章阅读后，请学生填写一张关于文章内容的表单。

（5）**视觉呈现**。要求学生画出已学概念的概念图、思维导图等。画图的过程调动了学生视觉、动觉和语言技能，可以增强学习效果，是有效的形成性评估活动。教师可以让学生创建信息和抽象概念的视觉或符号（例如，图形组织者、网络或概念图），然后解释他们的图形。视觉呈现对于了解学生是否理解各种概念或元素之间的关系特别有用。针对低年级学生，教师可以教授手绘思维导图的技巧，如树状图、茎叶图和鱼骨图等。高年级学生则可考虑采用制作思维导图的信息技术工具来制作，方便后期修改，如要求学生制作电子故事地图或序列图，显示故事中的主要事件。

（6）**五指法**。请学生通过五根手指来展示他们对某一个知识点的理解程度。如果学生对某个知识点不确定，需要教师向他们提供更多信息时，则伸出一根手指；以此类推，如果学生掌握了这一单元的知识时，则伸出五指。教师可通过这种快速互动了解学生的学习情况，并据此调整教学方法和进度。

（7）**学生出题**。教师通过让学生互相提问和回答来了解学生对学习内容是否掌握。然后，教师将这些问题作为课堂讨论的提示，或者让学生交换他们的问题单独进行作答。最后，让出题学生扮演小老师的角色，鼓励出题学生向回答问题的学生提供积极的描述性反馈。

（8）**同学小老师**。教师需要让学生结对，如让学生 A 向学生 B 教授某个概念。在这个过程中，充当小老师的学生需要思考并理解同学所需的知识和技能。

由学生主导的小组形成性评价活动的移动性、趣味性可能更强，给予了学生在活动中更强的自主性和独立意识。课堂中较易于开展的小组形成性评价活动如下。

（1）**四角法**。四角法是让学生在教室中动起来的好方法。对于年纪较小，或在教室中久坐的学生来说，动起来能重新调整学生的认知资源，让学生学得更好。在教室的四角分别贴上"强烈同意""同意""不同意""强烈不同意"的纸条，当教师说出一个与知识点相关的观点时，学生要通过站到不同的角落来代表他们的观点。教师随机邀请学生分享他们选择某一角的理由，让每个角落的 1～2 个学生与全班同学分享他们的想法。通过听学生选择的理由，教师将获得指导接下来课程的信息。

（2）**内外圈**。教师把学生分成两组，一组形成内圈，另一组形成外圈；内外圈的学生可以相互结对，互相面对。圈内的学生先回答教师提出的问题或陈述，经过 1～2 分钟后，学生转换角色，外圈的同学对内圈做出回应。学生的回答可以在圈子里分享、传阅，这些信息将有助于教师指导未来的课程。

（3）**思考配对分享**。思考配对分享策略是帮助教师收集学生知识理解水平信息的好方法，教师先让学生花几分钟来思考课堂问题。在与全班同学分享之前，先让学生与他们指定的同伴配对并比较、探讨观点和想法。这种方法可以提高观点与想法的质量。

决定使用哪种类型的形成性评价活动取决于许多因素，教师不应过分依赖一种评价活动。项目式教学目标和各阶段教学特点，学生应该掌握的知识和技能，以及教师想针对学生学习的哪些方面进行评价，学生对评价方式的熟悉程度和偏好，都可能影响评价方式。表 70-1 为教师提供了参考。

表 70-1　不同项目阶段的教学目标和可使用的评价活动

项目进行阶段	教学目的和学生应思考的问题	教师提供的学习脚手架	参考评价活动类型
项目导入和驱动性问题	• 项目要求我做什么 • 我需要知道什么 • 为什么这些知识和技能很重要 • 我的观众是谁？与谁分享我的成果	• 开展项目导入活动，展示或与学生共同提出驱动性问题 • 促进学生提出问题	• 填写KWL[1]表格， • 填写应知应会清单
知识理解与建构、技能训练，回答驱动性问题	• 我可以或应该使用哪些资源 • 我找到的信息是否可信 • 我在这个过程中的角色是什么 • 我如何将学到的知识应用到项目中	• 促进资源的使用和评估 • 根据学生的需求提供课程、学习脚手架和指导	• 家庭作业、小测验 • 上文中提供的形成性评价活动 • 本书提供的其他技能量表
开发和评估成果，回答驱动性问题	• 我有哪些新问题 • 我需要更多信息吗 • 我前进的方向是不是正确的	• 帮助学生将所学应用于项目任务 • 提供额外的经验以产生新的知识和问题 • 促进反馈	同伴评价，教师评价，专家评价
项目成果展示	• 我如何解释项目和我做的工作 • 怎样能更好地与他人分享 • 我学到了什么？我应该在下一个项目中做什么	• 帮助学生评估他们的工作 • 促进学生对项目过程和学习的反思	本书第 47 问中提供的反思评价活动

　　形成性评价活动可以针对每个学生单独开展，也可以针对学生小组或全班开展。针对单个学生开展的活动使教师能够清楚地了解每个学生对所衡量的概念或技能的理解。针对小组开展的活动为教师提供有关学生学习的一般信息，可用于计划教学。需要特别注意的是，要考虑学生小组的分组方式对形成性评价结果可

---

[1]　董艳，聂静雨，蔡翔英. 关联新旧知识的 KWL 教学模式发展研究 [J]. 电化教育研究，2020，41(8)：33-42.

能造成的影响，合理开展评价活动。

　　教师在推进形成性评价活动的时候，要注意以下两点。第一，注重形成性评价的准确性。形成性评价必须根据教学目的及教学目标设定评价标准，并选择合适的评价任务以收集信息[1]。第二，注重形成性评价的有效性。如果一个形成性测验（如单元测试）的评价任务数量过少或者不能很好地代表目标评价的范围，那么它的内容效度就难以保证；如果一个具体的形成性评价活动不能有效激发要评价的关键行为，不能准确反映要评价的目标的完成情况，它的结构效度就无法保证。

　　教师在进行 PBL 评价时，可以根据课堂与学生实际，自由选择更合适的形成性评价策略组合，不断从评价中认识学生、了解学生，并评估 PBL 课堂的真实情况，以改进 PBL，促进师生的发展。

71　在线 PBL 课堂如何开展形成性评价活动？

　　与传统课堂不同，在线课堂虽然无法为教师和学生提供面对面交流的机会，师生之间也难以通过肢体动作、表情等表达产生教学中的微互动。但在线课堂具有"人人都坐第一排"的优势效应，即通过智能学习设备（手机、平板电脑和计算机等）和网络，教师可以在不干扰其他同学的情况下与每一位学生开展实时互动，利用教学系统中内置的问卷工具、聊天窗等功能，了解他们的学习进展。抓住这个特征，教师可以有针对性地设计适合在线教学环境的实时形成性评价活动，增加学生的学习参与度，了解学生的理解程度，提升在线课堂的有效性。在此，笔者为教师介绍五种易于开展的在线课堂形成性评价活动：表情文字评价、课堂问卷、电子下课小票、电子学习日志、照片和视频。

　　（1）**表情文字评价**。表情文字又称颜文字、Emoji，是内置于多种聊天工具中的非文字表达工具，可以清晰、直观地表达简单的内容和状态。针对需要讲授的内容，教师可每隔 3～5 分钟安排一次短暂停顿，要求学生使用表情图示 ☺ 或 ☹（或手势图示 👍 或 👎）来快速反馈对当前知识点的掌握程度，帮助学生掌握

---

[1] 赵德成. 教学中的形成性评价：是什么及如何推进 [J]. 教育科学研究，2013(3): 47-51.

核心知识和概念。

（2）**课堂问卷**。课堂问卷的合理设置可以促进学生在在线课堂中对教师提出的问题进行快速应答，并利用教学平台的数据收集优势快速对学生应答结果进行呈现。需要注意的是，课堂问卷中不但可以包括客观问题（选择题、判断题等），也可以包括短小的主观问题，如请学生用 1 分钟时间总结已知的知识、本课所学的知识，或者写出 5 个本课所学的新概念、新词汇等。

（3）**电子下课小票**。电子下课小票的功能与下课小票（详见本书第 47 问）一致，但在在线课堂中，教师可要求学生利用对话框来填写下课小票。与传统课堂相比，电子下课小票的优势在于同学之间可以互相阅读小票内容，促进学生更全面地反思所学内容。

（4）**电子学习日志**。电子学习日志的主要功能是促进学生的课后反思和自我评价。利用学习平台或社群的文件上传功能，教师可以在每节课后布置 2～3 个关于本课内容的反思问题，帮助学生回忆已学知识，利用写电子学习日志的方式组织概念和想法，提交至教学平台，为教师调整下一步的教学思路提供依据。与下课小票不同，电子学习日志不仅篇幅可以较长，还可以对 PBL 进行全流程学习跟踪反馈，并且电子平台的存储功能可以帮助学生整理和收集学习日志，最终形成学习档案的一部分。

（5）**照片和视频**。照片和视频可以有效地鼓励学生创意性地分享自己的学习所得和成果。分享形式包括诗歌、歌曲、绘画、表演等。学生可以事先录制，上传至学习平台供全班师生查看，或者由教师在课间统一播放。这种方式不但可以检验学习成果，激发学生的创造性，还可以打造具有归属感的班级在线学习社区，增加师生之间的了解度和亲密度。

72 反馈素养有哪些类型？如何提升学生的反馈素养？

与前面几个与评价相关的问题的角度略有不同，反馈素养包括教师反馈素养和学生反馈素养。教师反馈素养是指教师运用自己的技能和能力，为学生理解和使用反馈提供条件。教师反馈素养可具体化为三种内在联系的角色：①发展学生自主学习能力的反馈角色；②发挥同伴反馈的内在优势，激活学生作为反馈生成者的角色；③参与维护关系和沟通社会情感的角色[1]。学生反馈素养指的是学生作为评价提供者为自己、同学，乃至教师的教学提出合理的评价。这不但要求学生能理解和接受教师的评价，还要求学生做出行为的改变，投身到积极和有效的反馈中才能够"教学相长"[2]。因此，在项目式教学中，教师应为学生设计和安排多种评价活动，帮助学生全方位、多维度获得关于学习表现的反馈，更要帮助学生获得预测教师通常如何反馈的技能。

为了达成上述目标，教师应首先了解有效学习反馈包含的三个特征：及时、可理解和可操作。及时的反馈是指学习反馈实时发生在整个项目的学习过程中，而不仅仅是在项目结束时，因为学生需要时间根据反馈采取行动，改进他们的思维和学习路径；可理解的反馈会促进学生改进自己的学习，如果教师给出的反馈不够具体（例如"我很喜欢你的陈述"或"这个部分很混乱"等），则学生很难将这些反馈转化为具体的行动；可操作的反馈是指教师在给学生提供反馈时要注重反馈的可操作性，即学生对学习的改进建立在教师反馈的基础上。可操作的反馈应该包括以下步骤：向学生复述课堂计划，举出一个实际范例，开展课堂反思和整理内容或思路等。教师需要注意的是，反馈最终指向学生，其关键是学生能用反馈做什么或改进什么。因此，教师要经常在课堂中给学生提供反馈，让学生能够获得他们需要的反馈，以加深他们对教师所教内容的理解。

教师反馈的意义在于让学生收到关于下一步做什么的明确而具体的指导。当在项目式教学中提供反馈时，教师要谨记让学生带着明确的"下一步怎么做"的想法开展学习。不可理解和不可操作的反馈的指导意义很弱。教师何时以及如何腾出时间进行反馈呢？下面为教师提供几种方法。

（1）共享文档。教师可以创建一个共享文档、工作表或幻灯片来给学生提供反馈，以批注或修改的方式提出意见或问题。共享文档权限应设置为允许教师和学生编辑文档。

（2）观察与提示。教师向学生提供反馈的简单方法之一就是和他们坐在一起，

---

[1]　XU Y, CARLESS D. 'Only true friends could be cruelly honest': cognitive scaffolding and social-affective support in teacher feedback literacy[J]. Assessment & Evaluation in Higher Education, 2016.

[2]　董艳. 学生反馈素养论纲：内涵、模型与发展 [J]. 开放教育研究，2020(5): 26-39.

观察他们正在做的一项任务。例如，在数学课上，教师坐在学生学习小组旁边，观察他们的解题思路、步骤，听他们说出想法，推进解题流程。当他们卡壳时，教师可以适当给出提示或解题线索，帮助他们完善思考过程，而不是直接指导或提供更多的信息。教师的工作是把学生的已有知识和目标知识联系起来。

（3）高效利用时间。当学生在完成小组任务时，一些教师可能正坐在讲台旁边忙里偷闲。然而，这时恰恰是最有价值的反馈时间。在学生工作的同时，教师有很多机会引导学生开展小组讨论，并根据学生的具体需求调整讨论的问题、方式等。当教师走下讲台检查学生的项目任务时，最好有意识地记录以下信息：学生目前正在做什么，需要什么帮助，下一步可能怎么做等。这些信息可以记录在笔记本上，用来指导随后的小组讨论，并作为下一个项目评价标准制定时参考。教师若发现大多数学生有某些同样的学习需要，也可着手在下一步的教学中将其加入教学计划。

（4）获得批准。教师设置更为正式的反馈检查点对学生来说非常有益，在教师检查期间，学生必须得到教师的批准后才可以进入下一步。这种基于获得教师批准的反馈可以是在作业本页边空白处的评论；当页面文字不足以传达信息的时候，这种反馈还可以是师生某种形式的面对面讨论。无论采用哪种方式，这些基于教师批准的反馈都有助于确保学生学习和工作的继续前行，同时也在一定范围内允许学生根据自己的能力调整速度完成任务。

（5）微型讲授。虽然 PBL 是以学生自主探索知识内容为基础的，但并不是所有的知识都适合让学生自主探究。当学生完成项目时，会遗留一些他们未发现的重要知识信息，在这个时候教师应该通过更直接的微型讲授来教授知识。此外，微型讲授也可能是由于教师发现几个学生或小组之间在同一个概念上产生误解或争辩而产生的。例如，如果教师发现一半以上的学生都有同样的问题，那么就可以将他们作为一个大的群体来组织教学，而不是单独授课或用小组的方式来处理问题。这样，教师就可以在充分利用课堂时间的前提下，创造出一个让学生一起努力奋斗的学习环境。

此外，教师还要注意的是，为学生提供的评价应多为非分数型反馈。分数只会让学生知道自己的水平、在班级里的排名等信息，却不能告诉学生下一步要做什么、怎么做。为学生提供非分数型反馈，就相当于给学生提供机会来思考，并根据反馈来改进学习，得到更好地成长。

要提高学生反馈素养，教师就应培养学生对自己学习能力的自信心，使他们能够在没有反馈的条件下清晰、主动地表达观点来索取反馈[1]。为了提高学生的反馈素养，帮助学生公平公正地给予自己和同伴反馈意见，教师要给学生提供方法。教师可以从以下几点来帮助学生提高自身的反馈素养。

- 组织匿名同学互评。当教师让学生互相批改作业时，可以用匿名的方式，即省去被批改人的姓名。这样一方面可以保证公平性，另一方面也可以锻炼学生做一名小老师，以教师视角来认识和理解作业批改标准。

- 组织多学生互评，提高学生反馈的多维性。不同的学生对同一个学生表现的评价可能会褒贬不一，因此，教师可以邀请多名学生展开评价、分享交流不同的观点。这既能为评价提供更多的思路，又能使个别评价者不至于过分偏离标准。

- 给学生创造更多的反馈机会。教师可以在日常教学中，为学生创造更多的自我反馈和同伴反馈的机会，并且在学生反馈后给予改进建议，让学生在持续锻炼中提升反馈素养。

高水平的反馈能够帮助学生了解自己的表现，应对未来的挑战，缩小与优秀者的差距，保持学习动力[2]。反馈素养水平高的学生能够专注于形成性信息，并对信息保持积极的看法；相反，反馈素养水平低的学生往往认为受到批评，不愿或不积极投入反馈并与老师互动，甚至防御或伪装[3]。因此，教师有必要帮助学生提高其自身的反馈素养。

73　如何评价 PBL 中学生的技术使用能力？

在本书第 63～65 问中，介绍了使用信息技术作为认知工具的重要性、在 PBL 课堂中使用信息技术应该注意的问题，以及如何使用教育技术进行项目式教

[1] Sutton P. Conceptualizing feedback literacy: knowing, being, and acting[J]. Innovations in Education and Teaching International, 2012. 49(1): 31-40.

[2] 董艳. 学生反馈素养论纲：内涵、模型与发展 [J]. 开放教育研究，2020, 26(5): 26-39.

[3] Carless D, Boud. D. The development of student feedback literacy: enabling uptake of feedback[J]. Assessment & Evaluation in Higher Education, 2018: 1315-1325.

学等。本问主要介绍根据 PBL 特点所开发的项目式学生技术使用能力评价表（见表 73-1）及其含义与使用方法，帮助教师以此为教学参考，有的放矢地评价学生在项目中的技术使用能力。

表 73-1　技术使用能力评价表

PBL 特征	学生技术使用能力等级				
	入门阶段（1分）	采纳阶段（2分）	适应阶段（3分）	融合阶段（4分）	变革阶段（5分）
真实情境	技术使用与教学环境之外的世界无关	能在教师引导下，在意义丰富的情境中使用技术工具	在与学生生活相关的活动中独立使用技术工具，包含一些学生自己的选择和探索	经常在有意义的活动中选择和使用技术工具	创造性地运用技术工具连接教室学习环境以外的高阶学习活动
主动学习	被动接收教师提供的信息	以传统、流程化的方式使用技术工具	用常规方法独立地使用技术工具，包含一些学生自己的选择和探索	习惯性地选择，使用技术工具，且自主使用	广泛地、以非常规的方法使用技术工具
自主知识建构	通过技术工具将信息传递给学生	引导式地、以传统方式使用技术工具建构知识	学生独立使用技术工具建构知识，包含一些学生自己的选择和探索	学生自主选择和经常性地使用技术工具来建构知识	广泛和非常规地使用技术工具来建构知识
合作学习	学生独自使用技术工具	以传统方式协作使用技术工具	合作使用技术工具，包含一些学生自己的选择和探索	经常使用协作技术工具开展协作	用没有技术无法实现的方式与同学、校外专家等合作
成果展示	以教师安排的形式和方法使用技术工具	能在教师规定的技术工具中自主选择使用形式和方法	学生独立选择展示工具、使用形式和方法	经常自主选用不同技术工具进行展示	技术工具的使用，极大地提升了展示和沟通效果

项目式学生技术使用能力评价表在美国南佛罗里达大学教育学院开发的学生

技术使用能力矩阵（The Technology Integration Matrix）的基础上，突出体现了 PBL 过程中重视学生在真实情境中的知识建构、展开团队合作以及公开展示成果等特点，将学生使用技术工具开展学习和探究的能力具体化为五个等级，为教师采用技术手段开展教学的方式提供参考，并通过五级示范帮助学生提高技术工具的使用能力。

表 73-1 针对学生在 PBL 各个阶段所应用技术的熟练程度进行了权重设定。在技术工具使用的入门阶段，由于教师主要使用技术工具来教授课程内容（如使用 PPT 辅助讲授），所以学生对技术工具的使用处于被动接受状态。这个阶段的技术使用方式和教学活动可能包括听音频、看视频等，而学生可能没有接触和使用技术工具的机会。在采纳阶段，技术工具的使用方式比较传统，通常是教师决定技术工具的种类、何时及如何使用工具。学生通常只能接触一种技术工具，而接触单一工具可能导致学生对该工具的理解与特定的程序或步骤相联系。

在适应阶段，教师将技术工具作为课程的一部分进行教学和使用。虽然教师做出关于技术工具使用的绝大部分决定，但会引导学生独立地使用技术工具。学生对技术工具的使用更熟悉，也对前一阶段的技术工具使用概念有了更进一步的理解。学生能够在没有教师给出程序指导的情况下使用技术工具，并能探索使用技术工具的不同方式。在融合阶段，教师将一系列的技术工具灵活地融入 PBL 中。技术工具无论从可用性上还是适用性上都是充分的。学生能根据教师提供的信息和自己掌握的知识和技能选择使用不同的技术工具。教师逐渐让出技术工具使用的主导位置，成为学生选择和使用技术工具的顾问。而到了变革阶段，学生能灵活地运用合适的技术工具完成 PBL 和成果展示。学生对技术工具不仅有概念层面的理解，也有广泛的实践知识和经验。PBL 鼓励学生以创新的方式使用技术工具，自主地结合使用多种技术工具，教师则作为技术工具使用的导师、顾问和示范者。在这个阶段，技术工具的使用通常是为了支持高阶的学习活动。

从上述五个阶段可以看出，学生的技术工具使用能力随着工具使用的多元化、使用目的和方式的广泛化而不断提升。当教师逐渐让出技术工具使用的主导位置时，学生才有更丰富、充裕的机会发展独立、灵活的高层次技术工具使用能力。因此，在 PBL 过程中，教师要为学生做好技术工具使用表率，帮助学生搭建多种技术工具使用脚手架，为学生提供明确的技术工具使用评价标准，帮助学生不断提高技术工具的使用能力。

74 PBL 评价中有必要给学生提供个性化评价报告吗?

前文从多个角度介绍了 PBL 中评价和反馈的特点、维度、方法等,帮助教师系统地了解了在 PBL 各个阶段展开评价的不同方式及需要注意的问题。而在开展评价时,教师纷纷提出了一个问题:PBL 中设计的学习内容多、评价方式丰富,那么在项目结束时,教师还需给学生提供个性化的学习评价报告吗?针对这个问题,笔者的观点是,提供个性化学习评价报告不应该是教师的责任,教师应做好学生学习证据和评价证据的收集工作,帮助学生汇总形成个性化的评价报告。

教师需要明确的是,PBL 的特点之一是培养学生学习自主性和责任感,这不仅体现在学生对学习主题、驱动性问题的选择权,对学习活动和学习产出的决定权等,还体现在对学生反馈素养的提高(详见本书第 72 问)。因此,与其说是教师为学生出具个性化学习评价报告,不如说是培养学生建立自己的反馈档案,使其主动生成和收集各阶段的学习证据,主动与学习目标对照,为学习反思提供素材,为改善学习表现打下坚实的基础。图 74-1 所示为 PBL 学生学习档案。

为学生制定个性化评价报告也是有"技"可循的。首先,教师可以根据 PBL 的教学目标来制定学习目标,为学生学习表现应达到的程度进行结构化的描述。将结构化的描述做成表格会大大节省教师的时间和精力。其次,收集学生每一堂项目课中产生的学习证据,这些证据包括:

①批改后发还的家庭作业、测验卷、考试卷等;

②学生填写的下课小票(详见本书第 47 问)等反思性学习成果;

③学生完成的自评、同学互评量表等;

④通过项目墙、头脑风暴等途径收集到的学生、教师反馈意见;

⑤从专家、观众处获得的反馈、评语等。

图 74-1　PBL 学生学习档案

　　针对年纪较小、PBL 经验尚不丰富的学生来说，教师可在教室内为每位学生准备一个反馈文件夹，要求学生在每节项目课下课后将所有项目相关资料收集并存放到文件夹内。对于 PBL 经验丰富的学生，教师可引导学生利用技术工具建立学习档案。最后，在项目结束阶段，教师可浏览每位学生的反馈文件夹或学习档案，结合教学时在课上对学生的细心观察，以及学生的学习特质、超常表现、需要持续提高的方面等，来对学生的 PBL 表现进行总结性点评。

　　培养学生养成收集学习证据、提升反馈素养的过程也是一个教师需要不断为学生提供支持和反馈脚手架的过程。在这个过程中，教师也需要将 PBL 倡导的学生自主评价理念介绍给学生家长，请家长配合教师来更好地提升学生的反馈素养。

第 6 章

PBL教师培养

75　在学校开展教师 PBL 培训的"五步法"如何操作？

　　当前，项目式教学正在被更多的基础教育教师、教育管理者接受和学习，尤其在学科教学领域，PBL 的应用和实践在如火如荼地进行[1]。多地多部门组织了项目式教学种子教师培训，以期种子教师能发挥带头作用，促进项目式教学与学科教学的融合。笔者提供了 PBL 培训五步法，帮助教师从项目式教学新手进阶成为可以独立开展设计与实施 PBL 的高手。

　　第一步，帮助教师认识项目式教学的意义和重要性。 在培训之初要向受训教师强调，在以知识为基础的高度技术化社会中，学生需要能够解决社会中复杂问题的能力，而项目式教学能很好地培养这种能力，为学生今后在社会中生存做好准备。教师可通过项目式教学将现实生活背景和技术引入课程，并培养学生成为独立工作者、批判性思考者和终身学习者。然后，教师要学会认识到 PBL 不仅仅是一种学习方法，也是一种合作的方式，让学生学会对自己的学习负责，并形成成人生活中与他人合作的基本方式。此外，PBL 还有助于对学生进行真实的评价，能帮助教师更加系统地记录学生的进步和发展。最后，要强调 PBL 可以适应不同学习风格和知识有差异的学生，因为学生会在研究和解决问题的过程中使用各种不同的模式，然后交流解决方案，而 PBL 可以引导学生注意这些差异，学会在合作中求同存异。

　　第二步，帮助教师深入了解项目式教学的内涵。 在了解了开展项目式教学的重要性之后，种子教师要帮助受训教师了解其内涵。项目式教学是以课程为基础，从一系列驱动性问题开始探究，在协作过程中通过整合相应的知识，来达到对所需学习内容的深入理解。驱动性问题的设置是 PBL 的关键环节，教师应严格把控问题的质量，确保学生通过探究能回答问题，且教师和学生都可以为学生提供支持、鼓励并树立学习榜样。教师还可以鼓励学生实地考察、实验、构建模型、制作海报以及多媒体演示，并为他们提供多种方式来展示他们的知识和成

---

[1]　董艳. 项目式学习走向舞台中心 [J]. 中小学信息技术教育，2021(Z1): 1.

果。此外，教师让学生调查问题是为了解决现实世界的问题，利用 PBL 整合各学科的课程，通过在学科之间建立桥梁，学生可以更全面地看待知识，而不是孤立地认识事实。最后，教师还需认清 PBL 中遇到的问题可以促进学生以有意义的方式探索、判断、解释和整合信息，促进知识的学习和理解。

第三步，帮助教师理解开展项目式教学的实施步骤。了解项目式教学的实施步骤对受训教师来说极为关键，这一步可帮助受训教师成为种子教师，在本校、本地区开展项目式教学。

第四步，组织教师开展线上或线下研讨活动。在帮助教师了解并掌握了基础知识后，组织教师在研讨会中开展一系列研讨活动，思考和讨论项目式教学的流程及活动。这些活动可以包括接触材料前的提问与思考、学习多种形式的培训材料、发掘好项目的构成要素、构建有效评估 PBL 的标准。

第五步，促进教师开展学习反思与资料分享。对项目的反思过程，是一个不断迭代当前项目设计，为之后项目设计、教师发展等多方面蓄力的过程。在教师培训过程中，尤其要强调反思对于教学设计的重要作用，帮助受训教师将反思作为自己的教学习惯。

在培训结束前，种子教师还可以为受训教师提供 PBL 参考资料，供教师在以后的工作中进一步学习，不断提升教学能力。

种子教师是将项目式教学带入更多学校和地区的重要力量，也是在我国全面开展 PBL 的桥梁和灯塔。种子教师不但要帮助受训教师了解项目式教学的内涵和其重要性，还要承担教学导师的角色，帮助更多教师提升项目式教学知识和实践能力，让这种面向未来的教学法惠及更多学生。

76 如何培养教师的跨学科素养？

跨学科学习是基于跨学科意识，运用两种或两种以上的学科观念以及跨学科观念，解决现实问题的课程与学习取向。它既是一种以跨学科意识为核心的课程观，又是一种把综合性与探究性融为一体的深度学习方式，还是一种以综合主题为基本呈现方式的特殊课程形态[1]。21 世纪，无论是从科技的发展、社会现实问题的复杂多样性，还是学习观转变、知识发展演进的内在逻辑来看，传统的教育教学模式存在诸多弊端，跨学科学习成为现在及未来人才培养的必然趋势[2]。

要培养具有跨学科学习能力的学生，教师就应首先具备跨学科素养。跨学科素养是指面对超越单一学科范畴的复杂问题，如在解释现象、解决问题或创造产品时，整合两个或多个学科知识、方法以促进认知发展的能力[3]。在学校里，单一学科背景的教师占绝大多数，因为高校教师教育、职前教师教育还是以传统的单学科培养为主的，没有意识到跨学科素养的重要性。但是随着课程改革的不断深入，新课程综合性、开放性的理念使得跨学科教学成为一种倾向，这样的倾向对教师的教学提出了新的要求和挑战。

项目式教学有时需要学习者进行跨学科内容的整合。单一学科背景的教师在支持学生开展项目式教学的活动中，有时需要拓展自身认知的局限，形成"跨学科"的全面认知，扩充教师知识结构以满足教学需要。教师跨学科素养的教学和专业发展途径包含提升跨学科意识培养、开展跨学科主题合作教学、进行跨学科教研和跨学科项目学术研讨。

（1）提升跨学科意识培养。2016 年发布的《中国学生发展核心素养》中提到人文底蕴、科学精神、学会学习、健康生活、责任担当、实践创新等六大核心素养，这六大核心素养并未具体说明属于哪门学科，而是跨学科的素养。为培养具有核心素养的学生，教师应先转变自己的角色，这要求教师不仅需要扎实的专业基础，还应适当掌握其他学科的基础知识结构，建立跨学科导向的科学教学观，灵活运用多种教学方法，依据真实情境与现实生活，引导学生培养核心素养[4]。

（2）开展跨学科主题合作教学。跨学科合作包括跨学科集体备课、合作教学

[1] 张华. 跨学科学习：真义辨析与实践路径 [J]. 中小学管理，2017(11): 21-24.

[2] 董艳，孙巍，徐唱. 信息技术融合下的跨学科学习研究 [J]. 电化教育研究，2019, 40(11): 70-77.

[3] 宋歌，王祖浩. 国际科学教育中的跨学科素养：背景、定位与研究进展 [J]. 全球教育展望，2019, 48(10): 28-43.

[4] 刘娇. STEM 教育理念下师范生跨学科素养培养路径研究 [J]. 中国教育技术装备，2020(16): 74-75, 78.

以及共同评价三个部分。PBL 教师在跨学科集体备课中，可以针对教学主题成立合作小组，不同学科教师要根据自身情况和具体学习问题的扩展方式进行交流与有效协商，共同把握项目综合各学科的契机，建立各学科认同的切入点和多学科评价的结束点。以项目主题作为切入点，充分考虑各学科所涉及的知识点和技能，通过教师的集体备课来共同探讨并设计驱动性问题、探究方式及过程、作品呈现方式以及评价方式等。

（3）**进行跨学科教研**。听课、评课是主要的常规教研活动形式，也是开展教师跨学科素养培养的途径。跨学科听课可以使学科背景、教学资源、教学方法的选择更多元化，不再局限于单一学科渠道，有助于弥补各学科教师知识单一的不足，丰富他们对教学法的理解和使用，完善自己的知识结构，了解各学科的学习和探究范式，并形成超越于各学科之上的跨学科能力，充分掌握跨学科整合思维的特性。跨学科听课和评课是一个教学反思与再设计的过程，参与的教师可以了解并应用其他科目教师的教学流程、教学习惯，有助于教师间的集体反思与自我反思，形成坚实的项目式跨学科教学团队。

在项目式教学实践中，有一些问题是不同学科所面临的共同问题，如教学导入难、如何激发学生的学习兴趣、如何开展多元而真实的教学评价等，单一学科教师只能站在自己的角度思考这些问题。在跨学科教学团队中开展项目研修，可以通过对这些问题的跨学科集体讨论，帮助教师跳出他们的局限性，并能借鉴其他学科的教学思路重新思考问题，寻找合理的问题解决答案。

（4）**跨学科项目学术研讨**。每位参与跨学科教研的教师需要制订自己的 PBL 成长计划，定期完成项目式相关理论和实践书籍的阅读与学习，通过理论学习、案例分析、同伴互助、专家指导等方式，了解各学科项目是如何设计与教学的。以跨学科项目小组为单位，每月开展学习与分享，各学科教师可以将个人心得、设计案例、教学经验等及时传递给其他教师，建立信息共享体。此外，项目式教师还可以参加教师学术会议，包含但不限于地区级、省级、国家级、国际级等，优秀教师甚至可成为项目式教学的地区教学带头人、骨干，并逐渐成长为实践经验丰富的项目式教学研究者。

开展跨学科团队教学要注意的问题有哪些?

当前许多学校教育中,教师希望学生可以全面地认识世界,但却很少关注具有跨学科重点的主题。出现这种脱节的教学方法的原因主要包括:①学校教育体系原本就是针对不同的主题,要想打破这一点,需要付出巨大的努力;②学校教学中的共同教学规划时间不足,教师之间没有与跨学科教学相对应的备课机制和时间来共同设计和规划教学;③每个学科都有各自不同的测试和评价方式,难以形成整合式的评价方式。尽管一些学校已经开始尝试开展跨学科教学,将学生组成跨学科小组,协调课程,使多门学科的教学内容与一个共同的主题相关,但很多时候这些跨学科教师需要在更长的时间段内进行团队教学,这也对教师提出了形成跨学科教学团队的新要求。下面介绍开展跨学科团队教学需要注意的三个问题。

(1)了解学科之间的内容如何相互联系。培养 21 世纪的人才不但要求在科学、技术、工程与数学上具备扎实的知识基础与技术能力,而且要有探究和解决现实世界中的问题的能力,这也是跨学科教育提出的初衷,强调将科学、技术、工程、数学、人文艺术等学科联系起来,倡导多学科融合,注重创新精神和实践能力培养。

与传统的分科教学不同,以现实问题为学习基础的项目式教学往往是多学科融合的,各学科知识和技能之间有很强的逻辑和应用联系。例如,我们在工程领域使用科学、技术和数学,在研究遗传学等科学时,也同样要用到这些学科。因此,对于学科知识与技能的理解和教授不能局限于传统的人为科目划分,而要引导学生深入问题和现象内部,跨越学科边界来解决问题。因此,教师在开展跨学科团队教学前应先了解学科之间互融互通的重要性,以及一门学科是如何与其他学科相联系的,才能更好地开展 PBL。例如,教师让学生学习牛顿第一定律,可以考虑将该知识放到不同学科的课程结构里,使原本在独立学科中学到的知识,可以与其他科目融合,产生综合性探究问题,促进学生的跨学科学习。表 77-1

所示为"力"的跨学科表达。

表 77-1 "力"的跨学科表达

科　目	单 一 学 科	跨　学　科
科　学	牛顿第一定律：任何物体都要保持匀速直线运动或静止状态，直到外力迫使它改变运动状态为止	如何知道施加多大的力才能使物体发生位移（受力实验与计算）
数　学	力的方程：$F=m×a$，力＝质量×加速度	如何测量
社会学	艾萨克·牛顿是谁	当牛顿提出三大定律时，同一时期的其他国家和地区正在发生哪些重大科学与政治事件
语言艺术	我们生活中的力量，如女性力量、正能量等	"力量"这个概念在文学作品中的表达，如电影镜头、经典文学作品节选分析等
艺　术	力的艺术（在产品、模型、建筑中）的应用	力量是如何影响我们的？用一个艺术项目来说明效果
生活与健康	影响我们身体的力量：过山车对我们身体施加的力是哪种类型？乘坐过山车是否对我们的身体有危害	通过坐过山车体验力的作用，对身体施加力的作用

（2）合理规划和利用教师各年级组会，加强教师跨学科沟通。对科目进行研究的最终目的是加深对其知识和技能的了解，使学生能够进行更深层次的思考与应用。当学生深入挖掘和理解几个学科的内容时，他们参与该主题的实质性讨论和应用的能力会有所提高，同时他们也能更充分地看到多学科之间的关系。例如，如果中小学生仅在自然课或生物课上研究"生态系统"这个内容，那么学习和探究的内容可能局限于了解动植物的特征和栖息地之间的关系，而没有太多可扩展的探究空间。而如果运用跨学科的 PBL 设计学习这个问题，则学生可以运用数学知识和技能收集和分析有关生态系统的数据，运用多种信息技术手段来查找信息和进行数据可视化，利用工程思维尝试设计一个在几种物种濒危或缺乏的情况下重新实现平衡的生态系统等。此外，学生还可以根据目标观众选择恰当的展示工具来面向公众展示他们的发现。

可见，合理规划和利用各年级的组会，加强教师跨学科沟通，才能因地制宜并具有创造性地开发跨学科课程项目。可利用综合主题或学生社团等方式呈现可独立设置的跨学科课程，作为学校课程的有机组成部分[1]。

（3）形成教师跨学科测评团队。测试开发人员发现，他们很难创建包含实践体验的科学测试，因为当内容跨越多个学科时，对测试的理解具有很大挑战性。因此，为了衡量跨学科、基于项目的学习结果，教师要使用一些"软测量"的标尺和措施，来应对可视化数据难获得的问题。因此，教师可以根据每一个学科自身的特点，在项目的不同实施阶段进行形成性评价。例如，探究"生态系统"项目时，针对数学学科可从数据分析准确性进行评价，针对信息技术学科可从资料收集丰富度、技术掌握熟练度等维度进行评价，针对工程、设计学科可从设计合理、作品精美等角度进行评价。因此，跨学科团队教学应合理规划评价体系，针对每门学科的特点进行阶段性评价，而不是所有学科都在项目末尾进行大测、大考。

78　开展 PBL 的教师之间如何协作？

协作教学是由多名教师围绕一定的教学任务建立教学团队，并对学生实施教学的一种形式[2]。在协作教学的过程中，教师个体可以将自己收集、发现的资料与小组其他教师共享，为了达成教学目标，教师之间可以采用对话、商讨、辩论的形式对问题进行充分论证。在项目式教学中，跨学科协作教学通常采用异质分组，即根据教学所需，确保一个教学小组由不同科目的教师组成。采用这种互补形式有利于增加各学科之间的沟通与联系，提高教师协作教学的效果，促进教师思维能力的发展。具体来说，教师可以采用以下四种方法开展协作。

第一，开展项目跨学科研讨会。各学科教师可将本学科内收集到的、可以开展项目式教学的问题及知识点与其他老师交流互通，重点关注那些学科交叉部

[1] 张华. 跨学科学习：真义辨析与实践路径 [J]. 中小学管理，2017(11): 21-24.
[2] 郭炯，郑晓俊，黄彬. 网络学习空间支持的协同教学模式与应用案例研究：网络学习空间内涵与学校教育发展研究之八 [J]. 电化教育研究，2017, 38(10): 23-29.

分，或内容相关但隶属不同科目的知识点、技能点等，然后针对教学目标、教学内容等进行讨论。其他老师也可根据发言者提供的信息提出自己的思考与建议，从而激发发言者获得更多问题解决的思路与灵感，促进学习项目的计划和开展惠及各学科内的深度学习与跨学科间的广度扩展。

第二，利用线上会议或者线下面对面等方式一起阅读书籍、研究教案。同一教学小组的教师要共同制订小组学习和教学计划，形成组内教师共同提高的氛围。组内学习活动的形式可以包括：筛选阅读内容，分配阅读内容，确定分享与汇报的周期、形式，分配每一期活动的组织者和记录者等。具体做法如下。

- 筛选阅读内容，如 PBL 相关书籍、优秀案例等学习资料。
- 分配阅读内容。可以几个人共同阅读一本书，每个人负责其中的一个章节，阅读的过程中要做好笔记，加深印象以便日后回顾与分享。
- 确定分享与汇报的周期、形式。汇报周期可根据每组教师普遍的课余时间长短和对 PBL 的积极性而定，一周一次为佳。汇报形式可以采用思维导图、文档或 PPT 等形式，表达清晰即可。
- 分配每一期活动的组织者和记录者。组织者是协作学习中的重要角色，往往起到活动顺利进行的主导作用，其负责安排活动时间、主持活动过程，责任较重，因此可以由小组成员轮流承担这一角色。记录者负责记录本次活动中每个人发言的重点内容，以此作为备份，便于大家反复学习与思考。

第三，积极探索协同备课的方式。教师协作小组可采用集体备课的方式，利用小组协同备课，加强教师之间的分工合作与学习交流。随着网络技术的便捷，教师获取资源开展协同备课也越来越成为常态化的工作。一方面减轻教师的工作负担，提高备课的实效，同时还可以促进每位教师养成积极合作的态度与开放学习的态度，从而在网络协作学习中共同成长。

第四，在授课过程中可采取两位教师协作共同上一堂课的方式开展教学。根据学科内容和学习重点不同，两位教师可轮流担任主讲教师和助教。这种模式不但能帮助教师对其他学科的教学方法建立更深入的了解，也能顾及学生的学习需求。助教协作主讲教师开展教学，指导学生小组合作，这一协作教学的方式提高了课堂教学的效率。

此外，许多学校都支持具有教师专业学习型社区的组织结构，教师组成的团队有专门的时间一起制订计划、分析数据、计划干预措施与丰富教学内容。他们共同支持学生的成就，并培养对所有学生的共同责任感。这种文化和工作可以加强学校中 PBL 的实施，表 78-1 中的方法可以让教师专业学习型社区与 PBL 进行良好配合，使教师专业学习型社区的工作对项目的整体实施有所改善，并推动未来改进。

表 78-1　PBL 教师专业学习型社区的构建

方　　法	具　体　操　作
创建共享学习时间	为了促进每位教师的成长，团队需要创造一起学习的时间，如以小组形式研究短篇文章、视频等资源
协作规划	团队一起制订具体的项目计划，加强项目规划。通过解读标准，团队可以确保项目明确评估目标，并对学生的成就有共同的理解。同时，确定评价的主体、指标体系、评价时间点等
项目评估和调整	学校要求项目在实施前进行调整，它可以让指导不再个人化，而是可以从同事那里得到反馈，并促进不同团队之间的协作
检查学生工作	通过观察学生的工作，教师可以确定课程中哪些学生准备好了学习、哪些学生需要干预。项目里程碑或形成检查点是很好的检查学生工作的机会
分析差异化并干预	虽然在项目中差异化是持续发生的，但教师也可以在分析学生的工作和学习情况后，计划更加正式的干预和提供更丰富的机会
反思与成果记录	在项目结束时，抽出时间反思整个项目的有效性是很重要的。教师团队可以利用这段时间捕捉这些反思，记录他们的成果

79　如何组织成立项目式教师专业学习社区？

教师专业学习社区是为促进教师专业成长而形成的一种学习型组织，由具有共同理念、共同愿景的教师们所组成的团队。技术支持下的教师专业学习社区也更加普遍，他们通过在网络上，根据工作任务或个人发展要求，不断走向合作、持续开展探究、积极进行团体反思的学习过程，共同致力于专业知识的生产，最终促进教师学习与成长。我国长期以来以"教研组"为主要形式的教师集体工作，不仅有制度保障，而且也陆续产出很好的合作价值。

项目式教学在我国中小学的开展，从一开始教师们对之的陌生，到不断熟悉，这个过程中需要更多的种子教师，以促进新手教师的成长。基于项目式教学的教师专业学习社区可以把不同学科、不同区域的教师聚拢在网上，以促进教师们形成专业学习的共同体社区，互帮互助，互相分享学习。组织开展项目式的教师专业学习社区是给教师提供了优化的资源与结构，特别是时间、资金、学习共同体空间，这有助于加强教师之间的沟通与深入交流，促使教师产生情感共鸣，促进彼此间的信任与合作。

下面几条是关于社区的发展建议。

（1）**成立以项目为核心的教研组，建立协作学习共同体。**教师同所有的学习者一样，只有清楚自己的目标和方向，才能有针对性地学习和提高。学习项目所覆盖的主题和挑战来源于现实生活，想要顺利地推进项目设计和开展，教师要起到模范带头作用，展现出对深入了解项目的兴趣和热情，并积极填补自身内容盲区，掌握项目相关背景知识及学生需要掌握的技能等。因此，成立以项目为核心的教研组，就是要帮助教师明确学习主题，建立基于某主题的专业学习和教学协作共同体，促进教师的专业成长。根据项目式教学的跨学科特性，教研组可由多门学科的教师共同组成，把对项目的教学研究深入各学科中，并进行互通互融。

（2）**借助多方力量形成集成性教案，供教师选择性采用。**在教研组中，当一个教案写作完成后，组内教师均可借助这份教案作为模板在各自的教学中实践。在第一轮实践结束后，组内教师应积极提供对教案的反馈，并共同修正教案内容，优化教学开展的程序和步骤，不断将教案内容优化迭代，形成一个活动可选方案多、适用学生群体范围广的集成性教案。然后，教师再根据自己教学对象的特点和自己的教学需要有选择性地采用。在教研组的协作学习中，教师不仅可以从教案模板中获得想法，还可以从同事的经验和专业知识中受益。

（3）**组织召开教学研讨会，扩大组织规模。**定期组织召开项目式教学研讨会可以促进教师分享自己的教学实战经验，汇总对学生学习表现和进程的观察等。利用观察教与学的机会，观察同伴并反思自己的实践过程；在组织形式上，可组织开展校级、区级乃至国家级的项目式教学研讨会、研修班，并组织建立教师备课教研网站、教学姊妹省市互帮互助等，帮助更多教师加入项目式教学的学习和实践中。

（4）给教师提供形式多样的研修机会。 无论是给教师提供机会深入一个项目或挑战中学习，或是教师自己设计项目，或是参与线上或线下 PBL 的理论课程，对于教师都是完全不同的学习体验，也是提高教学设计和教学能力的机会。以项目式的方式参与项目式研修或教师培训，将会有更多样的研修体验。各地可以由高校教师牵头，各地教育局和学校领导组织中小学一线教师参与教学理论培训，再由一线教师将培训中所学的思路在自己所在学校进行实验。此后，借助互联网平台把教师研修和实践的经验进一步拓展到全市、全省乃至全国范围，借助远程课堂形成同步或异步学习资源，让全国各地区的中小学教师都能借鉴已有的教学思路，为更多教师提供学习机会。学习完成以后，各地教师可结合各省市及教师个人所在学校的具体情境，反思如何借鉴所学经验与实际教学情况相结合，进而认识到如何在自己课堂上设计让学生有更好体验的 PBL。

80　如何利用 PBL 激发师生的成长型思维？

"成长型思维"和"固定思维"这两个词常用来描述人们对学习和智力的基本认知。具有成长型思维的人倾向于认为个体的基本素养、能力能够得到培养与不断提高，他们更喜欢具有挑战性和创造性的事物，喜欢学习新知识和新技能，他们相信努力可以激发自身的潜能，并能将其源源不断地转化为成功[1]。相反，具有固定思维的人倾向于认为人的知识和技能都是固定的，他们只专注于自己做得好的事，不愿意接受可能暴露自身弱点的挑战，容易和别人形成竞争关系，而非不断地与自己的过去比较和提升。成长型思维和固定思维的区别如图 80-1 所示。

[1]　卡罗尔·德韦克. 心理定向与成功 [M]. 王成权，等译. 北京：人民邮电出版社，2007：48.

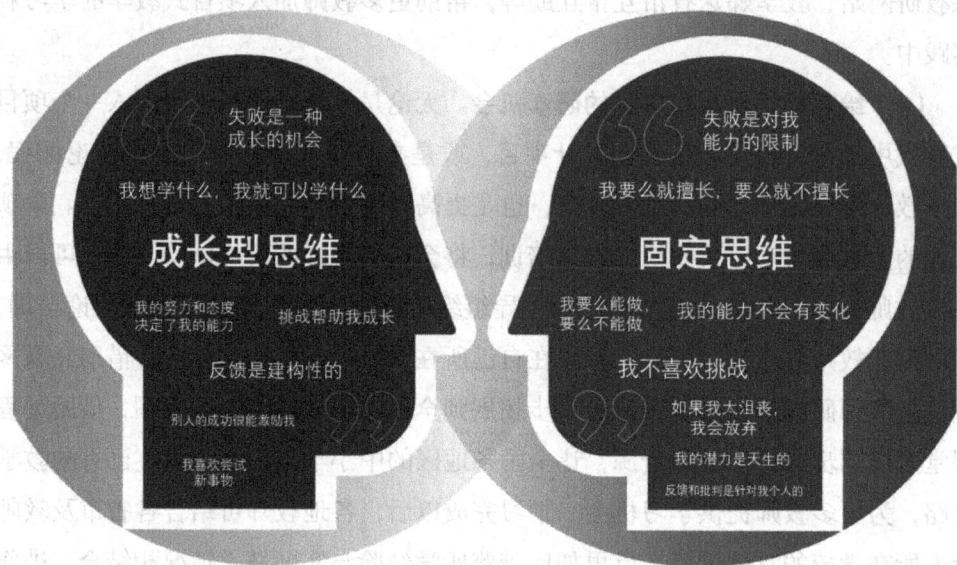

失败是一种成长的机会

我想学什么，我就可以学什么

成长型思维

我的努力和态度决定了我的能力　　挑战帮助我成长

反馈是建构性的

别人的成功很能教励我

我喜欢尝试新事物

失败是对我能力的限制

我要么就擅长，要么就不擅长

固定思维

我要么能做，要么不能做　　我的能力不会有变化

我不喜欢挑战

如果我太沮丧，我会放弃

我的潜力是天生的

反馈和批判是针对我个人的

图 80-1　成长型思维和固定思维的区别

PBL 和成长型思维相互促进，开展优质的 PBL 离不开成长型思维，在项目中不断挑战固有的知识、技能又是形成成长型思维必不可少的活动。开展成功的 PBL 需要激发师生的成长型思维，教师要特别注意起好带头示范作用，应先从自身出发，走出教学内容和教学法舒适圈，不断学习，不断自我发展，用成长型思维来鞭策自己成为成长型教师，将教学作为一种学习经验，在直面挑战的同时，努力工作，专注改进，并把挑战作为学习的机会，进一步发展个人技能。

PBL 强调对真实问题的探究，选择生活中的真实问题作为教学案例，不但对学生，也是对教师已有知识和经验的挑战。因此，教师需要先学习项目的相关知识，把不了解的领域、不具备的技能变成敢教、会教的内容。只有具备成长型思维的教师才能带领学生持续不断地学习，不断突破自我。教师在利用 PBL 培养学生的成长型思维时，可遵循以下七条建议。

（1）对学生的努力和进步予以关注。教师要对学生努力完成项目任务和他们所经历的学习过程给予积极的反馈，帮助学生形成成长型思维，而不过分强调学习结果。在教学中教师要不断鼓励学生挑战自我，敢于尝试解决困难问题、敢于试错。教师通过这种积极的反馈使学生获得有效的学习经验，让他们认识到努力学习和勇于冒险是值得钦佩的。

（2）**鼓励学生进行深度学习**。深度学习是一种主动的、批判的学习方式，也是实现有意义学习的有效方式。在我国新一轮教育改革中所提到的众多现代教学模式中，一定程度上都包含深度学习的理念。深度学习要求学生在教师的帮助下进行理解性的学习、批判性的高阶思维、主动的知识建构、有效的知识迁移和真实问题的解决[1]。因此，教师应给学生创设适宜的内部和外部条件，创建实践共同体，并强调花较长时间深入学习才能更加深入地理解事物。

（3）**营造成长型思维氛围**。教师需要明确传达给学生这样一个信息，即教师的目标是帮助学生学习，纵向关注个人的成长和进步，而不是根据学生的智力水平和同学间的相互比较来评判他们。在教学过程中，教师要不断鼓励学生敢于思考困难问题、敢于接受困难任务，向他们传达"克服障碍比个人天赋更有价值"的理念。

（4）**赞扬学生的努力**。教师要在 PBL 中赞赏学生的努力程度，而不是他们的智力水平。关注学生努力程度的反馈会让学生相信，他们有能力继续学习。研究表明，那些因为智力水平而受到表扬的学生一旦陷入困境，就会对自己的能力失去信心，而那些因努力而受到表扬的学生则会保持信心和渴望。

（5）**避免给学生贴标签**。一些教师经常给学生贴分类的标签，如"聪明""迟钝""粗心"等。这些标签会给学生的心态带来负面影响，不利于学生用发展的、成长的心态来纵向关注自己所取得的进步。

（6）**提供干预，帮助学生发展成长型思维**。教师应告诉学生他们的智力是可以扩展的，人类的大脑就像肌肉组织一样，可以通过不断使用、思考、练习来增强。研究表明，当学生触及舒适区的边缘时，他们的大脑可以形成新的更强的神经连接。

（7）**评估学生的成长和进步**。当学生说他自己不能做某件事或不擅长做某件事时，教师可以用"但是"一词，来提醒学生他们的知识水平和技能是动态的、时时发展的、相互促进的。例如，当学生为自己的口语表达能力不强而感到沮丧时，教师可以鼓励他："你的思维导图画得很好，如果能根据思维导图来梳理语言，你一定可以表达得更好！"

[1]　张浩，吴秀娟. 深度学习的内涵及认知理论基础探析 [J]. 中国电化教育，2012(10): 7-11, 21.

成长型思维可以指导教师的教学和学生的学习。教师需要把重点转移到挖掘学生的潜力，并学习如何让他们发光和成功上。这样，教师便会形成成长型思维，并相信学生的能力可以通过努力得到提升。同样，学生也有机会了解到他们的能力不是一成不变的，如果他们愿意付出努力并坚持，就能成功。这种改变会对学生的教育经历以及职业生涯带来巨大影响，因为他们应对困难和挑战的方式与原先有所不同。学生可以通过将困难视为学习经验来学会拥抱困难，在这个过程中他们会增强自信心，从而更愿意学习。

81 如何运用"教室—学校—地区"打造三级教师领导力？

项目式教学的开展不但需要教师个人面向课堂做好课程设计、项目管理、学生评价等工作，而且需要教师运用成长型思维，不断提高个人在学校层面的感染力、号召力，带领更多的教师一起实践和思考，以及在更广的地区范围内传播项目式教学理念，培养项目式教学文化，形成项目式实践共同体。因此，本书强调在开展项目式教学的过程中，利用"教室—学校—地区"实现三级教师领导力培养，以帮助项目式种子教师走向教育改革的舞台中央，成为重要的改革力量，帮助学生得到更好的发展，适应时代要求，让学校的管理、教学质量、改革更加顺利地进行，让社会更加认同，让专业同行的教学质量得到提高。

教师领导力最早由利伯曼等人在《教师领导力：理念与实践》中提出，它来源于分布式领导的理论，其本质是强调管理的扁平化，对传统学校领导者的领导权威和能力进行重新分配的过程[1]。欧美国家通过多年的研究发现，教师领导力是影响学校和学生发展的一个十分关键的条件。教师在学校占据重要地位，没有教师对学校工作的参与，没有教师自身专业知识的提高和发展，教育改革和学生成绩提高则无从谈起。项目式教学作为教学法的一次重大改革，需要教师由传统的教书匠转变为课程专家，再成为学习共同体组织者；教师通过

---

[1] 孙杰，程晋宽. 从领导行为到领导思维的转变：基于国外教师领导力理论的分析 [J]. 高教探索，2019(12)：124-128.

教学变革，促进学校教育的发展，也会带动学生所在社区相应的发展，从而推动社会的进步。

在培养和提升项目式教师的领导力时，教学团队领导需要明确三点。第一，打造"教室—学校—地区"三级教师领导力的目标是什么？第二，哪些经验和行为可以证明教师具备了不同层级的领导力？第三，如何避免消极因素干扰，构建培养项目式教师领导力系统？这里就以上述三个方面为出发点，分教室、学校和地区三个层面介绍项目式教师领导力的发展。

（1）**教室层面**。教师领导力可以在这个层面体现，主要探讨教师在课堂上组织教学时如何发挥领导力，促进学生真正投入学习。在这个阶段，教师领导力主要指教师的专业能力、社会交往能力、参与学校决策的权力等，要求教师转变与学生的权利关系，由教室中的绝对权威转变为以学生为学习主体的平等、民主关系，即以教师作为组织者，指导、管理项目，重视建设学生集体，让学生成为自己的领导者。教室层面的教师领导力对于 PBL 教师的自主发展留足了空间。教师从心理和能力上逐步为学生搭建学习脚手架的过程就是教师自身开展 PBL 的过程。将学生的自主学习由个体逐渐转变为集体，形成乐于分享、积极思考的学习气氛是教室领导力的目标。这一阶段目标的实现，需要 PBL 教师逐步设计具有自主空间的课堂环节，不断延长课堂自主时间，形成共享的学习规范，建立积极健康的师生关系，帮助学生拥有面对挑战的勇气，促进学生个性化成长。

在这一阶段，常见的问题是 PBL 教师缺乏项目式经验，对项目的时间、难度和范围缺乏经验，对教师"放权"与学生之间产生碰撞的不确定性难以把控。因此，教师需要通过实际行动建立项目式教学的经验和自信。学校项目式教学核心团队需要建立专家审查团队定期审核，以通过外力的制度约束和教师参与实践来提升教师的内在自信。

（2）**学校层面**。学校层面的教师领导力强调组织性、集体性，这是一种集体思维方式的变革。教师领导力不局限于或者默认只有积极主动或被赋予权力的人才有领导力，领导力成为教师群体必备的一个能力。领导力的培养是一个教师、领导者、家长集体学习的过程，目的是形成对创新人才教育理念的共识，建立学校信誉，明确共同责任。PBL——学校教师领导力的内容如图 81-1 所示。

PBL——学校教师领导力

教师群体建立统一的项目评估标准，不断地对项目进行监察、沟通、改进，以提升项目质量。学校提供支持性的专家团队，提供多样优质资源、人才、政策、程序、时间、资金、材料和社会支持等。

学校需确认项目的主要责任人，作为项目联接者的主要动力源：开展PBL过程中教师需协调学校与社区传统、家长意愿等的关系。

教师群体整合，管理教师、学校所拥有的资源。运用专业评估，提供反馈以及技术和社交情感支持，保障项目正常运行。

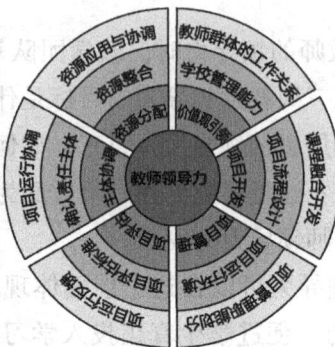

学校在教师群体的组织结构、文化氛围等方面，支持、调节、培养教师管理学校的能力，形成健康高效的工作关系，促进教师领导力发展。

在坚持教师群体共识的情况下，教师引导整个项目的长期设计；将项目学习与不同阶段的课程融合，开发有挑战性的项目主题。

教师群体有效地缓解地区压力，营造PBL发展环境，平衡制度背景、校外政策、学校规范，尤其强调对优势不同的教师进行不同角色的分配，为每个教师赋予不同的领导责任。

图 81-1　PBL——学校教师领导力

学校作为教师领导力发展的基地，不仅以教师自身领导力、领导经历为基础，还以校长支持下的学校层面系统设计，将教师领导力由个人功能强调成为集体功能后，需要校长对教师群体发展途径展开新的设计、项目培训和任务分配。通过与学校教育理念、战略前景相一致的方式推行，以此确定学校 PBL 教师领导力培养目标的达成。

（3）**地区层面**。地区层面的教师领导力强调教师如何参与地区层面的教师专业化发展社群，以及在区域层面协调资源的能力。通过这一层面教师领导力的培养，学校从孤立探索项目式教学开展的状态，转变为从区域合作领域寻找项目结合、资源对接、寻求经验分享等。同时，增进区域教师之间的集体参与和协同发展的影响价值，通过改变区域教师的群体能力来实现对当地社会的引领，实现协同育人。

地区层面的教师领导力要求教师具有整合资源，跨越教师群体，协调高校、社区、政府，提高全体成员的整体素质生活质量，组织服务区域经济和社会发展的教育活动，构建学习型社区的能力。这一阶段是项目式教师发展的成熟期，学生对项目式教学流程和注意事项已经有了深刻的理解，具备自主学习和探索知识的技能。教师群体引导学生关注实际问题，自主设计、实施流程，并进行项目质量反馈。教师群体的引导过程中，重点突出实践导向和实际价值。在社区建设中，为学生提供实践机会，连接地区高校与中小学，开发 PBL 资源，尽可能地帮助学生参与地区中的相关实践，全面增强教育资源和教育制度的支持[1]。值得注意的是，这一目标的实现需要在社会参与度总体提升、社区资源和法治保障充分的情况下，形成系统化的资源共享、沟通顺畅、结构有序的项目式教学大环境，需要社会群体共同参与实现协同育人的目标。

从"教室—学校—地区"实现三级项目式教师领导力的培养，需要立足实际，明确目标，分阶段打造核心基础。从不同区域范围和能力要求，团队教师从整体设计方面对项目式教师的职能和任务进行开发，形成教师领导力发展系统，以项目式教师群体领导力为核心，打造协同育人、终身发展的社会环境，是教师领导力发展的长远价值。

82　一线教师如何开展项目式教学研究？

与开展原理性、原则性研究的专业研究者不同，中小学一线教师开展教育教学研究工作强调结合教育教学工作的现状和实际，以科学规范研究自己的课堂，将理论转化为有效实践，探究一种教学方法、教学干预策略在自己课堂中的运用效果和原因分析。这种教学研究的目的在于解决日常教育教学中遇到的问题，或为教学中的某个现象寻找答案，从而提高教学质量、改进实际工作、解决实际问题。研究课题的针对性、时效性都比较强，研究也更贴近教学实际，有利于提高教学反思质量，进而提升教育教学质量及教师自我发展。笔者强调一线教师开展与项目教学高度相关的课题研究，以教师自身教学过程中发生的具体问题为研究对象，以解决问题为研究目标的课题，结合实践工作的反思和记录，解决教学实践过程中的现实问题或低效问题。

从教育研究方法来看，当前中小学教师主要开展的教育科研方法分为六大类型：教育观察法、教育实验研究法、教育调查研究法、教育个案研究法、教育经验总结法和教育行动研究法。其中，教育行动研究法作为主流的科研方法，被越

---

[1]　张博，蔡连国. 地方高校参与社区教育发展的大思路 [J]. 成人教育，2020, 40(9): 38-42.

来越广泛地接受和应用。因此，笔者建议研究经验不多、尝试开展项目式教学研究的教师从开展教育行动研究入手。行动研究是将研究与行动相结合的过程，教师作为研究者在先进理论的指导下，通过制订可修改的实施计划，并对该计划进行即时的行动、观察与反思，达到改进实际工作的目的。行动研究通常是在教学实践和教学研究中发现问题，然后提出改进措施，继而回到实践中进行再研究，它是针对特定情境、特定文化的实践和研究活动。行动研究与其他研究的主要区别是，它是由教师自己来操作和承担的自省性探究过程。PBL 中的问题也总是设置在特定的情境中，其中提出问题、探究问题与解决问题的过程既是行动的过程，也是研究的过程。

首先是项目式行动教学研究的流程。在项目式教学中开展行动研究主要有六大步骤，如图 82-1 所示。

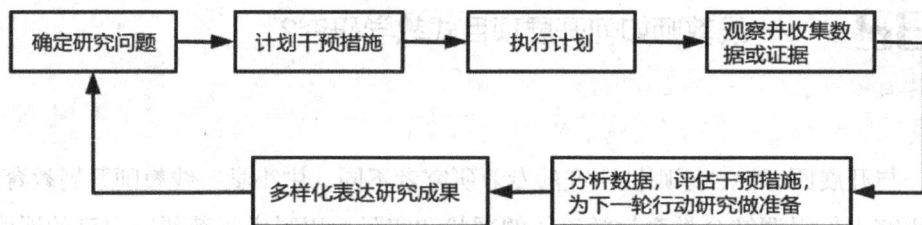

图 82-1　项目式教学行动研究步骤

（1）**确定研究问题**。PBL 教师在行动研究之初，需要先明确自己要研究的问题。好的研究问题来源于教师日常在备课和教学中的反思与观察，只有对备课流程和学生学习过程有充分了解，以及对学生的学习表现熟悉，教师才能找出值得研究的问题。这些问题可能是教师备课过程中遇到的难点、总结的方法，也可能是学生学习某知识点或技能时的困难点、所需要的学习脚手架等。有价值的研究问题应符合"小""近""实"的特点。"小"是指选题切入口要小，从小现象、小问题入手，能够进行以小见大的观察。例如，"小学一年级学生习得五个口头表达技巧的顺序研究"选题就比"小学生口头表达能力研究"选题更值得开展研究，因为口头表达技巧的习得顺序可帮助教师了解特定年龄段学生认知水平发展和技能提高的规律，进而为更多教师提供口头表达能力教学的参考。"近"是指贴近项目实际、学习背景和学习过程，切勿好高骛远。例如，"利用跨学科学习项目提升学生写作能力"就是一个贴近项目实际和学习过程的选题。"实"是指选题要体现对学生的实际关注,避免空谈。例如,"如何帮助学生克服同伴互评时的尴尬,提升学生评价效能感",就是一个帮助学生提升学习体验和能力的实际课题。

（2）计划干预措施。教师需要制订教学计划,对学生进行教学干预,此处的干预措施是设计不同的项目式教学方案来开展教学。常见的做法是在保证教学流程基本一致的情况下,挑选出 1～2 种不同方法,分别运用在两组学生的学习过程中。例如,在研究"提升学生互相评价效能感"这个课题中,教师可在保证其他所有教学流程均一致的情况下,将学生分为 A 和 B 两组,A 组学生采用同班同学匿名两两互评法,B 组学生采用在线实名互评法,比较两种互评法是否对学生开展同伴评价的态度有不同影响。

（3）执行计划。教师将班级合理分组,在不同组间开展教学方法或活动略有不同的 PBL,关注学生呈现的学习效果差异。

（4）观察并收集数据或证据。教师观察、记录学生在课堂上的学习效果和进展状况;对一些学生进行访谈,初步了解部分学生在学习上的困难和疑惑,提出初步的假设。在收集教学信息时,表 82-1 中介绍了常见的几种方法,包括系统观察、个案研究和民族志、评论、概念映射和叙事研究。每一种方法都能从不同的角度、不同的维度收集教与学的数据,帮助教师提高教学有效性。

表 82-1　收集信息的常用方法及其优缺点

方　　法	介　　绍	优　缺　点
系统观察	教师自行安排教学评价工作,运用简单易行的观察工具收集活动中的学生行为与教师行为等有关资料,经整理、评估达到自发性地改进教学技巧的目的,提升教学有效性	优点:为课堂提供相对客观的描述 缺点:几乎不能提供关于特定互动环境的大量信息,也无法阐明教师和学生对自己和他人行为的解释
个案研究和民族志	利用访谈和半结构化的观察了解教师的特定教学实践。研究者可以深入教师的工作环境并通过与教师的互动,深入了解教师如何看待自己的工作	优点:能以生动形象的方式表示个案,可以提供特定教学的信息 缺点:研究结论主观性强,当遇到伦理道德问题时,对研究人员的能力要求较高

续表

方　法	介　绍	优　缺　点
评论	通过刺激回忆技术来激发教师回忆思考和决策过程，即教师先用视频记录上课过程，课后进行回放，请教师回忆当时的思考。还可结合其他教师的课堂观察笔记，对教师进行访谈，了解教师所做的决定，评论他们所做决定的原因	优点：能捕获客观无法观察到的信息 缺点：容易有主观性
概念映射	概念映射通常包括三个阶段：①针对特定主题进行头脑风暴，以确定概念；②指出这些概念是如何相互关联的；③对概念之间的关系进行命名。最终产品是教师对某一特定主题的理解的视觉表现	优点：利用这项技术可以确定不同教师对课堂管理的思考方式 缺点：对研究人员的能力要求较高
叙事研究	教师用自己的语言来描述教学。这种研究支持用经验主义的方法来描述教师的工作，特别注重教师的"声音"，并将教师的经验置于其他生活事件的背景中	优点：具有丰富性、形象性、复杂性等，可多维度描述教学事件 缺点：易受个人观点和喜好的影响

（5）**分析数据，评估干预措施，为下一轮行动研究做准备**。对学生的反馈进行反思，决定如何为未来的教学实践提供信息与指导。

（6）**多样化表达研究成果**。展示项目式教学研究成果的方式并不局限于写研究报告或发表研究论文。教师还可以通过教学日志、教学叙事、教学案例总结和教学反思等方式来记录教学、教研等活动，展现研究所得。下面对几种展示方式进行简要介绍。

① **教学日志**。教学日志是教师记录教学活动以及这些活动实施的效果，影响课堂教学的关键细节等情况的一种方法。教学日志可以包括教学中的有意义的事件、个人的感受、对事情的反思等，如记录自己在教学和研究过程中所发现的问题，个人的困惑、解释和看法等。因为教学日志通常以课或天来记录，所以可以记录和保存其他研究方法无法采集到的数据。

② **教育叙事**。教育叙事是以自我叙述的方式来反思自己的教育教学活动，并通过反思来改进自己的教育教学行为，不断提高教育教学质量。教育叙事能帮

助教师更好地体验和回顾教育中如何更好地设计和开展教学。

③ **教学案例**。教学案例作为备课材料的一部分，记录了教师教学的过程。写教学案例可以帮助教师整理工作中的重点和难点，提升专业水平，同时教学案例作为当前教学周期内的精华，也为自己及其他教师后续教学打下了基础，为教师间的经验分享提供了素材。

④ **教学反思**。教学反思是教师对自身教育观念及行为的认识、监控和调节。教学反思可根据研究课题的不同分为专题反思与整体反思，根据反思发生的时机不同分为即时反思与延时反思等。

以上是利用 PBL 开展行动研究的方法。对 PBL 新手教师来说，学会这种方法可以快速开展科研；对经验丰富的 PBL 教师来说，这种研究方法可使他们在开展其他类型的研究时做到触类旁通。

83　如何提升 PBL 教师的科研能力？

教师的工作是育人，为了满足每个时代对人才发展的要求，教师应不断学习来更新自己的知识和技能，应对瞬息万变的信息时代与人才的培养要求。虽然很多教师都认为自己是终身学习者，并有动力寻找新的基于研究的解决方案来提升教学实践，然而还是有很多中小学教师因为缺乏时间和信心从浩如烟海的文献资料中筛选出适合自己课堂和教学的研究，未能很好地分析和适应他们独特的学生群体，导致经验丰富的教师错过了许多与最新研究成果接轨、实施提升学生学习表现方案的实践机会。教师还要在数据文化中成长，管理者要鼓励教师开展教学研究，让更多教师有更多机会提升他们的研究技能。要构建这样的教学研究文化氛围、提高教师的整体研究能力，可以从以下三方面入手。

第一，确定教研骨干教师。在学校项目式教学教研组中，要有意识地寻找或指定教研骨干教师。在教研组内部，教研骨干教师可以帮助教师进行教学研究与数据收集，解决课堂中出现的挑战，评估新方法的有效性。在教研组外部，教研骨干教师要协调与大学和研究所的合作关系，满足他们对所在地区学校做研究的兴趣。教研骨干教师是保证学校教研计划与该地区总体的教学方针和政策一致的重要力量。

第二，培养研究团体。 除了教研骨干教师外，学校及各级教学支持部门还应为教师创造机会来建立学习社区和研究团体，形成教研氛围。这一步需要各级教育部门的共同努力，为地区教师建立面对面或虚拟社区，让他们可以共享研究资源和专业知识。如创建一个共同的平台，在那里教师可以通过分享他们如何将研究纳入教学实践，互帮互助。在教育管理部门、研究机构、高校、中小学的支持下，教师也可以考虑以设计为基础来实施研究，教师、学生、家长和社区成员参与研究计划，共同解决地区当前的教育挑战。只有当所有的教学利益相关方都参与项目式教学时，才能创造出蓬勃发展的 PBL 文化。

第三，利用信息技术工具，为课堂研究提供更多的学习数据。 信息技术融入教学不但能为学生带来全新的学习资源和学习体验，还能收集和记录学生的多种学习数据。这也要求教师提升在数据收集、分析及开展研究方面的技能。当前利用数据开展中小学教学研究的教师仍在少数，其根本原因在于教师对研究感到陌生、害怕。因此，培养教师收集数据的技能可以帮助教师提出研究问题、收集数据和使用他们的所学指导教学，开展行动研究。教师的管理者可以通过展示和认可教师的工作，并将其纳入评估过程，来支持教师的基层研究工作。

学校及区域内的教师管理者还可以将提升教师研究技能作为一种专业技能来培养，与高校合作来推出教师研究技能类课程，颁发教师研究素养培训证书，鼓励教师提升研究技能和水平，在学校和地区内推广教学研究文化。

84 什么是混融教学？如何培养混融型 PBL 教师？

混融教学是在 2020 年新型冠状病毒肺炎疫情席卷全球、"停课不停学、停课不停教"的大背景下提出来的。受疫情的影响，教学环境和条件发生了根本变化，导致教学形式和内容也发生相应的变化，以面对面课堂教学为主要形式的教育生态、"旧格局"正在逐渐被双线混融教学"新常态"所取代。"混融教学"是在"混合教学"基础上提出的，是对"混合教学"的反思和升华。"混融教学"强调的是线上教学与线下教学之间的交融，线上教学不是单纯的输出教学材料，就是要在混合式教学情境中通过相互融合消除师生间的隔阂，提升学生的在线参与度。

传统的课堂以教师讲授为主，缺少师生以及同伴间的互动，且相对封闭的环境形成了学生与真实社会生活脱离的生态小环境。然而，直接将学生暴露于海量的网络信息资源之下，可能会让学生无所适从，导致学习时间碎片化、知识结构碎片化。如果缺少教师的引导和任务设计，学生可能会在信息海洋中迷失方向。双线混融教学模式能结合线下和线上两者的优势，实现"1+1>2"的协同效果。线上教学能创造更平等的师生关系，让教师及时获得教学反馈，发现个别学生的问题，掌握学生的学习进度，开拓学生的思想维度，增强学生发现问题、分析问题、解决问题的能力，养成成长型思维。

双线混融教学模式对教师的个人素养提出了更高的要求，包括信息资源筛选、在线平台的应用、真实交流情境创设、双线课堂开发与设计、教育管理能力、教学内容与信息资源的整合能力、线上和线下不同学习策略指导、学习过程监督和多样化评估等。其中，在 PBL 课堂中开展双线混融教学的教师应在心态、品质、适应性技能和教学技能四方面做好准备。本书整合了美国 Aurora Institute 提出的混融教师素养量表，教师可基于此量表进行自测（见表 84-1）。

表 84-1　混融教师素养量表

维　度	素　养	具体评价项目	1分（有待提高）	2分（渐入佳境）	3分（卓尔不凡）
心态	对于教学的新视野	从教师主导的教学转向以学生为中心的学习，以满足学生需求并培养参与热情和动机			
		重视与各种利益相关者的合作，以加强学生的学习			
		创建灵活和个性化的学习环境，依赖于实时数据、直接观察以及与学生的互动和反馈			
	创新精神	拥抱变革，并为他人树立榜样，根据课堂中学生需要，主动变革			
		引导并鼓励学生成为独立自主的学习者			

续表

维　度	素　养	具体评价项目	1分（有待提高）	2分（渐入佳境）	3分（卓尔不凡）
品质	勇气标准	课堂中保持解决问题的毅力、信心和乐观精神			
	透明度标准	客观地看待所有的结果（积极的或消极的），帮助学生也这样做			
	协作标准	平衡个人主动性和团队合作，以实现组织目标			
适应性技能	反思能力	持续地记录哪些学情是有效的，哪些是无效的（通过学生层面的数据、技术应用、教学策略、主观反馈等），并确定行动计划			
	改进与创新能力	通过持续的规划、设计、测试、评估和重新调整教学方法来解决问题			
	连接能力	将学生与课堂教师和课本之外的信息来源联系起来			
教学技能	数据实践能力	使用定性和定量数据来了解学生的个人技能、差距、优势、劣势、兴趣和愿望，并使用这些信息来打造个性化学习体验			
		按照明确定义的标准、目标和结果，不断评估学生的进步，以确定每个学生需要额外支持来掌握某个概念或技能的特定主题			
	教学策略	为学生提供学习内容的资源，使他们能够独立工作和（或）在合作小组中工作			
		为学生提供资源，以各种形式创造他们获得知识的证据，以证明他们掌握了知识			

　　在混融式教学课堂之中，教师的教学规划和管理要围绕师生如何共建共享课堂教学成效来展开。除上述四方面的能力和素养之外，混融课堂中的师生关系和学生关系也需要教师多予以思考和关注。第一，重新思考和建立混融课堂中的师生关系。师生共建共享的课堂离不开师生紧密的教学关系，因此，教师可以通过确保学生的提问通道畅通来鼓励学生的积极参与，为学生提供在低压力环境中表

达自己已知与未知的渠道。例如，无论在线上或线下课堂，教师都可以鼓励学生通过语音信息、录音文件、语音或打字聊天、共享文档批注留言，或便签留言、笔记本留言等方式随时提问，确保师生线上线下交流畅通。第二，鼓励学生开展线上同伴间的互教互学。与传统课堂中教师作为唯一的讲授者和展示者不同，线上课堂赋予了学生更多动手学习、展示的机会。教师可以充分利用这一特点，鼓励学生互教互学。例如，一位教师在教授冷凝现象时，请一位学生在线演示在热水瓶顶部用冰盖住形成冷凝现象，请其他同学讨论并解释此现象。

混融式教学的高效与成功离不开教师"打破边界"的决心——打破传统课堂的教师权威和改变师生关系，打破传统混合课堂线上线下一刀切的边界，利用技术手段为教学赋能，为学生创造更优质的教学体验。

第

7

章

PBL教学文化

85　如果所在的学校没有学科带头人牵头组织，应如何开展 PBL？

当前，我国各地对项目式教学的理解程度不同，推行程度各异，这对希望开展项目式教学但无学校或年级层面支持的教师来说可能有一定难度。希望开展项目式教学的教师也应该意识到，项目式教学不是一次短暂的教学风潮，而是一种帮助学生养成学习习惯的长效教学手段，因此推行项目式教学不应该是一种非关即开的电灯开关。教学流程必须完整、教学方式与传统教学不同，应该是一个循序渐进的调节开关的过程。教师通过观念的转变、教学活动设计和开展方式的转变等，抓住项目式教学的核心，帮助学生逐渐从传统课堂过渡到项目式课堂，从传统的以教师为中心的学习过渡到以学生为中心的学习。也就是说，本书提倡的项目式教学不是一个开或关的极端状态。

要做到在课堂中滴灌式、渗透式地开展项目式教学，教师首先应反思和审视自己教学工作中的细节，然后考虑清楚开展项目式教学能让学生收获什么，再从日常教学的每一个细节出发，运用本书提供的各阶段中可以使用的教学法（如本书第 40 问和第 41 问）替代日常的教学法（如将教师规定完成一种作业，转变成教师提供三个作业方案，学生选择完成一种；或由教师提出问题转变为学生从几个备选问题中选择一个进行探究等），让学生养成自主学习的习惯。当学生具备一定的学习自主性和学习责任感并具有一定探究能力后，再考虑整体实施 PBL。

尽管在世界范围内不少国家已经把 PBL 作为一种常态化的教学方式，但在我国，利用项目式教学开展教学的学校和教师仍是少数，因此难免会出现 PBL 教师处于孤立无援的环境中，不利于 PBL 教师长久地保持积极性。然而，有一些策略可以帮助 PBL 教师在自己的学校和其他地方寻找到潜在的教学合作伙伴，结伴应对教学中的实际挑战和心理挑战。

（1）搭建一个传播与分享 PBL 的平台。有意识地积累和传播学生的 PBL 过程和学习成果，是向他人展示 PBL 价值的一种重要方式。教师可以通过制作有吸引力并能引起他人共鸣的平台来分享与传播这些作品。例如，教师可以采取以下方式。

- 建立一个项目库来收集项目的教学信息和录像视频。
- 分享项目教案、教学计划、教学日志等文件，分享项目实施过程中的心得与挑战。
- 展示学生作品。学生作品可以包括产品草图、学生学习笔记、项目报告书、反思日记等，帮助他人了解学生 PBL 的心路历程，帮助其他教师多角度了解 PBL 的点点滴滴。
- 分享项目式教学故事。教师可以有意识地记录开展项目式教学中的大事件，尤其是思想上的重大转变、收获的成功与总结的经验教训等，通过讲故事来感染更多的教师采取行动加入其中。

（2）找到所在学校的第一批支持者，在校内广泛传播。通过分享学生作品集，找到最有可能相信项目式教学力量的教师作为第一批支持者，和他们一起传播项目式教学的优势，加速项目式教学在学校内的传播。在这个过程中，教师需要关注以下两点。

- 尊重新加入教师的学科背景。虽然他们是新手，但或许他们拥有丰富的专业知识。
- 邀请新手教师观摩项目式教学课堂，即时给予反馈与帮助，或者在一个新项目开展的过程中邀请他们来参观并提出建议，这些邀请往往会随着时间的推移使彼此在相互学习中建立信任。

如果您所在的学校区域没有项目式教学带头人，那么您应考虑努力成为所在区域的项目式教学实践先锋和带头人，从您的课堂开始渐进式、滴灌式地引入具有项目式教学风格的教学设计和活动安排，并以此为出发点，带动学校或区域内其他教师的积极参与。

86 我和我的学生第一年开展 PBL，需要注意哪些问题？

在由传统教师转变为 PBL 教师的过程中，教师的身份由知识传递者转变为项目的规划者和管理者。因此，在第一年开展项目式教学时，在项目的设计和执行中可能会出现一些让人手忙脚乱的情形。例如，由于时间管理不善，学生在截止日期的前一天匆忙提交学习产品；由于小组合作经验不足，团队之间缺乏沟通；学生之间由于意见不一发生冲突等。因此，笔者总结了五个在第一年开展PBL 过程中容易出现问题的环节，帮助 PBL 新手教师预防。

（1）预测 PBL 发展走向，设计替代方案。新手教师在面对学生的一些紧急情况时往往会产生有心无力的感觉，而隐性知识的积累有助于预测方案的形成，更好地避免和预见各种意外情况的发生。隐性知识通常是指教师能熟悉不同问题的特征，对不同问题提出解决方法，更快、更有效地应对学生诉求的经验。教师可以通过不同的项目式教学经典案例，了解 PBL 熟手教师的知识结构和信息处理过程，积累隐性知识，有效提升教师问题处理能力和项目执行能力。教师丰富的知识结构会影响学生快速发现问题，并形成可供执行的方案。补位不仅需要PBL 教师积累与项目开展相关的结构性的背景知识，设计替代方案，还需要教师留心保存学生问题敏感性的证据。

（2）教案和教学材料选择。在开展 PBL 的第一年，教师应尽量避免选择偏离自己学科较多的、内容较为新颖的题材。当知识过于新颖时，教师可能缺乏特定知识和对潜在问题的感应，导致学生可能对学习目标和内容产生误解。因此，项目情境越新颖，越有可能出现新的问题。建议教师采用成熟的学习项目教案进行教学，从自己熟悉的领域，或单学科的知识模块入手。

（3）理解和管理学生间的冲突。在 PBL 过程中，学生之间可能会出现情绪冲突和认知冲突。情绪冲突往往指情绪化、人际关系中的纠纷，是产生排斥、不合作等潜在因素的源头。在小组合作中的情绪冲突主要表现为学生主观上对其他同学的偏见、因未合作过而产生的恐惧情绪等，但有时也会产生认知冲突，就是学生对于某些问题在已有认知方面的差异。认知冲突常常表现为在做某些决策时，学生们所表现出的小组成员意见相左，无法形成对同一问题的统一认知，或无法形成一致的任务执行方案等。但认知冲突可能更有利于问题的解决，甚至当学生解决完冲突后，对小组目标的达成能起到更好的督促作用。当冲突的功能面向任务和聚焦关于如何更好地实现共同目标时，这种不同观点的竞争通常优于个体的观点。教师应鼓励学生对可替代性的观点进行有效评估，也应鼓励团队成员自己去理解其他成员的观点，找到共享理解的基础。因为当个体的观点在团队中得到认可、积极的关注和反馈时，将有助于促进理解，增强团队成员之间的彼此认同，也会减少情感冲突。

（4）有效把控时间，避免 PBL"烂尾"。项目时间规划带来的有限时间压力（规定任务完成的时间）可能会降低小团体决策的有效性[1]。随着项目截止日期的临近，时间压力会减少学生收集资料、深入学习相关内容、分析证据、进行问题检测和解决的机会。同时，由于时间压力的增加，学生没有足够的时间来对项目的各个方面和环节进行有效监控。因此，采用具有节点性的可视计划，可以抵消时间压力带来的不利影响。教师帮助学生提前做好详细周密的项目问题、项目设计和项目实施过程的规划等工作，会在一定程度上协助学生识别并有效完成学习任务，在一定程度上减少因时间不足、缺乏监督或概念误解而犯错的可能性，避免项目结束时草草了事。

（5）预设学生可能会消极应对 PBL 过程的现象，留出机动时间。在 PBL 引入阶段，学生一般处于高新鲜感、高兴奋度的学习状态中，然而随着项目的深入，探究任务的难度逐渐增加、需要学生个体完成的任务对学生形成挑战、学生在学习过程中遇到挫折和失败、项目周期过长带来的疲劳感等因素，都会使学生出现消极应对学习的现象。当教师注意到学生出现这些消极情绪、参与学习的动机水平较低时，就要从时间压力、信息不对称、沟通频率和情绪冲突等方面检查可能存在的问题，通过开展个人谈话、小组谈话等方式了解学生在学习中面临的问题和难点，唤起学生对项目之初的热情和兴趣，给予学生一定的机动时间调整学习状态，激励学生克服困难。

87　我的学校第一年开展 PBL，需要注意哪些问题？

与第一次在班级层面开展项目式教学不同，在学校层面开展项目式教学对学校、项目式教学设计者、教师、学生来说都是一个重大挑战。第一年开展 PBL

---

[1] ISENBERG D J. Some effects of time-pressure on vertical structure and decision-making accuracy in small groups[J]. Organizational Behavior and Human Performance, 1981, 27(1): 119-134.

的工作重心是形成项目式教学组织结构和相互支持的合作教学环境，逐步通过专业的团队和校园文化打造预期实践效果，推动项目式教学从过程到结果的持续成功。具体来说，要注意以下五个方面。

第一，培训核心力量，建立项目式教学师资队伍。学校开展项目式教学的第一年，工作重点应在于培养开展项目式教学的核心团队。本书建议在开展项目式教学时，学校可以聘请项目式教学专家对新手教师进行培训。项目式教学专家能为教师提供丰富的案例和资源（通过丰富的案例和实践活动，教师理解为什么需要了解和学习项目式教学），注重在理论学习的同时提供实践指导，重视在培训过程中以任务驱动学习，专注于 PBL 新手教师的实践技能发展。这对新手教师的成长十分重要。在培训过程中，若非时间紧张，尽量不要删减培训课程中的教学实践操作环节。在理想情况下，笔者提倡学校与专家建立长期的合作关系，为教师专业发展提供长期指导，建立专家与教师的项目式教学共同体，促进学生与教师共同成长。

第二，引入研究，促进 PBL 教师发展。在项目式教学实施过程中，笔者倡导以研究促进反思，以反思促进成长。教师作为导师和学习者，探索不同的机制促进学生完成不同的学习任务，是教师不断反思的过程。新手教师将项目式教学实施过程与研究过程融为一体，能够批判地看待项目开展、合理地进行教学评估，进而提升项目教学质量。教学管理者要鼓励新手教师以成为项目式教学导师为目标，体验角色变换背后的机制，找到对自身有利的学习环境，这不仅可以丰富教师在项目式教学中的成长经验，更能促进教师自身的专业发展和领导力的提升。

第三，评估环境，奠定项目式教学实施基础。PBL 作为一种学习方法，其有效性可能受到社会支持、政策导向、文化倾向、学校固有运行结构等多种因素的影响。因此，教师和校长在实施 PBL 前，了解整个区域对于这种教法的认可程度，评估和改善 PBL 的政策背景和文化导向，是 PBL 由理论走向实践的重要一步。在项目式教学的实际运行中，校长和教师面临是否建立单独的项目式核心团队、团队的形成是否建立在原有的行政结构基础上、项目是否需要跨年级实施等众多问题。因此，协调学校内部的影响因素，突破区域整体的评价方式的束缚，是校长和教师思考的重要一步。学校应争取足够多的支持，探索实施 PBL 所需的领导架构和实践基础，以便合理有效地调整 PBL 开展的节奏和适用对象范围。

第四，注重策略，有效实现教师教学目标。在实践 PBL 的各个环节之前，应经过充分地讨论，最好是经专家或者团队成员的讨论，以预测实践过程，保障 PBL 实施的质量。事实上，建立在真实情境基础上的项目，并不一定适合在学校场景中实施。因此，学会利用集体的智慧，选定适合在学校中开展的项目背景。利用集体的智慧对教师来说是一个综合思考的过程。在 PBL 的实践中，教师还需要明确教学目标，重视教学策略。相较于传统的注重知识的教学，PBL 教师在培养学生实际应用技能和自主发展策略上，更能够促进学生进行深度学习。

第五，重视反馈，推动 PBL 持续开展。在实施 PBL 的过程中，长期得不到建设性的反馈会影响课程的持续性和有效性。反馈的内容应该与课程目标和项目设计相联系，同时，和谐的师生关系建立的基础是学生得到教师真诚的回应，因此教师对于学生的反馈保持真诚、尊重和欣赏的态度是有效促进学生发展的策略。在反馈方式上，教师不仅可以通过追问的方式给予学生反馈，也可以借助工具进行反馈，如可视化的表格、规划墙、项目日志等。在反馈过程中，除了定期性的简报或会议展示外，教师和学生可以共同参与任务设计与评估的专家研讨会，对于乐于参与的教师和学生，给予奖励，激发他们寻求反馈的热情，促进教师和学生在 PBL 中共同成长。

第一年有效实施项目式教学是创新教学形式的第一年，也是为学校未来变革打基础的一年。学校领导基于本地区文化环境和政策导向的评估，改革学校教学组织和运行结构、引进专家、培养核心力量、建立项目式教学师资队伍和建设性的反馈系统，以保证项目式教学的持续进行，促进教师和学生的共同发展。

88 当学生在 PBL 中遭遇困难、失去信心时应如何给予帮助？

PBL 对于学生和教师来说都是巨大的挑战，特别是对学生来说，当他们在开展项目的过程中遭遇困难、失去信心时，教师要给予学生释放情绪的空间，鼓励学生诚实地面对自己的情绪。教师应通过巧妙的教学设计与引导，帮助学生正确归因，建立积极的内外部支持环境，以取得成功，建立自信。具体来说，教师可参考以下三个建议。

（1）**接受学生的消极情绪**。教师在转变学生学习方式的过程中，要接纳学生在项目尝试失败时的情绪。在开展 PBL 的过程中，这种与现实环境互动反馈更为及时的学习方式，更容易让学生产生真实的体验。当学生产生消极的情绪时，教师可以开导学生，表达对学生的理解。事实上，学生发泄情绪的过程是一个暂时停止焦虑、反思、积蓄动力再次起航的过程。除此之外，日常的过程性记录不仅可以见证学生的成长，也可以转化成学生冲破瓶颈的勇气。阶段性回顾学生自我成长的证据，可以使学生感觉到再次努力就可以取得成功。因此，笔者认为安排 5～8 分钟请学生以写作方式写出问题说明和过程反思，不仅可以帮助学生梳理学习过程中的情绪，还可以让学生以诚恳的态度给予教师反馈。

（2）**将问题消灭在项目设计过程中**。教师在项目式教学设计时，需充分考虑项目的有效性和适用性，对于项目中的各个环节，如主题选择、发现问题、分析问题、制订计划、实施行动、评估效果、巩固成果等方面，尽量做好全面预估与替换方案的准备。教学情境的设置需关注学生的真实生活的学术意义，从内部动机开始逐步分阶段地帮助学生体验成功的乐趣。教师要能够鼓励学生坚持参与和深入广泛探索。例如，鼓励学生动手操作、实验、体验、自我服务，提升自己的能力，增强自信；给予学生充分的讨论时间来探索知识和概念；鼓励学生发言、交流，有意识地创造合作机会，培养学生的合群性和合作性，帮助学生体验归属感和支持感。通过项目的学习，培养学生的实践兴趣，当学生遇到问题时，鼓励学生写下来、合作、表达，为其提供沟通渠道，同时给予学生材料、信息、专业人员的支持，以积极的态度鼓励合作，提供支持性、持续性的反馈。

教师对于项目的目标达成评价需具有弹性，应引导学生纵向关注个人的发展和成功，而非鼓励课堂中的竞争关系。在评价建设方面，教师应注重依据个人表现、组内互评、成长展示体现学生个人的贡献，多关注付出的努力而不是成果，肯定学生的进步。鼓励学生和教师建立平等友好的师生关系，注重增强学生的集体归属感。同时，教师应重视学生价值感补偿机制的建立，鼓励学生坚持自己的意见，展示自己的作品，积极参与活动，勇敢寻求帮助，获得自身的成就感和价值感，帮助学生建立克服困难的信心，以积极的态度给予学生展示智慧、自由发展的空间。

（3）**建立温情的价值规范**。当学生与教师共同制定关于项目实施的规则时，学生将意识到对周围环境的建设是大家共同的责任。这些共同的认识建立在大家共同的期望之上。在一个开放、宽容的环境中，教师与学生的互动，可促进双方思维的成长。当学生体验过积极的有效学习后，学生就可能逐步运用负责任的态度对待学习。

教师在规则制定中应重视学生的参与。表 88-1 所示为教师、学生期望样表，该表的建立是教师和学生一起探索、平等交流的成果。教师和学生应用自己的语言表达共同的期望，因为只有学生用自己的语言表达才能展现其真实的想法。将这些期望用规范固定下来，是对学生创造自己生活环境行为的尊重和肯定。

表 88-1　教师、学生期望样表

用行动创造一个舒适的学习环境	
教　师　期　望	学　生　期　望
1. 设计多样的课程 2. 关注学生的生活 3. 关心学生的感觉 　· 重视参与 　· 重视理解 　· 重视尊重 　· 重视平等 4. 为学生提供支持 　· 精细设计项目 　· 提供多样支持 　· 对学生怀有积极期待 　· 耐心解释 5. 给予学生自由的空间 　· 使用支持性语言 　· 设置情绪缓冲区 6. 学生具有成长型思维	1. 有一个开放的心态 2. 有打开自己心胸的勇气 　· 尽力尝试 　· 用成长型思维面对失败 3. 尊重伙伴 4. 用对自己负责的态度学习 　· 充分准备材料 　· 主动暴露问题 　· 按时提交项目 　· 学习专业课程 5. 学会倾听 6. 学会合作 　· 提供小组支持 　· 提供反馈 　· 使用支持性语言 　· 积极地投入思考

教师自身具有的发展型项目式教学理念决定了学习项目的设计、文化氛围和规则建设具有包容性。学生建立自信心的过程不仅仅是教师和学生在一场项目中的博弈，更是在育人环境中以温情的规则，营造宽容的文化气氛，促进学生和教师共同进步的过程。

89　在低龄儿童（3～8 岁）中开展 PBL 需要注意哪些问题？

3～8 岁和青春期分别是儿童大脑发展的两个关键时期。这两个时期中，脑细胞（神经元）之间的连接（突触数量）增加了一倍，连接的增加正是引起学习发生的生理基础，因此儿童在这一时期的学习速度也几乎是其他年龄段学习速度的两倍。当儿童大脑正处于快速发育的关键时期，他们在这一时期的学习经历对他们的发展有着持久的影响，也为他们的全面学习奠定了基础。在低年龄段儿童中开展 PBL 可以采用形式大于内容的方式，即重视儿童多种技能的发展和学习方法的启蒙，而不过分强调大量的学科知识的学习。具体来说，结合儿童大脑发育和认知发展的特点，在低龄阶段开展 PBL，教师需要注意以下几个问题。

第一，抓住生活中"可教"的瞬间，培养儿童对学习的热爱。 儿童天然对身边的事物表现出强烈的好奇，他们经常提出各种各样的问题。教师和父母要注意把这些提问变成教与学的机会。儿童提问时教师和家长的积极回应，以及对儿童善于发现问题、提出问题的鼓励和欣赏，都会让儿童更积极主动地去观察、思考、发现，有利于好奇心的发展。因此，教师和家长可以多对儿童说"这个问题问得好""你为什么这么问呢""你能告诉我这两者之间有什么关系吗"等，引导儿童说出他们提问的依据、观察问题中涉及的事物，并提供机会让他们清晰地描述自己观察的内容，引导他们利用观察得到的证据回答自己提出的问题。在与儿童交流中，要尽量避免过多使用命令式语气，以免触发儿童逆反情绪。上述启发性问题不但可以让师生沟通更顺畅，还可以引导儿童思考，参与解决问题，提升他们独立思考和解决问题的能力。

3～8 岁儿童刚开始接触正式学习时，教师要帮助儿童享受学习的过程，称赞儿童展现出的学习热情，而非只关注学习结果。教师和家长可以让儿童尝试新活动、学习新奇事物。在这一阶段中，教师要让儿童明白，在学习过程中发生错误十分正常，并让儿童树立不断努力、终身学习的意识，培养儿童的成长型思维，为儿童创造安全的学习空间。

第二，关注学习的广度而非深度。教师在低龄段开展教学要强调儿童通过广泛的活动参与，为未来发展一系列技能奠定基础，即强调技能发展的广度而不是深度。在学习项目中，教师可以为儿童安排音乐、阅读、体育、数学、艺术、科学和语言相关的学习活动。如在项目式教学中遇到较复杂的现象、问题等，教师可以带着儿童一起看绘本、阅读、实验。在这个过程中，可能会有更多的知识延伸，儿童会收获更多的乐趣，也能从中锻炼能力。大卫·艾伯斯坦在《跨能致胜》一书中指出，经验的广度常常被忽视和低估[1]。在瞬息万变的世界中，学会从多个领域中汲取经验并能创造性地、抽象地思考问题的人，才能满足社会对全面发展的人才的需要。对于 3~8 岁儿童来说，他们的大脑已经准备好了接收各种技能。教师可以利用多种活动帮助学生打开发展的窗口，为未来的深度发展打好基础。

第三，重视情商培养。3~8 岁儿童处在大脑的第一个关键发育期，他们不应只学习知识，更重要的是学习人际交往能力，如友善、同理心和团队合作能力等。《全脑教养法：拓展儿童思维的 12 项革命性策略》一书中解释了培养儿童同理心的重要性[2]。在学习过程中，教师要帮助学生练习移情，即为自己的情绪贴上标签，承认和学会表达自己的感受，教师通过提问来鼓励他们考虑别人的感受。移情练习能帮助学生更好地理解自己的情绪，在学习中正确处理自己与同伴、教师的关系，培养体贴、乐于助人的品质，为日后提升团队合作能力奠定良好的基础。

第四，认识和利用儿童的认知特点。认知差异最主要的是学生学习认知（智力、能力、经验等）的差异，其表现会因不同学生在学习、生活中遇到的问题而不同。低龄儿童的信息检索能力、智力、经验等受到年龄的限制，因此教师在进行教学设计时，要将项目设计为基于实物的、让儿童可触可感的学习经历，让他们在体验和经历中适当扩展问题的广度和深度，培养儿童主动思考、敢于挑战困难问题的信心。

---

[1] EPSTEIN D. Range: Why generalists triumph in a specialized world[M]. New York: Penguin Random House US, 2019.

[2] SIEGEL D J, BRYSON T P. The whole-brain child: 12 revolutionary strategies to nurture your child's developing mind[M]. New York: Bantam, 2012.

例如，如何让儿童对那些无处不在而肉眼又不可见的细菌有更直观的感受呢？在幼儿绘本《不要舔这本书》(*Do Not Lick This Book*)[1] 中，作者采用拟人化的手法，将细菌变身为卡通形象进行介绍。儿童可以跟随这些卡通形象，分别通过牙齿、肚脐和我们穿的 T 恤来认识生活在口腔中的、肚脐里以及 T 恤上的细菌。作者将它们生活的环境用放大了的显微图像展示在儿童面前，让他们直观地看到微生物。在书中，作者通过巧妙的设计，将肉眼不可见的微观世界实物化、可视化，变无形为有形，让儿童可触可感；以实物为载体，帮助儿童感知较抽象的概念，引导他们思考实体与抽象，以及抽象与抽象物体之间可能存在的多种关系。

教师还可以在阅读绘本的基础上对不同年龄段的儿童给予深层的思维引导。例如，对于小班的儿童，教师可以引导他们注意日常接触物的物体表面有哪些，应该如何养成良好的卫生习惯；对于中班的儿童，教师可以引导他们认识自己的情绪，想一想无法和父母、朋友拉手、拥抱时，可以用哪些方法向他们表达爱与关心；对于大班的儿童，教师可以引导他们想一想，怎么做才能在不接触、少接触的情况下帮助父母、教师、医生照顾比自己小的孩子。

第五，在其他课程中保留 PBL 的实用技能。幼儿教师需要特别注意，虽然幼儿园课程容量有限，无法保证每天都安排项目课程带领儿童研究问题，但在 PBL 中形成的小组结构、学习流程、思考方式等内容在幼儿园的其他课程中都可以保留。保留这些形式和流程有益于在日常课程中培养儿童的合作意识、合作能力，促进儿童和小组成员和睦相处、尊重同学和教师以及形成良好的小组合作意识；在口头陈述中要与观众进行眼神交流，在做简短的口头报告时要努力做到报告的完整性，形成良好的口头表达习惯；要培养儿童初步具备批判性思维，如能意识到别的同学或教师的想法和自己的不同、考虑到多个想法存在的可能性等。将这些技能的培养与具体的知识性内容相结合，让儿童在学习不同知识、面对不同问题时多多锻炼。

在低龄儿童阶段开展项目式教学要求教师抓住儿童发展特点，将生活中的问题转化为可教、可学、可探究的教学设计，引导儿童多观察、多发现、多学习、多思考，在教学中与儿童成为好朋友，去探索、体察儿童的内心世界，从而在不

---

[1] 伊丹·本-巴拉克. 不要舔这本书 [M]. 杨晶，译. 西安：陕西人民美术出版社，2020.

断提升自身教学能力的同时促进儿童快乐地成长，也在自身的职业发展和人生体验中不断探索与提高。

90 高中教学压力大，实施 PBL 有一定困难，该如何开展？

高中教育在我国的学制系统中属于较高层次的基础教育，处于基础教育与高等教育衔接的阶段，具有分流式、多样性的特点，是学生品格形成和自主发展的关键阶段，具有提高国民素质和培养创新型人才的特殊意义。我国在教育发展规划中明确提出，高中教育要把学生发展核心素养和学业质量标准要求纳入课程标准中。但是，我国当前的高中教育存在着过分强调为升学做准备，而忽视学生素质的培养和就业准备的问题。在当前杰出人才、创新人才缺失等情况下，全社会都在思考与追问，如何将高中教育带到提高学生核心素养、培养创新型人才的轨道上来。

从长远来看，PBL 在高中阶段的实施可谓势在必行。然而，面对我国高中教学压力大的现实状况和 PBL 注重核心素养的培养与提高而非学习效率这一对看似不可调和的矛盾时，应该如何开项目式教学呢？笔者认为核心策略可概括为"一个认识，两种思路"。"一个认识"指的是教师认识到高中阶段的教学压力大。教学压力大指的是升学竞争压力大所导致的外部环境压力，而非课程体量大所导致的教学负担和学生学习负担重。基于这个认识，高中阶段开展项目式教学有两种思路可以参考：①推进为学生提供全面发展机会的"家庭—学校—社会"三位一体的 PBL 机制；②尝试在普通高中课堂内使用微项目式教学法。目前，我国一些发达地区的中学已开始采取微项目式教学，以课堂为时长，在一节课内通过 PBL 操作流程展开融入知识的项目教学和小组合作活动，促进学生更好地理解相应的内容。另外，在课外时间充裕时，也可拓展项目式教学的需要。

第一种思路适合在教育资源较丰富、社会对教育参与度较高的地区。这种思路强调教师和学校作为连接学生与社会的纽带，为学生提供丰富的校内活动、学习机会及校外学习资源。例如，杭州某高中利用午休时间、课后时间，针对不同的学科组织社团活动，进行针对学科知识以真实项目为基础的探索，邀请相关学科专家、学者指导学生进行探索和研究，或者组织学生到当地企业学习和调研。在此过程中既促进了学生对于学科知识的深入学习，同时也在一定程度上缓解了学生的课业压力。采取这种思路的具体 PBL 组织和开展办法可参见本书第 98 问。

第二种思路是在不对现行的日常高中教学工作进行大改的前提下，将 PBL 的核心理念、教学设计思路化整为零，渗透式地融入高中课堂教学。例如，在习题讲练过程中，要求学生使用 CER 论证法（详见本书第 27 问）陈述自己做出某个判断或选择的依据和方法，运用证据证明和支持自己的结论。再如，教师可引导学生围绕知识点组成学习小组，不同小组学习同伴之间为理解同一个知识点贡献不同的理解方法和角度，或者制定小组学习目标、组员互助机制等，营造学生互相帮助、共同进步的氛围，提升学生合作技能和水平等。此外，教师还可以根据教学和讲练内容，组织学生开展针对某一个或多个知识点的应用场景的头脑风暴，帮助学生建立所学内容和多个所属情境之间的关联，引导学生提出在真实情境中可能存在的问题，并在时间允许的范围内寻找解决方案或提出解释方法，拓展所学问题的深度、广度和复杂度。

高中阶段的项目式教学看起来费时、烦琐，其实不然。把课堂的主导权交给学生，教师不再是出题人，更不是标准答案制定人，而是协助者、启发者、引导者。通过全景式或渗透式的 PBL，学生不但能形成独立的学习习惯和思维模式，还有机会走出书本，用更宽广的视角看待所学。同时，教师也在跨出舒适圈，挑战新的教学方法，为学生树立探索新事物、新方法的榜样。

91　PBL 是否只能在普通中小学开展，在其他学段或领域是否也可以开展呢？

对于项目式教学的适用学段，一些教师存在着认识的误区，认为项目式教学只适用于中小学。而事实上，PBL 是从高等教育应用逐渐推广和运用到其他学段。经过近几十年的发展，项目式教学已成为适用于学生从学前教育到高等教育的一种教学法，如图 91-1 所示，具有普遍适用性。但在不同学段或领域应用时，需要结合该学段学生的心理特征和学习特点，以及具体领域的特征来设计。不同学段的项目在开展的过程中也应有一定的灵活性。

当前，PBL 教学也早已走入我国高等教育和中高职教育。高等教育也已逐步进入大众化阶段，其培养目标可以分为学术人才和应用人才两种类型。前者指从事理论研究，以及与此相关的研究的科研工作者，典型活动为探索和发现新知识。后者

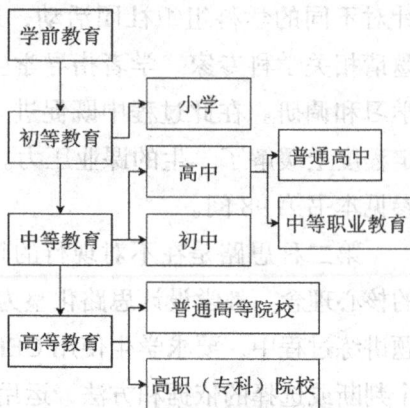

图 91-1 我国现行教育阶段

泛指一切从事非学术研究工作的实际操作者，本质上是将知识应用于实践的人才。作为人才的培养目标，二者并非互斥关系，而是相互融合的。从宏观角度来看高等教育的发展，发展方向从学术型向应用型转型是大势所趋。应用型人才有三点特征。第一，应用型人才的培养目标立足于能力本位。应用型人才本质是面向市场需要的职业性人才。第二，应用型人才的教学模式体现为实践导向。项目式教学过程不仅注重学生的实践，更注重学生实际能力的培养。第三，应用型人才的培养要以学生为本，传统教学过程是师本位，但是真正的学习取决于学生的学习动机、方式、兴趣等因素 [1]。

项目式教学是应用型人才培养的重要方式之一。在中小学教学中，教师可以选择学科知识与日常生活相结合，高等教育（包括普通高等院校与高职院校）中的项目式教学应该更加贴近企业、社会的要求。在高校中，项目来源问题一直困扰着一线教师。产教融合的模式可以整合教育界和产业界资源，教育和生产实践及社会服务紧密合作，项目式教学和产教融合平台互动是今后发展的趋势。高校与企业共建校内的项目式教学平台是较好的解决办法。

纵观世界各国项目式教学在高校和职业院校的开展情况，不难发现开展的目的都是让学生接触真实场景，通过和他人沟通积累实践经验，以更好地面对就业市场。

[1] 史金飞，郑锋，邵波，等. 能力导向的应用型本科人才培养模式创新：南京工程学院项目教学迭代方案设计与实践 [J]. 高等工程教育研究，2020(2): 106-112, 153.

在高校教育中，美国北德克萨斯大学的商学院对本科教育进行改革，成立了 PBL 新学院，引入了以 PBL 为核心的团体教学法，并配以另外四大教学支柱——综合学术课程、学生服务一体化、实习和组织伙伴关系，如图 91-2 所示。

从学院人才培养方案到具体的课程学时学分分配都体现出了实践、应用的 PBL 理念。大一学生学分与学时分配如图 91-3 所示。课程的学时分配集中分布于核心课程和专业课程，这两种课程都是以综合项目的方式进行呈现和讲授的。实习课程和技能应用研讨会也是为了配合学生对所学习知识和技能的应用能力的反思和深入了解。

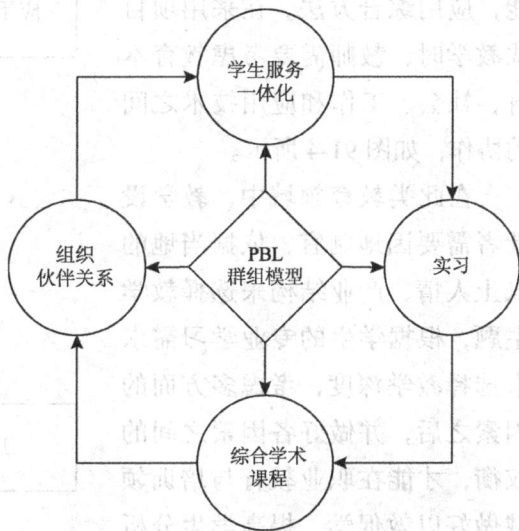

图 91-2　PBL 群组模型

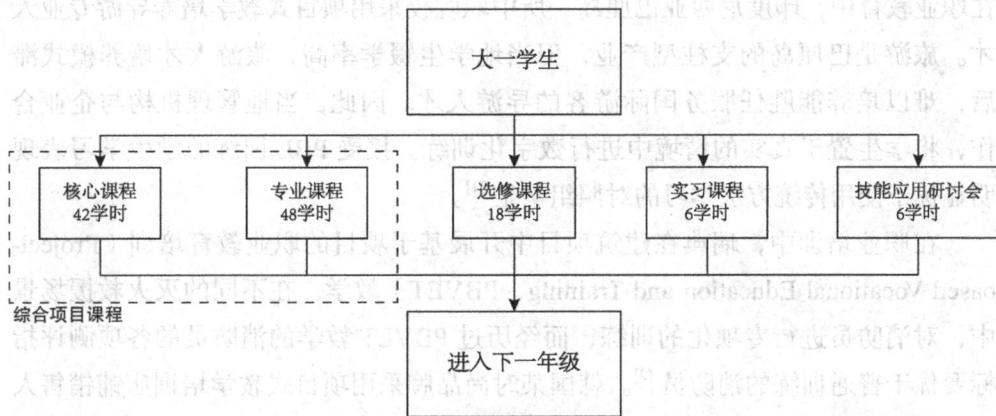

图 91-3　大一学生学分与学时分配

此外，项目式教学在职业教育与培训（Vocational Education and Training，VET）中的应用也非常广泛。职业院校的日常教学或某些职业培训过程以项目为落脚点。因为职业院校在培养人才时，注重工学结合，即注重在工作中学习、在学习中工作。而许多职业性工作正是以制作为特点的，所以项目式教学所具有的

"做中学"的特征符合职业教育的特色，让学生以行动为导向，不断地通过完成任务解决问题，从而理解职业技能，应用综合方法。在采用项目式教学时，教师需要考虑教育本身、社会、工作和应用技术之间的协作，如图 91-4 所示。

在此类教育领域中，教学设计者需要因地制宜，依据当地的风土人情、产业结构来选择教学主题，根据学生的专业学习需求来选择教学深度，考虑多方面的因素之后，并做好各因素之间的权衡，才能在职业教育与培训领域做好以教促学，提高学生分析问题、解决问题等多方面的能力。

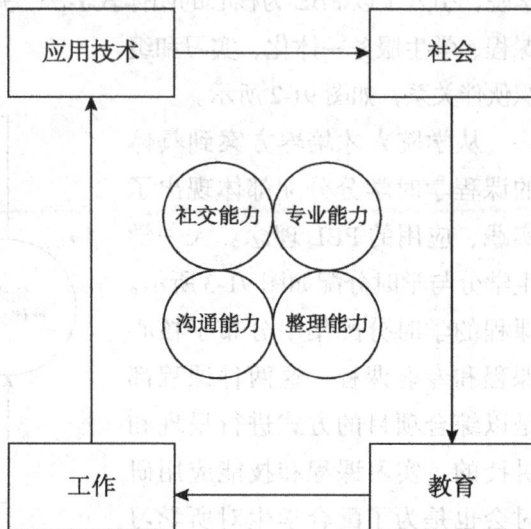

图 91-4　教育协作模型

在职业教育中，印度尼西亚巴厘岛一所中职院校采用项目式教学培养导游专业人才。旅游是巴厘岛的支柱型产业，但当地学生辍学率高，旅游人才培养模式滞后，难以培养能胜任服务国际游客的导游人才。因此，当地管理机构与企业合作，将学生置于真实的情境中进行数字化训练。接受 PBL 训练的学生学习表现明显优于使用传统方法学习的对照组学生[1]。

在职业培训中，瑞典在建筑项目中开展基于项目的职业教育培训（Project-based Vocational Education and Training，PBVET）教学，在不同的灭火救援场景中，对消防员进行专项化的训练，而经历过 PBVET 教学的消防员的各项测评指标要优于普通训练的消防员[2]。韩国某时尚品牌采用项目式教学培训店铺销售人员，针对学习者所缺失的知识、技能，以项目的方式进行整合教学。在经历项目式教学之后，教师进行了反思和对学习者的问卷调查，结果显示，项目式教学课

[1] BOHNE C, EICKER F, HASELOFF G. Competence-based vocational education and training(VET): an approach of shaping and networking[J]. European Journal of Training and Development, 2017, 41(1): 28-38.
[2] M Fjellström. Project-based vocational education and training: opportunities for teacher guidance in a swedish upper secondary school[J]. Journal of Vocational Education and Training, 2015, 67(2): 187-202.

程有效提高了学习者的兴趣，并且促进了他们对内容的理解和合作技能的提升，从而满足了时尚行业对于从业人员的需求 [1]。

可见，项目式教学作为一种教学法，其可应用的学段丰富，可运用的学科广泛，可教授的知识类型丰富，可培养的技能类型全面。

92　在学校层面如何开展有效的 PBL 管理？

要想项目式教学发挥作用，就要在学校层面开展有效的项目式教学管理。只有学生、教师、学校管理人员都参与项目式教学、成为项目式教学学校生态系统中的一员，积极计划和实施项目式教学，才能真正在学校层面取得项目式教学变革的成功。本问着重介绍项目式教学在学校层面的计划、实施和展示应该做好的规划、管理与要注意的问题，帮助教学管理者实现从量变到质变的飞跃。

（1）项目式教学计划阶段。在学校层面的项目式教学计划阶段，首先要确保与教学管理人员保持清晰一致的意见。在实施 PBL 的过程中，学校的行政管理队伍、师资队伍等都会发生一定程度的更替，如新的教学管理人员、专家学者、社区合作伙伴等的不断加入和离开。在项目式教学的开展过程中，教学管理者应将项目式教学放在学校教学规划的核心位置，锚定长期教学目标，保持与新加入的教学人员的沟通，确保所有人员对学校层面的项目式教学理解处于同一水平。

其次，消除团队内部关于项目式教学的误解。在学校层面的项目式教学误解主要是"夸大"或"低估"。"夸大"的误解是指教学管理者认为开展项目式教学要经过长期的准备才能形成重大变革；而"低估"的误解是认为项目式教学可以说干就干，不需要学校配合。避免误解的办法是及早沟通，确定学校开展教学的计划和时间线。

最后，争取区级教学主管领导的注意和支持。项目式教学多在课堂中开展，一部分规模较大的项目可能在年级或学段展开，因而较容易产生教室层面的教学

[1]　LEE J, LEE Y, NOH H. A case study on the application of visual merchandising (pbl) for shop manager[J]. Family and Environment Research, 2018, 56(1): 71-84.

试点与学校以上的区级教育领导者和政策制定者了解之间的脱节，导致政策制定与教学开展之间产生冲突，许多教师不得不在项目式教学和传统教学之间做艰难平衡。如果区级教学主管部门、学校教学管理人员和教师之间能开展关于项目式教学的持续的、专业的讨论，就能减少教师压力，为教学和校园项目式教学文化变革创造一个更安全的环境。

（2）项目式教学实施阶段。第一，要保证所有教学管理人员、参与人员了解 PBL 的基本情况。要对 PBL 的基本特征、基本流程、项目设计和关键要素等有大致的了解。此外，对当前学校中开展项目式教学的班级、教师、学生数量等也要有清楚的认识。

第二，考虑在全校范围内推进项目式教学前建立项目式教学"校中校"。对于第一次开展项目式教学的学校来说，邀请一小部分对项目式教学感兴趣的教师，通过培训和教研帮助这部分教师了解项目式教学的具体开展方式，保证他们在时间和空间上有机会全面规划和开展小范围的教学试点。当试点取得一定成果，教师掌握了一手教学经验后，再逐步扩大到全校范围，招募更多愿意参与的教师加入项目式教学的队伍。

第三，鼓励多项目的开展。鼓励多项目的开展有助于学生获得多元化的 PBL 体验，帮助教师积累教学经验，形成教学特色。研究表明，一年在全校范围内开展一个以上的教学项目能使项目式教学模式成为学校教学结构的一个重要组成部分，有助于形成全校范围内的项目式教学氛围和文化。

第四，打造项目式教学明星教师，鼓励更多教师走出舒适圈。新方法、新技术天然对年轻教师更具吸引力。因此，在学校层面可考虑树立项目式教学明星教师，邀请更多教师参与观摩项目式教学课堂，感受该方法带给学生的成功和学习热情，点燃教师的热情，积极走出传统教学的舒适圈。

第五，鼓励教师间的交流与合作。不同教师对项目式教学经历的感受各不相同，有些是积极的，有些是试探性的。能带给教师信心和支持的消息一般来自他们的同事，因此为教师提供场合和时间来谈论项目式教学中的成功和失败可以建立一种教学社区纽带，提高教师互帮互助的凝聚力，也为教师之间开展跨学科项目式教学提供了可能性。

第六，对教师在项目式教学过程中可能碰到的问题表示理解，并以实际行动支持。在学校管理人员与教师的协调沟通会上，要鼓励教师说出他们的困难和顾虑，消除学校领导和教师之间的隔膜，由学校帮助教师和学生协调校内外教学资源，简化办事流程，提供经费支持等。

（3）**项目展示阶段**。在项目展示阶段，学校领导要积极参与项目展示日的活动，见证和庆祝学生的学习成果，为教师和学生取得的成绩表示祝贺。同时，学校领导要积极邀请校外专家、区域教学领导参与学生项目展示，争取政策制定者对项目式教学的更多支持。

（4）**项目复盘阶段**。在项目复盘阶段，学校领导要带领教学团队收集项目开展的过程性经验，进行项目复盘，个人或跨学科教学团队可以采取项目式教学汇报、定期组会的形式，将教学中的项目进展、学生反馈、取得的成效、难点进行梳理、评估、总结，建立项目式教学智库，形成固定化的成果，为下一步学校范围内调整实施计划、明确成员角色和分工、调整目标和定位等提供依据。

学校层面对于项目式教学的管理是一项既宏大又琐碎的工程，涉及教学人员、教学时间、教学目标、教学资源的多方协调。教学领导者和管理者要抓住项目各阶段的特征和工作难点，在保证对项目式教学理解一致、沟通顺畅的前提下，带领学校教学团队有序开展项目式教学。

93　PBL 在大规模的推进中，如何保证课程实施的有效性？

在推进项目式教学发展的过程中，项目的教学设计和实施会逐渐形成以一位或几位教师为中心、以一个或多个班级为突破点的小规模开展模式，逐渐在开展规模和开展时间上进行规模化扩展。随着体量不断增加——班级增多、学生增多、PBL 空间需求增大，如何保证每一位教师都能成为项目式教学中的一部分，和学校、项目式教学带头教师联合开发，实施 PBL，保证课程实施的标准化和有效性、重塑教育的未来，是每一位教育领导者和教育政策制定者关心的问题。

要解决上述问题，在宏观上，教师和教育领导者在深入研究一个新的 PBL 计划之前，就要好好研究在教室、学校和地区之间可能需要的、能够为新 PBL 计划提供支持的所有要素。PBL 核心教学领导团队可以围绕 PBL 制订一个长期的、可持续的战略推进计划。表 93-1（参考美国巴克教育研究所网上研讨内容整理）所示为在大规模推进 PBL 的过程中保持课程有效性的方法——4D 方法模型，即设计（design）、开发（develop）、部署（deploy）和确定（determine）。

表 93-1　4D 方法模型

步　　骤	具 体 做 法
设计	• 以一个区的学校群为设计核心，汇集每个学校或每个学科的项目式教学带头人，合力形成从政策到教学实践的项目式教学领导团队 • 以 3～5 年为一个区或学校 PBL 转型时间周期，PBL 带头人帮助教师与学校管理团队，为项目式教学制定预期目标 • 学校教学领导团队将预期目标逐步具体化，如制定每年开展项目的数量、涉及的单学科或跨学科学习内容等 • 校教学领导团队与教师做好沟通工作，将预期目标进一步落实
开发	• 每个学校的 PBL 领导团队在每一个学科的 PBL 中培养学科 PBL 内部带头人 • PBL 教师带头人促进、督促同行教师为 PBL 计划提供反馈，并定期对学生学习的效果进行检查 • 利用培养 PBL 教师带头人的契机，找出教师中可以并愿意作为项目式教学改革排头兵的教师，邀请他们参与 PBL 课程计划的开发
部署	• 项目式教学要求教师具备根据不同教学内容选择恰当教学资源来开展教学的能力 • PBL 教师不但要有教学设计能力，更要具备教学资源的调配和管理能力。以教学场地为例，在学校内进行项目式教学，可选择的教学场地包括教室、共用的实验室、图书室，以及其他公共室内区域、室外区域等几个层次的场地，教师可以根据 PBL 项目内容的不同，选择合适的场地来开展教学 • 学校教学领导团队对教师的课程部署能力进行培养，在场地环节保证 PBL 课程实施的有效性
确定	• 确定 PBL 实施计划的质量和有效性 • PBL 领导团队为 PBL 的成功实施设定明确的标准，并且在计划实施的关键节点要求教师停下来反思他们的教学工作是如何开展的 • PBL 领导团队可以通过评估周期对教师的工作进行快速的评估，在评估结束后可以确定教师在实施 PBL 时是否达到预期目标。在这个过程中可以及时确定教师工作的质量和有效性，从而给教师提供及时的反馈和修改意见，教师可以在工作中重新调整计划、策略，保证 PBL 课程实施的有效性

此外，PBL 系统规划流程的通病，即"看后视镜开车"效应表现为 PBL 核心领导团队以过往的实践经验作为推进 PBL 未来规划的基础，一切教学规划都围绕现有模式进行小修小补，缺乏依据社会发展趋势和就业市场要求对现行 PBL 的假设质疑，更极少对学校开展 PBL 的初衷和核心设计理念进行彻底重建。这样不彻底的反思引发的结果便是，学校层面几个月的教研结果未能指导教学实践的开展。要想长期、有效地开展 PBL 改革，核心教学领导团队必须要在微观层面深入思考以下三个问题。

第一，对 PBL 改革的紧迫性进行充分解释，促进教师的理解与认同。 核心教学领导团队要帮助教师意识到教学改革是迫切的。科技在高速发展，时代在快速进步，教育是面向未来培养人才，因此不能全盘照搬以往经验。教师作为教学政策和教学实践中的枢纽，要向学生、学校、家庭和社区解释教学改革的迫切性，唤起家庭、社区和社会对 PBL 改革的支持，共同保证课程实施的有效性。

第二，思考、探究并培养学生，赋予他们未来社会所需的重要技能。 核心教学领导团队要及时帮助教师更新观念，使教师的教学观与时俱进，即未来社会所需要的重要技能可能和现在是完全不同的，所以现在的教学重点和过去也会有所区别，因此不能全盘照搬以往的课件、教学资源进行授课。教师作为学生知识、技能的引导者、促进者，要仔细思考未来的社会需要学生具备什么技能。例如，教师可能会要求学生知道"持之以恒"的含义，但是社会更需要学生参与社会工作具备"持之以恒"的能力。教师要先明确学生需要具备什么样的能力，再通过课程设计慢慢培养学生的能力，从而保证课程实施的有效性。

第三，权力下放，引导学生积极参与构建 PBL 课堂。 PBL 的实施计划可以由学生和教师一起构建，在这个共同构建的过程中，教师和学生相互交流需求并将其体现在解决方案中，促进 PBL 的教与学。这种由教师和学生共同建构的课堂会包含更多民主的色彩，可以充分调动学生课堂参与的积极性，从而保证 PBL 课堂实施的有效性。

随着学校体量的增加，要想保证 PBL 课程实施的有效性，应从宏观和微观两个角度同时着手。在宏观上，学校需要建立一个 PBL 教师团队，定期教研，推进项目式教学计划；在微观上，每一节 PBL 课堂都需要教师用心去建构、体会和改进，确保 PBL 大规模推进，提升课堂实施的有效性。

94 如何引导家长配合 PBL？

在成长的道路上，家长是孩子的物质供养者，同时也是孩子的第一位教师。他们一步一步地引导着孩子的成长，带领着孩子从家进入学校，和教师一起陪伴孩子成长和收获知识。如果说，教师主要是给学生传授知识，那么家长更多的是培养孩子的德行，家长与教师共同努力才能带领孩子健康成长。但是现在，随着社会的竞争越来越激烈，分数似乎已经成了家长衡量孩子学习成果的唯一标准，但这并不是教育的目的所在，未来职场和不确定性要求学生具备问题解决能力和探究能力。过度地注重分数，只会让教育的重心偏向取得高分，与教育的初衷背道而驰。因此，教育工作者需要针对学习现状做出调整，而 PBL 正好可以促进这一改变。PBL 让学生在动手实践的过程中收获知识，这需要学生更加熟练地运用自己的知识。不同于传统的教学，PBL 给了父母更多参与孩子学习的机会。因此，父母可以利用自己的资源，在 PBL 中鼓励和支持孩子以及孩子的学校。家长可在以下方面做好配合。

（1）**对 PBL 保持开放的态度。**绝大多数家长都是在传统教学体系下成长起来的，对学习的认知难免受老观念影响，即将知识学习看作学习的全部内容。因此，学校有义务帮助家长了解 PBL，从而帮助孩子发展面向未来所需的技能，如管理时间的能力、合作能力、沟通能力等，让家长有机会了解 PBL 文化，并配合教师践行 PBL。

（2）**了解和熟悉 PBL 的相关知识。**家长要主动了解 PBL 的核心理念和几大基本流程，做到有能力识别孩子当前处于 PBL 的哪个阶段，并给予适当的帮助和配合。当家长在参与孩子学习的过程中看到孩子学习的进步时，才会对 PBL 培养面向未来的人才这个特点有所体会，并且积极配合教师，促进孩子在知识、技能和学习能力方面的全面发展。

（3）**和孩子一起成长。**俗话说，父母是孩子最好的老师。家长如果能和孩子一起留心生活中的事物，关心生活中的情境与问题，并以同学的身份提出问题，但不立即提供答案，而是和孩子一起查阅资料、交流想法、提出解决方案，并利用社交媒体等工具分享和宣传这些最终产品，则能为孩子传递积极的学习信号。只有家长充分认同 PBL 理念，并成为 PBL 的家长，才能将 PBL 的精神内化为家庭学习文化的一部分。

（4）**为项目式教学提供力所能及的资源。**家长的阅历、社会资源对自己的孩子、学校和社区里的其他孩子都具有天然的吸引力。如果家长能让学校与公司、社会机构建立连接，用自己熟悉或所在的工作单位等为孩子提供学习场地、学习材料，或到校为师生分享自己日常工作的内容、流程和职责等，就能为学生提供有趣的学习机会，更能让学生感受到真实职业环境和社会生活。

家长参与孩子的 PBL，才能感受并深度参与孩子的学习过程。只有了解 PBL 的特征，才能真正认同 PBL 的理念，配合教师培养面向未来的人才。

95　如何帮助家长在家庭中开展 PBL？

学习并非只能在学校里完成的任务，生活中我们无时不可学、无处不在学。除了孩子在学校接受的正式教育以外，生活中还有其他很多刻意设计的学习环境（如博物馆、公共图书馆等）和非正式的学习环境（如和家人一起晚餐时的讨论），这些可以为孩子提供多样化的学习机会，PBL 也可以在这些学习环境中展开。现在，越来越多的研究者指出，基于家庭的 PBL，尤其是科学 PBL，非常适合把家庭作为一个学习型组织，开展需要深度参与的探究性学习。下面为教师提供帮助学生家长在家庭中开展 PBL 的步骤，以帮助家长和孩子一起熟悉 PBL 流程，让 PBL 走出学校，让学习真正贯穿日常生活。

第一步：找到问题或需求。开展家庭 PBL 的核心是挖掘孩子在日常生活中面临的实际问题。在日常的家庭生活中，孩子有很多机会观察他们身边的人和事，获得很多偶然发生的知识探索机会，如全家人晚饭后到小区里散步所观察到的人和事、乘坐交通工具出行时的体验和思考、在餐桌上吃到的一道菜或讨论过的一个话题，或父母给孩子讲的睡前故事中的现象、情节或人物等，都能引发家长和孩子的思考。提出这些问题的情境是父母和孩子共同经历的，家长可以根据观察到的孩子表现出的兴趣点，和孩子一起把这些问题转变成可以探究的问题。

第二步：使问题具象化、成果实体化。 PBL 之所以对孩子有吸引力，一部分原因是通过学习，孩子可以获得具体的学习成果，而不只是看完了一本书、做完了几道题。当孩子确定了兴趣点，找到了想要开展探究的问题后，对家长来说最重要的就是帮助孩子设计一个他可以完成的项目，如做一张手工贺卡、编辑一部家庭成员电子相册等。

第三步：通过反思，不断提高。 家庭教育属于非正式教育，可以迅速调整学习目标和学习方法，因此家庭中的 PBL 允许孩子尝试多种新方法，在一个安全性高的环境中练习和掌握多种有意义的技能。在进行学习的每一天、每个环节，家长都可以留出时间，和孩子根据前一阶段完成的学习进行反思。请孩子想一想，在这个项目中，哪个部分最容易，哪个部分最难，哪个部分最有挑战性，哪个部分最有成就感，最喜欢的是哪个部分。这些简单的问题对培养孩子的批判性思维能力有很大帮助。此外，家长还可以为孩子找一些合适的展示机会，这些机会可以是和具有相关经历的其他家庭成员探讨、切磋，或在家庭聚会时进行小汇报、表演等，让孩子分享他们刚学到的知识和技能。这也是一个触发孩子进行项目式反思的好机会，也帮助孩子逐步培养他们的表达能力和自信心。

在家庭中开展 PBL 是一个构建学习型家庭的过程，其主要目的是鼓励所有家庭成员参与学习，淡化"学习是孩子的事"的思想。当孩子和家长都习惯于留心问题、事事关心，并能把谈论可研究的问题作为家庭日常生活对话的一部分时，后续推进问题探究、数据收集与分析、形成结论并获得反馈等步骤也会自然而然地发生。

96　哪些 PBL 活动适合家校联动开展？

家庭中的学习是对学校学习的重要补充。家庭教育帮助学生在学习时间和空间上进行延展，培养学生时时学习和思考的好习惯。家长支持、引导和学习型的家庭氛围也是帮助学生成为好的学习者、思考者的重要条件。PBL 具有以学生为中心、与学生日常生活密切相关、体现学生自主性的特点，不但适合在学校内由教师引导完成，还可以由家长设计，引导学生关注日常生活的方方面面，运用"在家完成，到校分享"的模式。

　　下面为教师提供几个可由家长引导学生以家庭生活、家庭文化建设和社区生活为主题的家庭 PBL 开展方案。家长可以根据家庭孩子数量和年龄选择性地开展。在活动中学生可以锻炼他们的阅读、写作、批判性思维、问题解决等方面的能力，有的活动可能涉及一些对技术产品的应用。这些项目最大的特点是能够产生有形产品，方便学生带到学校或在社区内公开展示。在 PBL 的文化氛围下，家长和孩子可以通过 PBL 构建学习型家庭，鼓励每位家庭成员成为勤思考、会反思、善于解决问题的社会公民。

　　活动一：讲好"我家的故事"。这个活动适合全家人一起开展。父母或爷爷奶奶带孩子查阅家庭的历史，如每一个家庭成员到过哪些地方，有什么重要的经历、收获了哪些成果或成就等。可以和孩子一起收集关于家庭成员相关经历的照片或视频，了解这些经历发生的背景，并和相关成员约定时间，进行一次关于他们经历的采访。随后，带孩子一起整理所收集的材料和采访内容，为每一位成员撰写一篇简单的小传记，配上图片，进行简单的排版，形成书稿。书稿可以是手写版，也可以是电子版。最后，向所有家庭成员展示书稿，听取他们的反馈和建议。在家庭成员建议、反馈结束后，教师可组织学生进行班级内、年级内和校级内展示。

　　活动二：写一本"我家食谱"。和孩子一起写一本"我家食谱"。首先带孩子用调研的方式调查每一位家庭成员最爱吃的菜是什么，每个人的拿手菜是什么，他们什么时候第一次吃到这道菜，从哪里学会做这道菜，这道菜在家庭中有没有特殊的重要性等。之后，整理调研材料，为每一道菜标注清楚菜名、原材料等信息，并附上图片，将调研收集到的信息汇编成一段介绍这道菜在家庭中流传和改进的历史，记录家庭成员对这道菜的情感联系等。具体的食谱制作方法和组织展示方法可以参考活动一中的"我家的故事"。另值得注意的是，"我家食谱"这个项目的学习成果展示可以安排在传统佳节（如中秋节等）时进行。

　　活动三：制订合理饮食规划。带孩子一起观察一周内家中一共吃掉了哪些食物，记录食物消耗数量，然后根据这个数量制订下一周、两周甚至三周的买菜计划。在制订计划时，先考虑购买主食和必买的肉、蛋、奶等，再考虑剩下的食材中哪些可替换或不买。在制订购买计划时，也可以引导孩子关注每种食材的价格，形成对食品价格的大体印象。如果是和年龄较大的孩子一起做这个项目，则还可以引导他们思考食物的包装方式和材质，以及这些材质是否会对环境造成破坏。

活动四：收集和整理家庭成员的想法、意见。 鼓励孩子把每位家庭成员每天或每周的新知识、新观察、新想法、新问题以及从反思中得到的新收获记录下来，整理和提炼这些新知中的主题，记录观点上的不同，并想一想哪些知识和观点值得传递给家庭的下一代成员。

活动五：重新审视我的家。 在日常生活中，很多家长和孩子都喜欢购买物品。家长可引导孩子认真审视家里的每一件物品，想一想它有哪些功能、使用它的频率高低等，从而判断哪些是生活必需品，哪些是可有可无的物品。想一想这些许久没用的东西是否对其他人有用，可以通过什么方式提供给需要它的人们。家长可以和孩子一起列一张清单，列出物品的名字、功能、使用频率、使用频率高或低的原因、自己家的闲置物品是否能为他人提供价值等。

活动六：认识社区成员。 随着城市化的快速推进，城市中的居民来自全国各地乃至世界各地。家长可以引导孩子对所在小区的住户籍贯进行简单的采访或调查，可以问问这些住户迁至本市的原因、方式、时间等。还可以引导孩子进一步询问小区住户所需的生活服务种类，了解他们的需求，并请他们谈谈当前生活中有哪些还可以通过服务来改进、提高的地方。通过这些简单的问题，培养孩子与陌生人交流的勇气，鼓励他们认识社区成员，并逐步鼓励孩子提出服务方案或问题解决方案，来为小区居民解决生活中的实际问题。

活动七：我们如何创造连接？ 当前我们都生活在一个与周围人和世界紧密连接的世界，手机或其他电子设备成了我们日常与人交流的重要工具。请带孩子下载并研究几个高频使用的 App（如微信、微博、QQ、电子邮箱等），观察并总结这些不同工具收发信息的特点，并引导孩子根据自己平常的沟通需要，动手设计一个新的人际沟通 App。此后，和孩子一起制定关于遵守电子沟通工具使用的家庭守则。

活动八：未来世界构想。 随着科技的发展，未来世界的生活可能完全颠覆我们的想象。引导孩子想一想，如果可以生活在一个理想的新世界中，我们的生活会是什么样。请引导孩子说一说如果要生活在这样的新世界中，我们当前的社会、资源和人们的心态、看法需要进行什么样的调整。在此基础上，可以和孩子一起观看或阅读科幻电影或小说，进一步启发孩子思考，并让孩子将关于新世界的构想创作为故事、短视频、绘画作品等多种形式。

活动九：关心无处不在。 2020 年初，新冠肺炎疫情席卷全球，世界各国人民都经历了一轮甚至多轮严酷的居家隔离。在隔离期间，人与人之间的日常面对面交流被切断，人们不得不寻找其他的沟通方法。家长可以引导孩子想一想不同人群在日常生活中都需要哪些与他人互动的方法（如婴儿和老人需要照顾和看护，一些病人需要有专业医学知识的人进行照顾和治疗等），并制作一份计划书来说明在居家隔离期间，如何满足不同人群的照顾和看护需求。在计划制订完成后，可以在每个人群中选取 1~2 名代表阅读计划，并提出改进意见。

PBL 的重要特征就是真实性，以上项目也都涉及日常生活中的活动，有助于解决日常生活中的问题，促进家庭成员、社区成员间的了解，帮助孩子了解现实世界的规律。同时，家长和其他家庭成员参与 PBL 的行为本身也向孩子传达出关于学习的积极信号，即学习的目的是要解决身边的真实问题，让生活更便利、更环保、更舒适和美好。此外，学校为学生提供的展示和分享平台也为这些以家庭为主导的项目增加了真实性和公众性，帮助学生认真对待每一个学习项目。

97 PBL 是否可以用到研学旅行中？如何保证能收到实效？

近些年来，我国开始探索中小学生教育是否可以在校外发生，其中研学旅行就是一种校外学习方式。中小学生研学旅行是由教育部门和学校有计划地组织安排，通过集体旅行、集中食宿方式开展的研究性学习和旅行相结合的校外教育活动，是学校教育与校外教育衔接的创新形式，是教育教学的重要内容，是综合实践育人的有效途径。

但是研学旅行的实施效果并不尽如人意。那么，如何处理好"游"与"学"

的关系，以确保研学旅行的效果呢？笔者先前研究[1]提到，可以将 PBL 的思想运用到研学旅行的过程中，以促进其实施并收到实效。该方法归纳起来被称为 DONE 计划。DONE 计划中的"D"是"Drive and Thinking"的简称，即根据研学旅行的主题来确定驱动性问题；"O"是"Observe and Prepare"的简称，即小组集中进行考察、准备，制订合作探究计划；"N"是"Narrate and Research"的简称，即小组进行研究，分析总结，进行讲述；"E"是"Evaluate and Feedback"的简称，即多元评价，以促进目标的达成，同时给出学生建设性的反馈意见。运用 DONE 计划，可以将研学旅行中的学习问题具体化，进而将每一个问题的细节变得可操作、可实施。

（1）**对驱动性问题的把握**。研学旅行教师在提出驱动性问题、给学生布置任务时，应当明确学习目标和学习主题，让学生带着问题参与游学旅行；让学生明确预期达成的学习目标或需要完成的作品，并在问题情境中赋予学生一定的角色与身份。

（2）**考察与准备**。在这一环节，学生和教师都需要进行考察与准备。学生需要形成小组，一起制订研究计划，合作分析完成项目所需的任务；教师需要熟悉研学旅行的沿途和目的地，预测可能遇到的困难与风险，及时做好防范措施。此外，在学生考察与准备的过程中，教师也要引导学生主动查阅资料来获得完成任务的相关知识与技能，为学生的学习过程提供支持。

（3）**行动与讲述**。教师要鼓励学生对自己的学习成果进行展示、汇报与分享；鼓励学生使用 PPT、思维导图、电子简报、数字故事等信息技术手段进行成果分享，激发学生的学习兴趣，提高学习效率。

（4）**做好多元评价**。在评价的过程中，教师要注重过程性材料的留存、积极促进评价方式的多元以及参与评价的主体多元，如有选择性地采用自我评价、同伴评价、教师评价、公众评价等；鼓励家长积极参与研学旅行，并担任适当角色，给学生提供学习支持与评价。

此外，学生的课堂参与度也尤为重要。不难发现，在一些研学旅行情境下学生的学习主动性是欠佳的。在教师提出问题后，如果让每个学生都主动投入学习并有机会表达，至少需要一个小时，且在别的学生分享观点的时候，个别学生会走神、

---

[1] 董艳，和静宇，王晶. 项目式学习：突破研学旅行困境之剑 [J]. 教育科学研究，2019(11): 58-63.

开小差等。这样就会导致学生的课堂参与积极性低、研学课程效率低。因此，建议采用小组合作的方法，以改变习以为常的传统式问答，让教师用几分钟的时间就可以带领所有的学生主动投入学习。教师具体要做到以下两点。

第一，教师发布主题。当学生参观完研学基地以后，教师可以选择一个开阔的场地，让学生准备好纸笔，然后开始发布主题。主题要与研学的主题保持一致，如参观完福建土楼群，可以让学生列举土楼的种类、画出土楼的基本构造等。

第二，随机分成二人小组进行分享。二人小组可以是随机的，也可以是学生研学旅行大巴车的搭档等。二人小组的分享不仅可以交流观点，还可以节约时间，并且保证每位学生都能参与分享，感受学习的乐趣。教师在这个过程中扮演学生学习的促进者，走到学生中去倾听、去观察，保证每组学生都能分享观点。

研学旅行就是要让学生深度体验、深度参与、深度探究、深度合作，同时也要确保"游"与"学"的一体化，做到游中有学、学中有游。项目式研学旅行可以让整个研学旅行课程的各个环节更加明确，如主题规划、课程设计、线路初探、人员分工、进度协调、评价反馈、项目优化，要吸纳社会、家长参与，形成研学旅行学习共同体。

98　如何培育"家庭—学校—社区"三位一体的 PBL 文化？

PBL 的核心是倡导将学生的学习目标和现实世界的问题相结合，突破学校和学习的边界，将视野拓展到生活中的方方面面。因此，应从家庭、学校、社区三个层面，打破传统教育中学校对学习空间和时间的束缚，培养三位一体的教学、学习文化。要构建这样的体系，应特别注意构建"家庭—学校"和"学校—社区"两种连接。

（1）构建家庭—学校连接。家庭—学校连接的建立离不开家长对 PBL 的支持。教师需要帮助家长看到，除了传统学科领域的知识和技能外，学生还应具备批判性思维、问题解决能力、创新能力。为了促进项目，教师还需要让家长反思自己的教学形式和内容，找出那些可以邀请学生和学校一起参与、合作的部分。

家长在项目开展的各个阶段都可以参与。在项目启动时，教师和学生都对项目的开展充满信心和期待。这时教师可以考虑通过班级微信群、微信文章、短视频等形式通知家长项目即将开始，告知家长项目的目标、主要内容和时间安排及进度等，同时也将这种兴奋情绪传达给家长。在学校开放日或者家长活动日中，教师可以向家长描述一些师生近期进行或者已完成的项目，让家长有机会深入体验 PBL。在项目进行的过程中，教师或学校可以邀请从事人力资源或企业管理工作的家长为师生分享他们在招聘、晋升员工时，最看重员工的哪些素质和能力，以这样的方式增强家校联系，也让学生体验更真实的职场文化。建立家校联系的关键在于，家长能够在学生的工作中看到学习证据。因此，教师需要通过分享学生学习过程，在项目完成后分享学生的作品、学习反思和感言，报告学习目标的实现情况等方法，让家长在项目演示的过程中看到结果。如果对项目进行严格设计和精心管理，孩子的教育质量也会得到显著提升。家长还可以帮助建立学校和雇主之间的联系，让雇主公司为学校和学生提供专业知识、材料、资金等方面的帮助。

（2）构建学校—社区连接。构建学校—社区连接，是指教师和学校教学负责人将项目与课程建立联系，将学生、项目或课题专家、企业相关负责人和社区组织进行合理匹配。教师在进行项目设计时，可以扩大实施项目的范围，纳入社区，而不是局限在学校之内。学校所在的社区有很多体验式的学习机会，教师要引导学生留心自己的生活和周围的社区，观察和了解社区居民的生活所需，提出适合学生年龄段和兴趣点的可探究性问题，然后将学校的核心课程与这些问题联系起来，形成适合学生开展的项目。

在具体的项目开展过程中，可组织开展家庭—学校—社区项目小组，团队成员可包括一名校领导、两三名教师、两三名家长和一名社区合作伙伴。同时，学校可以指定一名校外合作联系人，负责与合作机构沟通和协调合作，促进项目的顺利开展。这样的项目小组有多重优势：校领导的参与有助于学校在战略层面确定与校外机构的合作；教师的参与能有效将学校当前的战略合作思路与学习资源传达给学生；家长的参与能够为学生提供必要的校内外帮助，消除家校之间的信息差；社区合作伙伴的加入为项目的开展和实施增加了真实性，确保项目问题来自真实的社会生活，并能对社会生活产生一定的影响和价值。项目小组成员也应在项目开展过程中积极交流经验、分享知识、及时反思，不断完善项目和推进流程，总结有效的项目管理经验和多方协作机制，帮助学生取得成功，促进社区的建设。

PBL 是一个随着学生参与社会生活的深度加深而逐渐深化的过程，我们需要充分利用家庭、学校、社区的资源，通过 PBL 进行合理整合，培育家庭—学校—社区一体化的 PBL 文化。

99　如何开展 PBL 国际理解教育？

进入 21 世纪以来，国际理解教育在世界各国蓬勃发展，各国都在推进中小学国际理解教育课程体系建设，但随着国际形势的变化，新问题层出不穷。为此，各国纷纷提出了为了适应 21 世纪社会发展的学生素养发展方案。《PISA 全球素养框架》指出，全球素养是指青少年能够分析当地、全球和跨文化的问题，理解和欣赏他人的观点和世界观，与不同文化背景的人进行开放、得体和有效的互动，以及为集体福祉和可持续发展采取行动的能力。我国也在 2014 年提出了中国学生发展核心素养，其中包含了我国学生应具备的国际理解素养，也称全球素养。

全球素养的培养首先要通过课程政策的整合进入中小学课程体系中。有学者指出，国际理解教育要借助学科课程内容和学科时间活动的形式，有针对性地培养学生国际化层面的知识、技能、态度和价值观，特别是要立足国情促进全球素养与各学科的深度融合，推动国际理解教育课程的有效实施，促进学生全球素养的提升[1]。纵观世界各国，中小学国际理解教育课程的实施方式主要有三种类型：一种是"单元式"，即在某单科课程中单独设计国际理解教育特别单元；二是"融入式"，即将国际理解教育内容融入普通课程之中，教师根据原有讲授内容采用灵活的形式与国际理解教育内容相结合；三是"综合主题式"，即先确定一个较为宽泛的主题，后根据主题内容来组织课程内容和设计单元。"综合主题式"课程相对于其他两种方式来说，是实施国际理解教育的

---

[1] 张蓉. 中小学国际理解教育课程建设的未来展望：基于国际比较的视角 [J]. 课程·教材·教法，2020, 40(12):46-52.

有效课程组织形式，而这种形式也易于采用项目式教学开展。

在设计国际理解教育项目式教学时，要注意在学习项目中体现"当地、全球和跨文化的问题"，"为集体福祉和可持续发展采取行动的能力"等特征，强调学生承担学习责任。要在已有的学习项目中加入"畅想"这一要素，引导学生对全球性的、面向未来的问题的思考，所提供的解决方案或学习成果要立足当下，以区域特征和区域问题为出发点，以地区、国家乃至全球为思考维度，以未来为导向，能想象方案在未来实现时的样子。例如，在学习当地旅游景点和资源遭受破坏的课程时，教师可以帮助学生将视域拉长到探究世界上受到旅游业增长威胁的热门旅游景点，提出独特的解决方案，保护和保留著名地标性景点和景区，以适应全球旅游业的持续发展。在这个项目中，国际理解教育视域下的"畅想"体现在从当地问题出发，以解决全球范围内的同类问题为目标，请学生思考如何在允许旅游业持续增长的情况下找到保护地标景点景区的解决方案，实现既能对景区进行保护，又不以关闭景区、牺牲景区的观赏和旅游价值为代价，引发学生对"集体福祉"和"可持续发展"的体会和深度思考。再如，在学生学习 7 年级地理课程中的"世界上的陆地与海洋"单元中加入国际理解教育元素，引导学生讨论全球范围内的人与动物的共生状况，动物迁移和人类生存之间的相互影响[1]，提出在当地、地区、国家乃至全球层面人类为了与动物共生应做出的努力和改变。

此外，随着网络技术和全球通信技术的发展，全球素养也逐步升级为全球数字素养。在国际理解维度，要培养学生在网络世界中的全球意识和开放的心态，积极参与线上跨文化交流，并能关注人类面临的全球性线上挑战等。例如，在利用信息技术进行项目学习、交流、合作时，教师要引导学生关注数字素养和数字礼仪，注重信息使用安全和规范（详见本书第 64 问），培养具有全球数字素养的人才。

PBL 国际理解教育的成功开展离不开教师自身开阔的文化视野、充分的全球知识、对国际理解教育的深度思考、对自身全球素养的提升的强烈意愿，以及对项目式教学的熟练掌握与巧妙的教学设计，也离不开相关领域专家、研究者和实践者对 PBL 和国际理解教育的理论创新和实践检验。我国 PBL 国际理解教育还需探索各种可能的模式，形成具有鲜明特色的 PBL 国际理解教育之路。

[1] 姜英敏. 全球化时代我国国际理解教育的理论体系建构 [J]. 清华大学教育研究，2017(1): 87-93.

附录

项目评价标准自测表

	缺乏有效的 PBL 项目特征（1分）	需要进一步改进（2分）	包含所有 PBL 项目特征（3分）
学生学习目标	①学生学习目标不清晰、具体；项目设计没有集中体现教学大纲和标准 ②学习项目没有清晰的目标，没有提供测试反馈，没有为学生提供清晰的获得目标技能的培养路径	①项目设计聚焦于教学大纲和标准中涉及的知识，但可能涉及太少、太多，或涉及了不重要的学习目标 ②项目对技能要求有所涉及，但可能涉及太多，无法教透、练透并开展评价反馈	①项目设计聚焦于单学科或跨学科大纲，或教学标准中具体而重要的知识和技能 ②项目清晰地列出了目标技能和测评方式
有挑战的问题或需求	①项目没有聚焦于核心问题或需求（可能看起来像是由几个问题或单元组合而成的合成体），也可能问题或需求太容易回答或解决 ②核心问题或需求不能通过分解问题或任务学习而实现，也可能存在重大缺陷，如问题只有一个答案，或答案过于简单，学生没有兴趣（或太复杂，理论性太强）	①项目聚焦于核心问题或需求，但挑战程度对目标学生来说不合适 ②引导性问题与项目相关，但是没有体现核心的问题和需求（引导性问题更像是一个学习主题） ③引导性问题符合一些好问题的标准，但没有完全符合好问题的标准	①项目聚焦于核心问题或需求，挑战程度符合学生当前的学习水平 ②项目由好的引导性问题引领，并具有以下特征： · 开放性问题； · 学生能理解并能增强学习动机； · 与学习目标和教学大纲一致； · 为了回答问题，学生需要学习大量、深入的知识，获得理解和技能的提升

续表

	缺乏有效的 PBL 项目特征（1分）	需要进一步改进（2分）	包含所有 PBL 项目特征（3分）
持续开展探究	①项目更像是一个活动，或者一个动手创作展示，而不是一个持续需要探究的过程 ②在学习过程中没能让学生提出问题来开展探究	①探究比较有限（在 PBL 中只发生 1~2 次；时间少，步骤非常简略；主要是信息收集，没有提出深层次问题） ②学生提出了问题，但有些问题已经回答过了 ③学生不熟悉探究过程，探究未能影响项目学习走向	①探究持续地、高水平地开展。学生提出问题，收集信息，分析和解读数据，评价解决方案，利用证据回答问题，提出更多问题 ②在项目中，探究是通过学生提出的问题推动的
真实性	学习项目是对传统学习任务的模仿，没有真实情境、任务和工具，没有对世界、公众和学生产生影响，也没有激发学生的兴趣	学习项目有一些真实性的特征，但还是有局限（情境不够真实、工具使用不够真实、没有形成真正的公众影响等）	①学习项目源于真实的情境，涉及现实生活中的任务、工具、质量和标准 ②对现实世界有影响，对学生的技能、思想、兴趣乃至社会身份有影响和改变
学生选择和参与	①没有给学生表达选择和偏好的机会，学生的选择没有影响学习项目的内容或进程，项目由教师主导 ②需要学生独立或小组合作完成的任务太多，教师的引导不足，以学生的当前水平无法完成个人或集体任务	①给予学生表达选择和偏好的机会有限，让他们做选择的问题通常是不重要的（如组内如何分配任务，用哪个网站做研究等） ②学生完成任务时有一定的独立性，不需要时时都有教师指导，可以更独立地完成	①学生有机会表达他们的观点和做出重要选择（探究主题和问题、资源使用方式、组员构成、呈现学习产出的工具和平台、产出创新程度、如何组织和分配任务、如何安排时间等） ②学生有机会对自己的学习选择和安排负责，能在教师的引导下独立开展项目探究

	缺乏有效的 PBL 项目特征（1分）	需要进一步改进（2分）	包含所有 PBL 项目特征（3分）
反思	学生和教师都没有参与学生学了什么、怎么学、项目如何设计和管理的反思	学生和教师都在项目进行中和项目结束后进行了一些反思，但是反思不够常规化、不够有深度	学生和教师都在项目进行中和结束后进行了细致、深入、全面的反思，反思的内容包括学生学了什么、怎么学、项目如何设计与管理等
反馈、修改和提高	①学生只是偶尔能从教师那里得到有限的关于他们的产品、作品等学习成果的反馈，但没有同伴反馈 ②学生不知道如何使用，或是教师没有要求学生运用他们收到的反馈来改进他们的成果	①给学生提供了从教师处获得关于他们的产品、作品、项目进度等方面的反馈，但这种反馈不成体系，或只发生了一次 ②学生看到或听到关于他们作品质量的反馈，但没有根据反馈进行实际的修改	①给学生提供了定期的、结构化的反馈。这些反馈来自教师、同学，甚至是适合的课外专家。反馈的维度包括作品的质量和工作进度等 ②学生妥善运用收到的反馈对自己的作品进行修改
向公众展示产出	学生没有机会展示他们的作品，或学生没有机会向公众或教室以外的听众、观众展示和呈现他们的作品	①学生的作品仅展示给同校的其他学生、老师 ②学生展示和呈现了他们的作品，但没有要求他们介绍如何完成项目、在这个过程中学到了什么等	①学生的作品面向公众进行展示，让课堂外的更多听众和观众看到了他们的成果 ②展示过程中学生需要解释他们为什么做出这样的选择、探究过程是怎样的、小组成员间如何合作、他们从中学到了什么等

附录2 提问转转筒

1	2	3	4	
[任意 自选词]	[任意 自选词]	[任意 自选词]	[任意 自选词]	
我们	怎么能……	建造…… 创造…… 制作……	现实世界 的问题	
某种角色	怎么做……	设计…… 计划……	公开的 观众	
城市 地区	该如何	解决……	为学校	
省（自治区、 直辖市）	可以……吗	写……	为教室	
学校或 其他机构	什么	提出…… 决定……	为网友	提问转转筒 模板

附录3　小组合作准则

小组合作准则

项目名称：＿＿＿＿＿＿＿＿＿＿　　小组名称：＿＿＿＿＿＿＿＿＿＿

项目开始日期：＿＿＿＿＿＿＿＿　　项目截止日期：＿＿＿＿＿＿＿＿

A.　组员个人信息

姓　名	电 话 号 码	微 信 账 号

B.　小组目标

1. 我们的学习目标有哪些？

2. 请简要介绍每一位小组成员在取得上述目标的过程中应起到的重要作用。

3. 小组如何保证项目的顺利推进？
   （重要会议时间、保证每个人都有任务、检查任务完成情况等）

4. 小组如何保证每个人都积极主动参与合作？

5. 组内成员个人目标。

如：A 同学——在公开展示前练习三次口头汇报

组员 ＿＿＿＿＿＿＿ – 目标：

组员 ＿＿＿＿＿＿＿ – 目标：

组员 ＿＿＿＿＿＿＿ – 目标：

组员 ＿＿＿＿＿＿＿ – 目标：

C. 小组成员角色任务分配表

小组成员角色	角色职责（举例）	
1. 项目推动者 2. 记录者 3. 报告者 4. 材料组织者 5. 时间管理者 6. 检查者	1. 制定日常议程 2. 领导讨论和小组会议 3. 监控项目的进度 / 截止日期 4. 分配任务并检查任务完成情况 5. 组织有关项目时间表的信息 6. 向教师传达团队需求 7. 必要时担任团体调解员或谈判代表 8. 必要时联系社区资源 9. 分发项目材料信息并确保所有小组成员都能访问所有材料（如合同、编号、任务） 10. 指导组员并根据评估准则调整任务，确保符合所有标准 11. 监督团队关于合同和规范的协议	12. 管理课堂上完成任务的时间并监督日程安排 13. 在小组决策时运用"共识决策模式" 14. 在讨论过程中总结并提示小组成员 15. 分配监督任务工具（计算器、尺子、教科书、文件夹、资源等），并检查是否完成 16. 向组员发布任务 / 小组文件 17. 满足组员的所有打印需求，为团队打印文档 18. 监控组员的内容技能检查表 19. 检查组员是否理解项目流程 20. 根据需要召开研讨会

D. 小组合作准则

在课堂守则的基础上，根据小组的特点制定小组合作准则。

1. 信任

2. 尊重

3. 责任

4. 其他准则 1

5. 其他准则 2

E. 小组共识

请描述对小组合作过程中行为的共同期望。小组共识要符合课堂规范。

条　　目	共　　识
决策：小组如何做出决策	
冲突：小组如何处理冲突（当面说清、找小组长评议等）	
交流：小组如何进行集体交流（文本、电子邮件、在线文档协作等）	
出勤：对缺席组员有什么政策，缺席多少天会被集体开除	
工作进度：利用在线文档协作、微信群等开展小组合作工作，保障工作进度	

F. 化解冲突步骤和组员开除程序

请说明在解决特定任务或合作遇到困难（内容困难、内部冲突）时，小组采取的行动步骤。

1. 组内讨论和警告（日期）_____，或与教师谈话（日期）_____

2. 教师或专家干预（日期）_____，具体干预措施_____

3. 做出开除组员决定。（必须在上述步骤都完成后才可做出开除决定）

项目的前三天或后三天不得开除任何组员。所有开除决定都必须经过教师同意。

小组成员签字：

1.

2.

3.

4.